**PNR(Puritans and Reformed Publishing Company)**
개혁주의신학사는 청도교 신학과 개혁 신학에 관한 기독교 서적을 출판하는 출판사이며, 자유주의 신학과 다원주의 신학을 배척하며 순수한 기독교 신앙을 보수하기 위하여 설립된 문서선교 기관이다. PNR KOREA(개혁주의신학사)는 CLC가 공동으로 운영하는 출판사이다.

사람이 커 보일 때 하나님이 작아 보일 때

사람에 대한 두려움 극복하기

When People are Big and God is Small: *Overcoming Peer Pressure, Codependency, and the Fear of Man (Resources for Changing Lives)*
Written by Edward T. Welch
Translated by Chan Gyu Kim · Ha Eun Lee
Copyright © 1997 by Edward T. Welch

Originally published in English under the title as *When People are Big and God is Small: Overcoming Peer Pressure, Codependency, and the Fear of Man (Resources for Changing Lives)* by Edward T. Welch
Translated and used by the permission of P&R Publishing Company, P. O. Box 817 Phillipsburg, New Jersey 08865-0817.
All rights reserved.

Korean Edition
Copyright © 2012, 2019 by Puritans and Reformed Publishing Company, Seoul, Republic of Korea

그리스도인의 삶의 변화를 위한 시리즈 ❶

사람이 커 보일 때 하나님이 작아 보일 때

사람에 대한 두려움 극복하기

에드워드 T. 웰치 지음
김찬규 · 이하은 옮김

개혁주의신학사

사람이 커 보일 때 하나님이 작아 보일 때: 사람에 대한 두려움 극복하기

2012년 12월 20일 초판 발행
2025년 04월 30일 개정판 2쇄 발행

지은이　　| 에드워드 T. 웰치
옮긴이　　| 김규찬, 이하은

편집　　　| 정재원
디자인　　| 전지혜
펴낸곳　　| 개혁주의신학사
등록　　　| 제21-173호(1990. 7. 2.)
주소　　　| 서울특별시 서초구 방배로 68
전화　　　| 02-586-8761~3(본사) 031-942-8761(영업부)
팩스　　　| 02-523-0131(본사) 031-942-8763(영업부)
이메일　　| clckor@gmail.com
홈페이지　| www.clcbook.com
송금계좌　| 기업은행 073-085852-01-016 예금주: 개혁주의신학사

ISBN 978-89-7138-069-7(04230)
ISBN 978-89-7138-068-0(세트)

이 도서의 국립중앙도서관 출판예정도서목록(CIP)은 서지정보유통지원시스템 홈페이지(http://seoji.nl.go.kr)와 국가자료공동목록시스템(http://www.nl.go.kr/kolisnet)에서 이용하실 수 있습니다. (CIP제어번호: 2019038467)

이 한국어판 저작권은 P & R Publishing Company와 독점 계약한 개혁주의신학사가 소유합니다. 신저작권법에 의하여 한국 내에서 보호를 받는 저작물이므로 무단 전재와 무단 복제를 금합니다.

※ 이 책은 『큰 사람, 작은 하나님』(PNR, 2012)으로 출간된 책으로 『사람이 커 보일 때 하나님이 작아 보일 때』(PNR, 2019)로 제목이 변경되었습니다.

목차

감사의 글		6
역자 서문		8
서론	깨진 사랑의 항아리	10

제1부 어떻게 그리고 왜 우리는 사람을 두려워하는가? 27

제1장	"사람들이 나를 지켜 볼 것이다"	28
제2장	"사람들이 나를 거절할 것이다"	51
제3장	"사람들이 나를 해칠 것이다"	72
제4장	"세상은 내가 사람을 두려워하게 만든다"	108

제2부 인간에 대한 두려움 극복하기 140

제5장	주를 경외함을 이해하라	141
제6장	주를 더욱 경외하라	170
제7장	성경적으로 당신의 욕구를 점검하라	207
제8장	당신의 진정한 욕구를 자각하라	236
제9장	우리를 충만케 하시는 하나님을 기뻐하라	262
제10장	이웃과 원수를 사랑하라	282
제11장	형제와 자매를 사랑하라	303
제12장	결론: "하나님을 경외하고 그의 계명을 지키라"	340

감사의 글

에드워드 T. 웰치 박사
미국 기독교상담교육재단(CCEF) 상담학 교수

본서는 공동협력의 산물이다. 특히 필라델피아에 위치한 기독교상담교육재단(CCEF) 임직원들의 도움이 컸다. 그들의 희생과 기도 그리고 영적 민감함 없이는 본서를 집필하기가 불가능했을 것이다. 재단의 전체적인 협조와 더불어 재단장 존 베틀러(John Bettler)와 학장 폴 트립(Paul Tripp)은 특별히 휴가를 제공하여 아낌없이 지지해 주었다. 데이비드 폴리슨(David Powlison)과 수잔 러츠(Susan Lutz)는 초안을 검토하는 데 시간과 능력을 아끼지 않았다. 그들의 조언은 더할 나위 없이 값진 것이었다.

그 외 베스 노블(Beth Noble)과 줄리 비커스(Julie Vickers)를 비롯한 여러 동료들이 본서를 각각 부분적으로 또는 전체적으로 검토해 주었다. 그들과 또한 여러 친구들이 내가 성경적 사고를 다듬어 가는 데 지대한 영향을 끼쳤다.

아내 쉐리(Sheri)는 내가 변화하는 데 있어서 가장 효과적인 촉진제였다. 그녀의 사랑과 인내가 없었더라면 나는 본서에서 다룬 많은 성경적 진리들을 알 수 없었을 것이다. 내가 작업하는 동안 아내는 언제나 기꺼이 원고를 읽어주거나 함께 고찰해 주었다. 아내 덕에 문법과 성경적 사고가 더 명확하게 정리 되었고 더불어 아내는 내가 적당한 때에 휴식을 취할 수 있도록 해 주었다.

역자 서문

김찬규, 이하은

금번에 미국 기독교상담교육재단(The Christian Counseling and Educational Foundation, CCEF)과 웨스트민스터신학대학원(Westminster Theological Seminary)에서 실천신학 교수로 섬기고 있는 저명한 에드워드 웰치(Edward T. Welch) 박사의 저서 『사람이 커 보일 때 하나님이 작아 보일 때』(When People are Big and God is Small)를 번역, 발간하게 하신 하나님께 영광을 돌려드립니다. 그리고 기독교문서선교회(CLC)에서 좋은 양서를 번역하게 하심을 감사드립니다.

작금에 한국교회는 알게 모르게 하나님에 대한 경외심이 경감됨에 따른 우려를 말하고 있습니다. 하나님에 대한 경외심이 낮아지는 것은 곧 사람에 대한 경외심이 높아지는 것이리라 생각됩니다.

무릇 사람을 믿으며 육신으로 그의 힘을 삼고
마음이 여호와에게서 떠난 그 사람은

저주를 받을 것이라
그는 사막의 떨기나무 같아서
좋은 일이 오는 것을 보지 못하고
광야 간조한 곳, 건건한 땅, 사람이 살지 않는 땅에 살리라
그러나 무릇 여호와를 의지하며
여호와를 의뢰하는 그 사람은
복을 받을 것이라
그는 물 가에 심어진 나무가 그 뿌리를 강변에 뻗치고
더위가 올지라도 두려워하지 아니하며
그 잎이 청청하며 가무는 해에도 걱정이 없고
결실이 그치지 아니함 같으리라(렘 17:5-8).

예레미야 선지자의 말씀처럼, 인간에 대한 두려움을 근본적으로 치료하는 길은 주님을 경외하는 것밖에 없을 것입니다.

역자들의 번역 과정에서 웰치 박사의 저술에 담긴 모든 의미와 뜻을 담고자 노력하였으나 부족한 부분이 있음을 부인하지 못합니다. 그렇지만 본서를 통해 한국교회의 하나님에 대한 경외심이 회복되는 데 미약하나마 도움이 된다면 만족할 것입니다.

부족한 본서가 세상에 나오도록 애써주신 기독교문서선교회(CLC) 관계자들께 다시 한 번 심심한 감사의 말씀을 드립니다.

서론

깨진 사랑의 항아리

자존감 없이 살아온 지도 오래되었습니다.
그나마 기분이 좋을 땐 100불짜리 고급 운동화나 60불짜리 셔츠 때문이었어요. 그것들 없이는 학교도 가기 싫었습니다.

윌리엄의 고백이다.
누가 윌리엄의 강인하고 멋진 이미지 아래 감춰진 자아를 알았겠는가?
싸구려 신발이나 평범한 셔츠로 인해 맥없이 부스러지는 자아를 말이다. 그의 적들이 그 사실을 몰랐던 것이 안타깝지 않은가. 이 사실을 알았더라면 윌리엄에게 주먹으로 맞아 멍드는 일은 없었을 터이다. 그들은 윌리엄이 현대판 삼손이리라고는 상상도 못했을 것이다. 윌리엄의 힘은 신발이었다. 신발만 없애면 그는 나가떨어지는 것이다.
물론 신발 자체가 문제는 아니었다. 문제는 윌리엄의 체면이었다. 문제는 남이 그의 신발에 대해, 즉 그에 대해 어떠한 생각을 하느냐는 것이었다. '체면,' '또래 압력,' '동반의존,'* 이름이야 뭐라고 붙였건 윌리엄은 남에 의해 좌지우지되고 있었다. 그런 면에서 그의 삶은 많은 이들과 다를 바 없었다.

  나 스스로가 이 문제를 처음으로 직면하게 된 것은 고 3 시절이었다. 나는 숫기도 없었고 자의식 과잉에다 남이 나를 어떻게 생각하는지에(혹은, 할 수도 있느냐에) 항상 사로잡혀 있었지만 그런 사실을 처음으로 진지하게 생각하게 된 것은 한 시상식에서였다.

  나는 수상 후보였고, 내가 그 상을 받을 것이라는 생각에 무서워서 죽을 지경이었다. 강당은 2천여 명의 고등학생들로 미어졌다. 언제나처럼 자리 잡은 뒷 구석 자리에서 강단까지는 한 2-3킬로미터는 족히 되어 보였다. 내가 강단까지 걸어가는 동안 우리 반 아이들이 날 어떻게 생각할지가 온통 고민이었다.

  '이상하게 걸으면 어쩌지?
계단 올라가다 넘어지면 어쩌지?
날 재수 없다고 생각하는 애들도 있을까?
내가 좋아하는 여자애만은 그렇게 생각하지 않았으면….
다른 수상 후보자들이나 또 자기가 자격이 있다고 여기는

---

* 역자주: 내면의 공허함을 채우기 위해 사람들에게 집착하는 현상으로 갖가지 모습으로 드러난다.

애들은?
 내가 대신 상을 받으면 걔들은 날 어떻게 생각할까?
 수상 소감은 대체 뭐라고 짧게 하지?'
 나는 기도했다.
 '하나님, 제발 제가 상 받지 않게 도와주세요!'
 자잘한 상들이 발표되고 교감 선생님은 대상을 발표하기 위해 교단으로 향했다. 교감 선생님은 짧고 두리뭉실하게 대상 수상자를 소개했다. 나에 대한 정확한 소개 같지는 않았지만 대체로 내가 맞는 것 같았다. 나는 땀이 맺히는 것을 누가 눈치라도 챌까 봐 꼼짝 않고 앉아 있었다. 그리고 드디어 발표 순간이 왔다.
 "그래서, 올해 대상 수상자는…릭 윌슨!"
 '릭 윌슨! 말도 안 돼! 하고 많은 애들 중에 하필 걔라니. 아무도 걔가 후보인지조차 몰랐는데!'
 나의 반응을 짐작하고도 남을 것이다.
 내가 다행이라고 느꼈을까?
 당연히 아니다. 나는 철저히 낙오자가 된 느낌이었다.
 '이젠 사람들이 날 뭐라고 생각할까?
 다 내가 후보자인줄 뻔히 알고 있었는데 다른 사람이 상을 받다니, 나는 진짜 형편없는 패배자가 아니고 뭐야?'
 즉시 나는 이 상황을 정당화할 핑계를 찾기 시작했다.
 '올해 조금이라도 정진했더라면 상을 받았을 텐데. 내가 잠재력이야 물론 있지. 나는 단지 상이 필요 없었을 뿐이야. 나는 대기만성형 인재일 뿐이야. 대학에 가면 제대로 보여주지.'

사람이 커 보일 때 하나님이 작아 보일 때

나는 우리 반으로 다시 돌아가기가 부끄러웠다. 한심한 노릇이다.

그렇지 않은가?

그날 시상식에서의 일들은 그 후에도 내 머리에서 떠나질 않고 자꾸 재생되었다.

'정말 엉망진창이야!'

나는 생각하기 시작했다.

'나는 겁에 질린 어린애 같아. 다른 사람의 시선과 생각에 온통 짓눌려서 살잖아.'

하지만 생각은 거기까지였다.

그 다음에는 무슨 방도가 없었다. 나에게는 이 새로운 깨달음에 대한 해결책을 줄 만한 성경적인 도움이 없었다. 내가 생각하기에 해답이란 없었다. 이것이 내 삶일 따름이다. 자의식, 남의 의견에 지배된 삶, 또는 뭐라고 부르든 간에 이 현상은 관리해야 할 대상일 뿐 치료할 수 있는 것은 아니었다.

미래에 성공하면 도움이 될지도 모르겠다. 아니면 전에 시상식에서 떠올리며 정당화하던 명분 중 하나를 더 그럴싸하게 포장해 볼 수도 있겠다(나는 이 생각이 꽤 영리하다고 여겼다). 무슨 일이든 내가 잘할 수 있더라도 혼신을 다해 정성을 들여선 안 된다. 그러면 실패해서 자존감이 쓰레기장에 나가떨어졌을 때 적어도 내가 열심히 했더라면 성공했으리라고 자기 합리화할 수 있을 것이 아닌가. 최소한 나 자신만은 내가 괜찮다고 여길 수 있는 것이다.

나에게 해답은 없었지만 그날의 일들은 내 문제를 인지하게 되는 계기가 되었다. 마치 눈을 뜨는 것과도 같았다. 대학 시절에는 학업이나 운동에서 좀 성과를 세우는 것 정도로 이 괴물을 억제해 보려 했고 '진짜 성의를 들였으면 더 잘했을 거야'라는 수법도 써봤지만 문제는 끊임없이 나를 괴롭혔다. 나는 그리스도인이었지만 그것이 이 문제와 싸워나가는 데 도움이 되진 않았다. 여전히 나는 번민에 사로잡혀 살았다.

매번 거절당할 때마다, 실패한 것 같을 때마다, 나를 좋아해 주었으면 하는 사람들이 내게 관심도 없을 때마다 여전히 나는 고등학교 강당 뒷 구석에 앉아 있었던 아이라는 기억이 되살아났다.

1. 그리스도 안에서 꽤 괜찮은 사람

신학대학원 시절 나에게 몇 가지 변화가 일어났다. 1년차일 때 로마서 성경공부를 인도할 기회가 있었다. 전부터 이미 로마서에 나오는 이신칭의(Justification by Faith)*라는 개념은 알았으나 특히 이때는 내가 남의 의견에 과잉 의존하는 문제와 이신칭의를 적절하게 연관 지을 수 있게 되었다.

물론 내가 처음 생각해 낸 것은 아니지만 내 이론은 하나님이 나를 어떻게 생각하시는지가 예수님의 구속사역에 기

* 역자주: 믿음으로 의롭다함을 얻음.

초한 이상 더는 내 자신을 사람들의 생각이 만들어낸 기준에 짜 맞출 필요가 없다는 것이었다. 다시 말해 나는 죄인이지만 하나님은 그런 나를 사랑하시어 보시기에 의롭게 만드셨는데 '다른 사람이 어찌 생각하든 무슨 상관인가!' 하는 것이었다.

이 결론에 도달한 후에는 진정한 자유를 맛본 듯했다. 나는 마치 다시 한 번 거듭난 것 같았다. 다른 이들의 의견을 걱정하지 않아도 되는 것이었다. 오직 하나님의 의견만이 관건이었다.

'나는 소중하고 사랑받는 하나님 아버지의 아들이다. 그리스도인인 것이다. 나는 예수님 안에서 꽤 괜찮은 사람이다.'

끝내주는 일이지 않은가!

그 후 수년 동안 여전히 남들 의견은 골칫거리였으나 그럴 때마다 나는 사람들의 기준에 부합할 필요가 없다고 재빨리 상기하곤 했었다.

'그들이 뭐라고 생각하든 무슨 상관이람?'이라며 내 자신을 설득해 보았다.

'그들이 내가 별로라고 생각하면 어떤가? 나는 예수님이 속죄함으로 이미 하나님의 기대에 부합한 사람인데.'

내가 예수님께 중요하면 그것으로 된 것이라 짐작했다.

나는 내 치료법이 먹힌다고 착각한 것이다. 의심스러운 생각이 든건 고작 몇 번이었는데, 가끔 이런 의문이 생길 때였다.

'나는 진정 그리스도께 의지하는가 아니면 소위 성공과 호

의적인 남들 의견에 기대는가?'

사실 다른 사람들은 나를 지지해 주기 일쑤였다. 어쩌면 그들이 날 좋아하기 때문에 나는 나에게 만족한 것일 수도 있었다. 혹은 남에 비해 운동을 잘하거나 성적이 좋아서 내 자신이 괜찮게 느껴졌던 것일 수도 있다. 다른 사람에 비하면, 별 볼일 없는 남들의 영적 목표에 비하면 포부가 커 보이는 내 사역에 자만한 것일 수도 있었다. 아니면 내 정체성을 '착한' 사람이라는 데(적어도 대다수의 사람들보단) 둔 것일 수도 있었다.

그렇지만 어떤 타인집착쟁이가 착하지 않은가?

다시 말해 여전히 내 삶은 사람들의 의견에 지배당하고 있었지만 내 자신에 대한 느낌에는 문제가 없었기 때문에 심각히 고찰할 이유가 없었던 것 일수도 있다. 당연히 누군가와 이 문제를 이야기해 볼 생각은 꿈에도 없었다(그러기에는 너무 망신스러우니까).

그러던 중 나는 결혼을 했다.

2. 대각성

결혼은 내게 특별한 선물이며 축복이다. 또 결혼은 놀라운 깨달음을 선사하는 장이기도 하다. 하지만 결혼을 통해 그저 그리스도 안에서 꽤 괜찮은 정도로는 내가 만족하지 못한다는 것을 깨달았다.

처음 결혼했을 때는 예수님이 나를 사랑하시는 것처럼 아내 역시 나에게 영원토록 매료된 상태이길 바랬다. 나는 아내의 사랑이 필요했다. 타인에게 사소하게 거부당하는 것도 겨우 견딜 만한 내가 아내에게서 내가 바라는 사랑을 받지 못할 때면 전신마비가 올 지경이었다. 나는 무조건적인 사랑이 필요했다. 아내가 나를 멋진 남편이라고 생각하지 않으면 이내 좌절했다(그리고 짐작하다시피 조금 화도 났다).

이러한 나의 모습을 발견한 뒤에는 두 번째의 깨달음이 뒤따랐다. 나는 내가 마치 속이 텅텅 비어 그 속을 채울 사람을 찾는 깨진 사랑의 항아리와 같다는 것을 불현듯 깨달았다. 나의 아내는 사랑이 많은 축복받은 사람이었지만 그 어떤 사람도 나를 채울 수는 없었다. 나는 밑 빠진 사랑의 항아리였다.

결혼 전에 쓰던 성경적인 방책도 이번에는 먹히지 않았다. 충분한 영향을 못 미치는 것이었다. 사실 쓸모없게 된 거라고 해도 과언이 아니었다. 그냥 예전에 여자 친구에게 채였을 때 부모님이 "어찌 됐든 우리는 널 사랑해"라는 말로 위로하시려 했던 생각만 났을 따름이다. 항상 두 분이 신경 써주시는 것은 감사했지만, 애나 어른이나 모두 알듯이, 그리 도움은 되지 않았다. 당연히 부모님이 날 사랑하시지 않는 것보단 사랑하시는 것이 좋아도, 나는 그 외에 다른 사람도 날 사랑해 주길 바랐다.

그 이래 나는 같은 처지에 있는 수 많은 사람과 대화를 나누었다. 그들은 하나님께 사랑받는다고 제법 확신하면서도 다른 이의 사랑도 역시 갈구하거나 필요로 했다(아니면 다른 이로부터 무언가를 얻기 원했다). 결과적으로 그들은 남에게 좌지우지되고 허전함에 시달리는 굴레에 갇힌 것이었다.

사람은 자신에게 필요한 것을 줄 것이라고 믿는 사람에게 또는 믿는 것에게 되레 지배당한다. 그것이 진실이다. 당신이 필요하다고 여기는 존재나 필수라고 여기는 것이 당신을 지배하는 것이다.

3. '인간에 대한 두려움'(Fear of Man) 직면하기

나와 대화를 나눈 많은 이들도 자신의 삶에 미치는 다른 사람들의 영향력을 볼 때 문제를 인지하게 되었다. 그들은 성경적인 용어로 말하자면 '인간에 대한 두려움'이라는 영혼의 질병을 본 것이다. 아무리 오직 진실하신 하나님만 섬긴다고 맹세해도 속으로는 사람들을 두려워하는 것이다.

사람 때문에 공포에 질린다거나 무서워 한다는 뜻이 아니다(물론 그런 경우도 가끔 있지만). 성경적 의미의 '두려움'은 훨씬 폭넓은 의미를 갖는다. 누군가를 무서워 한다는 의미도 있지만 또한 누군가를 우러러 보는 것도 포함되며 또는 사람들에게 조종되어 지배당하는 것, 사람을 숭배하는 것, 사람에게 궁극적인 믿음을 두는 것, 혹은 사람을 필요로 하는 것 등도 해당한다.

이에 더 상고할 점이 있다. 성경적 의미의 '두려움'이 폭넓은 정의를 가진 것처럼 '인간'(man)이라는 단어도 마찬가지다. 성경에서 사용될 때 인간이라는 단어는 남자와 여자와 어린이를 포함한다. 저자가 이 책에서 '인간에 대한 두려움'이라는 표현을 쓸 땐 남자만 지칭하는 것이 아니다. 나는 성경이 가르치듯 우리 주변의 어떤 이라도 우리를 지배할 가능성이 있다고 전제한다.

어쨌든 인간에 대한 두려움은 이렇게 요약할 수 있다.

"우리는 하나님의 자리를 사람으로 대체한다. 우리는 성경이 가르치는 대로 하나님을 경외하는 대신 사람을 두려워한다."

물론 인간에 대한 두려움에는 여러 가지 다른 명칭이 있다. 10대에게는 '또래 압력'(peer pressure)이 바로 그 이름이다. 나이가 든 후에는 '비위 맞추기'(people-pleasing)라고 한다. 요즘에는 '동반의존'(codependency)이라고도 불린다. 이런 명칭을 알고 나면 인간에 대한 두려움은 어디에서나 찾을 수 있다.

- 또래 압력 때문에 고민해 본 적이 있는가? 또래 압력은 인간에 대한 두려움의 완곡한 표현이다. 유년기에 이것을 경험한 적이 있다면 내가 장담하지만 아직도 당신은 같은 문제를 갖고 있을 수밖에 없다. 단지 좀 더 어른스러운 포장 아래 도사리고 있거나 매끈한 이력서(소위 성공 내력서)로 위장되어 있을 뿐이다.
- 당신은 많은 일로 허덕이는가? 거절하는 것이 현명할 때도 "아니오"라고 말하지 못하는가? 당신은 '비위 맞추는

사람'이다. 그리고 그것은 인간에 대한 두려움을 지칭하는 또 하나의 완곡한 이름일 따름이다.

• 당신은 배우자에게서 '필요'한 것이 있는가? 배우자가 당신에게 귀 기울이는 것이 '필요'한가? 아니면 존중받는 것이 '필요'한가? 신중하게 고려해 보아야 한다. 당연히 하나님은 부부가 서로 존중하고 의사소통이 원활하면 기뻐하신다. 그러나 우리는 하나님이 그 형상대로 지으신 사람의 창조 의도와는 전혀 상관없이 이런 것들만 갈구하는 경우가 태반이다. 성경적인 결혼서약을 이해하지 못하는 이상 당신의 배우자는 두려움의 대상이 되고 만다. 배우자는 당신을 지배하고 만다. 그리고 배우자는 당신의 삶에서 슬그머니 하나님의 자리를 차지하게 될 것이다.

• 자존감이 당신에게는 중요한 관심사인가? 적어도 미국에서는 이것이 인간에 대한 두려움이 가장 흔하게 표현되는 경우이다. 만약 자존감 문제가 자꾸 되풀이된다면 아마도 당신의 삶은 남의 생각에 따라 결정되고 있는 것이다. 당신은 남의 의견을 숭배하거나 두려워하는 것이다. 자아정체성과 행복감을 유지하기 위해서는 다른 사람이 꼭 있어야 한다. 당신을 그들이 채워주어야만 하는 것이다.

• 당신은 사기꾼으로 드러날 것 같은 느낌이 들 때가 있는가? 많은 사업가들과 소위 출세한 사람들은 그렇게 느낀다. 들통날 것 같은 느낌은 인간에 대한 두려움의 증상이

다. 그것은 다른 사람의 의견이, 특히 당신을 실패작이라고 보는 의견이 당신을 좌지우지함을 의미한다.

- 당신은 항상 남이 어떻게 생각할지를 염두에 두고 모든 결정을 수정하려 하는가? 당신은 남 보기에 부끄러운 실수를 할까 봐 두려운가?
- 당신은 허전하거나 무가치하다고 느끼는가? 당신은 '사랑에 고픈'가? 충족감을 위해 남들이 필요하다면 그것 역시 남에게 지배당하고 있다는 증거이다.
- 당신은 쉽게 민망해지는가? 그렇다면 남들과 그들의 의견에 대한 기대가 당신을 규정하고 있다는 뜻이다. 또는 성경적 관점에서 당신은 남의 의견을 자신을 지배할 정도로 높이고 있다는 뜻이다.
- 당신은 거짓말할 때가 있는가? 특히 사소한 선의의 거짓말을? 말로 하는 거짓말은 아닐지라도 슬쩍 진실을 감추는 때가 있는가? 거짓말과 그 밖의 떳떳하지 못한 생활 방식은 대체로 남에게 잘 보이기 위한 방편이다. 또 부끄러움을 감추기 위한 방편이기도 하다.
- 당신은 누군가를 질투하는가? 그들과 그들이 소유한 것들이 당신을 지배하고 있다는 얘기다.
- 사람들 때문에 자주 화나거나 기분이 울적해지는가? 다른 사람 때문에 미치겠는가? 그렇다면 당신의 삶의 중심에는 그 사람들이 있을 확률이 높다.
- 당신은 타인을 기피하는가? 그렇다면 아무리 말로는 사람에게 의존하지 않는다고 할지라도 사람들은 여전히 당

신을 지배하고 있는 것이다. 결국 은둔자란 인간에 대한 두려움에 정복당한 사람이 아니고 무엇인가?

- 대부분의 다이어트의 명목은 '건강'을 위한 것일지라도 실제로는 남에게 잘 보이기 위한 노력이 아니고 무엇인가? '남의 칭찬'을 갈구하는 것은 사람을 하나님보다 추앙하는 모습들 중 하나일 뿐이다.

- 이제까지 나열한 것 중 해당사항이 없는가? 그렇다면 당신은 자신을 다른 사람들과 비교해서 스스로 꽤 괜찮다고 여기는가? 아마도 가장 위험한 종류의 인간에 대한 두려움은 성공을 추구하는 두려움일 것이다. 그런 사람들은 자신이 성공했다고 생각한다. 그들은 남보다 가진 것이 많다. 그들은 상대적인 자부심에 차 있다. 그러나 정작 그들의 삶은 여전히 하나님이 아닌 사람들에 의해 결정되고 있다.

4. 보편적 문제

수줍음이 많거나 소심한 사람들에게만 해당되는 문제라고 생각하지 말기를 바란다.

화가 난 사람이나 주변사람들의 기세를 제압하려는 사람도 결국은 남에게 조종당하고 있는 것이 아닌가?

경쟁심에서 비롯되는 모든 행위 역시 다 포함된다.

동료들보다 앞서 출세하려고 부지런히 심혈을 기울여 일

하는 사업가는 어떤가?

대기업 이사실 안에서 벌어지는 끝없는 자존심 싸움은 인간에 대한 두려움의 공격적 면모일 뿐이다.

자신감 넘치는 인기 운동선수들은 팬들과 스포츠 기자들의 시선에 아랑곳하지 않을 것 같은가?

그 누구의 도움도 필요 없다고 거칠게 큰 소리 치는 태도도 정작 알고 보면 소심한 태도만큼이나 인간에 대한 두려움의 산물이다. 인간에 대한 두려움이라는 것은 이렇게 무궁무진한 모습들로 나타난다.

이젠 당신도 인간에 대한 두려움의 문제를 가지고 있다는 것을 알겠는가?

아직도 아니라면 이것 하나만 더 고려해 보길 바란다. 바로 당신의 전도생활이다.

남들에게 바보 취급을 당할까 봐 당신의 신앙에 대해 나누기를 주저해본 적이 있는가?

그것 보라. 인간에 대한 두려움은 이렇게 지독히도 우리 삶의 일부인지라 누가 자기는 절대 상관없다고 부인한다면 그 사람은 맥박이나 뛰는지 짚어보아야 할 정도다.

미국에서는 이제껏 시대적 혁명의 일환으로 동반의존에 대한 서적들이 물밀듯 쏟아져 나왔다. 수년 동안 제목에 '동반의존'(codependency)이라는 말만 있으면 베스트셀러 자리는 보장된 것이나 다름없었다.

한 예로 멜로디 비티(Melodie Beattie)는 『동반의존에서 벗어나기』(*Codependent No More*)라는 책으로 백만장자가 되었다.

그녀는 많은 이들에게 절실한 화제를 논의한 것이지만 사실 본질적으로는 인간에 대한 두려움의 문제를 세속적 관점에서 해석한 것이었다. 비티는 문제의 본질을 남들에게 조종당하거나 또는 남에게 지나치게 의존한다는 차원에서 해석했고 그녀의 처방전은 그저 자신을 더욱더 사랑하라는 것이었다.

5. 성경적인 해답 찾기

그러나 복음주의적 입장에서 볼 때 그녀의 관점은 다소 얄팍한 것이었다. 수많은 그리스도인들이 '하나님은 내 생각보다 더 깊이 나를 사랑하신다'고 인식하는 것이 동반의존을 치유하는 데 있어 더 나은 방법이라고 대응했다. 하나님이 사랑으로 충만하게 채우시기에 당신은 사람들을 통해서 자신을 채우려고 애쓰지 않아도 된다는 뜻이다.

물론 이 해답으로는 충분하지 않으며 논쟁의 여지가 있지만 너 자신을 더 많이 사랑하라는 훈계보다는 낫다. 하나님의 사랑은 여러가지 인생의 질환과 문제점에 뜻 깊고 심오한 해결책이 될 수 있다. 하지만 이 진실을 부적절하게 인용하면 그 깊고 풍부한 하나님의 사랑도 맥빠진 관념 정도로 변질되고 만다.

따라서 이 대답은 성경이 부족한 것이 아니라 우리의 이해도가 결핍된 상태라는 것을 드러낸다. 이를테면 성경의 "자기보다 남을 낫게 여기[라]"(빌 2:3)는 지시는 온데간데없이 잊어버리고, 또한 개인의 회개라는 중요한 요소를 무시하는 것이다. 그래서 이 대답은 우리와 우리의 필요들을 여전히 우선시하게 내버려둔 채 하나님은 단지 사람의 자존감을 부추기는 역할을 하는 심부름꾼 정도로 전락시킨다.

　우리 모두가 경험하는 인간에 대한 두려움을 진정으로 이해하기 위해서는 성경을 더 파고들어야 한다. 그렇게 성경을 이해하려는 것이 본서의 목적이다. 그 일환으로 우리는 아브라함과 베드로 같은 여러 사람들의 이야기를 나눌 것이다. 우리는 어떻게 그들이 인간에 대한 두려움의 벼랑으로 미끄러졌고, 그 와중에 다른 사람들도 더불어 추락시켰는지 볼 것이다.

　또한 우리는 어떤 모습으로 인간에 대한 두려움이 은근히 모습을 드러내는지 점검할 것이다. 결국 '동반의존' 작가들이 인간에 대한 두려움을 마치 국가적인 질환인 양 다루는 것이 옳음을 알게 될 것이다. 그리고 우리는 하나님이 주시는 해결책을 발견하게 될 것이다.

　몇 가지 거론할 주제를 요약하자면 다음과 같다.

- 인간에 대한 두려움의 근원을 진정으로 이해하려면 올바른 질문을 던지는 것이 중요하다. 예컨대 "어떻게 하면 좀 더 자부심이 생기고 남의 생각에 조종당하지 않을까?"라고 묻기보다는 "왜 나는 자존감이라는 것에 그리도 신경을 많이 쓸까?"라거나, "왜 나는 꼭 다른 사람들이, 그

리고 예수님조차도 나를 대단하다고 생각해 주기를 바랄까?"라고 묻는 것이 더 낫다. 이 주제는 앞으로 다양한 각도에서 분석하겠지만 일단 대답하자면 그 서두는 우리가 자신에 대해 덜 생각할 방편이 필요하다는 것이다. 왜 그것이 대답인지 또 어떻게 하면 자신에 대해 덜 생각할 수 있는지 논의할 것이다.

- 인간에 대한 두려움을 근본적으로 치료하는 길은 주님을 경외하는 것밖에 없다. 당신의 눈에 사람들보다 하나님이 더 커야 되는 것이다. 이 치유법은 수년이 걸려야 비로소 조금씩 이해할 수 있다. 사실 평생이 걸리는 일이다. 그러나 우리가 본서에서 심사숙고할 내용으로 인해 그 치유과정이 촉진되고 풍요로워지기를 바란다.

- 결국 이웃에 관한 우리의 문제는 하나님께 영광 돌리기 위해 이웃을 사랑하기보다는 우리의 목적을 위해 이웃을 필요로 하는 때가 더 많다는 점이다. 하나님이 우리에게 주시는 과제는 이웃을 좀 더 사랑하고 그들을 좀 덜 필요로 하라는 것이다. 남들을 이용할 방법을 찾는 대신에 하나님께 그들을 향한 내 의무가 무엇인지를 묻는 것이다. 이런 관점은 누구도 원래 타고나는 사람이 없고, 대부분의 사람들은 이 진실을 여러 각도에서 바라보고 나서야 비로소 이해할 것이다. 그러나 나는 이 진실이 성경이 가르치는 역설 중의 하나라고 확신한다. 이웃을 섬기는 것이 바로 자유를 얻는 길이다.

제1부

어떻게 그리고 왜 우리는 사람을 두려워하는가?

제1부에서는 인간에 대한 두려움에 도움을 줄 수 있는 성경적인 관점을 다음의 세 단계로 살펴보고자 한다.

STEP 1: 인간에 대한 두려움이 성경에서뿐만 아니라 당신의 삶에서도 중요한 주제임을 인식하라.

STEP 2: 당신의 과거에서 타인에 의해 인간에 대한 두려움의 문제가 심화된 부분을 파악하라.

STEP 3: 당신의 삶에서 이 세상의 가치로 인해 인간에 대한 두려움의 문제가 심화된 부분을 파악하라.

제1장

"사람들이 나를 지켜 볼 것이다"

사람을 두려워하면 올무에 걸리게 되거니와 여호와를 의지하는 자는 안전하리라 (잠 29:25).

남을 필요로 하거나 두려워하는 문제가 이제까지 본 것처럼 보편적인 일이라면 우리는 자연히 성경이 그 문제에 대한 풍부한 묘사와 뜻깊은 가르침으로 가득하리라 기대할 것이다. 그리고 성경은 정확히 그러한 기대에 부응한다. 성경이 가장 압도적으로 많이 제시하는 질문 중의 하나는 '도대체 누구를 두려워할(필요로 하거나 지배당할) 것인가' 하는 것이다.

당신은 하나님을 경외하겠는가, 아니면 사람을 두려워하겠는가?

성경은 우리가 사람을 두려워하는 세 가지 기본적인 이유를 다룬다. 아래의 이유들을 하나씩 살펴보도록 하자.

1. 우리가 사람을 두려워하는 것은 그들이 우리의 치부를 드러내고 망신을 줄 수 있기 때문이다.
2. 우리가 사람을 두려워하는 것은 그들이 우리를 거부하거나 조롱하거나 무시할 수 있기 때문이다.
3. 우리가 사람을 두려워하는 것은 그들이 우리를 공격적으로 대하거나 억누르거나 위협할 수 있기 때문이다.

이 세 가지 이유는 하나의 공통점이 있다. 그것은 사람을 하나님보다 '더 크게'(더 능력 있고 중요하게) 보고 거기에서 생기는 두려움으로 인해 남에게 우리가 무엇을 느끼고 생각하고 행동할지 결정하는 권위를 넘겨준다는 것이다.

> STEP 1: 인간에 대한 두려움이 성경에서뿐만 아니라 당신의 삶에서도 중요한 주제임을 인식하라.

1. 수치로 인한 두려움

우리가 남을 두려워하는 이유 중 한 가지는 남이 우리의 치부를 드러내거나 망신을 줄 수 있기 때문이다. 이 사실은 태초부터 분명했다. 아담과 하와는 원죄를 범한 직후, "이에 그들의 눈이 밝아져 자기들이 벗은 줄을 알[게]" 되었다(창 3:7). 이것이 바로 문제의 인간에 대한 두려움이 처음으로 등장하는 순간이었다. 사람이 수치라는 것에 눈을 뜨게 된 것이다. 거룩하신 하나님과 사람들 앞에 적나라하게 드러나고 저항할 도리가 없어 덮개나 보호막이 반드시 필요하게 된 것이다.

하나님이 우리의 치욕을 보시게 되었다. 다른 사람들 역시 우리의 수치를 볼 수 있게 되었고 따라서 그들은 위협적인 대상으로 돌변했다. '사람들은 대체 어떻게 생각할까' 고민하는 것이 우리 삶을 지배하게 된 것이다. 이 성경 이야기는 곧 사람들이 광적으로 하나님과 다른 이의 시선을 피해 숨으려는 자기방어의 연속으로 이어졌다.

1) 죄로 인한 수치심

처음에는 다른 사람이 자신을 쳐다 본다는 사실 만으로도 불안했다. 그런데 엎친 데 덮친 격으로 하나님의 모든 것을 꿰뚫어 보시는 눈길까지 마주 대하게 된 것이다. 이 두 가지 사실 모두 너무도 불편한 나머지 아담과 하와는 숨어버렸고 우리도 모두 여전히 숨어있는 것이다. 아담과 하와는 죄를 범하기 전에 이미 그들이 벗은 몸이라는 것을 알았다.

하지만 무죄하고 순수한 상태에서는 그들이 서로를 경이롭게 보았으리라 여길 근거가 충분하다. 그런 반면에 범죄한 후의 시선은 완전히 달랐다. 이 눈길로는 더 뿌리 깊은 벌거벗음이 보였다. 적어도 주시당하는 사람은 마치 더 노출된 것 같은 느낌을 받게 된 것이다.

서로의 눈길이 몸과 영혼과 죄악의 추함을 드러내며 관통하는 불빛처럼 여겨졌다. 이 폭로되는 듯한 기분은 원래는 전혀 없던 것이지만 이제는 앉으나 서나 오로지 이 느낌에만 시달리는 처지가 되었다. 아담과 하와는 남에게 들여다보이는 신세가 된 것이다. 게다가 보이는 속 알맹이는 치욕스러웠다. 한때 순진무구하고 아름다웠던 그들의 영혼이 지금은 추악한 모습으로 바뀐 것이다.

그들은 덮어보려고 애써보았지만 심지어는 동물 가죽으로도 깊숙이 박힌 수치심을 덜어낼 수 없었다.

한때 서로 상대방을 알고 이해하던 축복이 지금은 저주스러운 것이 되었다. 한때는 정다웠던 눈 마주침도 지금은 무례하고 선을 넘는 것이 되어 버렸다.

아담이 죄를 짓는 순간 수치심은 인간생활의 주춧돌이 되어버린 것이다. 그리고 이런 끊임없는 자문을 한다.

'사람들이 날 뭐라고 생각할까?'
'하나님은 날 어떻게 보실까?'

창세기 이후로 벌거벗음이나 남 앞에서 치부가 드러나는 수치는 히브리 문화에서 가장 저주받은 것들 중 하나가 되었다. 가리개가 필요한 깊숙한 영적인 벌거벗음과 수치를 상징하기에 더 심오한 저주였다. 하나님이 덮어주시지 않으면 우리는 그분 앞에 벌거벗은 자들이라는 뜻이다.

노아가 함의 자손을 저주한 이유는 함이 그의 벌거벗은 몸을 응시하였고 아마도 비웃었거나 조롱했기 때문이다. 욥이 그 일생 최악으로 비참한 시기에 고뇌에 싸여 울부짖은 것은 다름 아닌 "내가 모태에서 알몸으로 나왔사온즉 또한 알몸이 그리로 돌아가올지라"였다.

　욥은 두려운 죽음에 대해 단순히 체념했던 것이 아니라 마치 자신의 치부가 드러나고 저주를 받은 양 여긴 것이었다. 선지자 아모스 역시 이스라엘에 닥칠 끔찍한 심판을 예언할 때 이러한 유사한 묘사를 했다.

> 용사 가운데 그 마음이 굳센 자도 그날에는 벌거벗고 도망하리라(암 2:16).

2) 타인의 죄로 피해자나 희생양이 된 수치심

　역사를 살펴보면 또 다른 종류의 수치심이 등장하는 것을 볼 수 있다.

　첫째, 원래 수치심은 단순히 우리가 범한 죄가 낳은 결과였다. 부정함의 산물이자 거룩하신 하나님 앞에서 벌거벗게 된 결과로 우리는 보통 인간관계에서 이를 경험한다.

　둘째, 그러나 죄로 인한 이 수치심을 심화시키는 다른 종류의 수치심이 더불어 등장하였다. 남의 죄에 피해를 당하거나, 그 죄의 희생양이 되거나, 내 명예가 훼손당함으로써 생기는 수치심이다. 이 두 번째 종류의 수치심은 부정한 것과 접촉함으로써 '감염'될 수 있다. 예를 들어 디나가 세겜에게 강간당했을 때 그녀는 "더럽[혀]진 것이다"(창 34:5).

　그렇다고 디나가 그렇게 욕을 당한 것이 그녀의 책임이라는 것은 아니다. 요점은 그녀가 죄를 지은 것이 아님에도 불구하고 그녀의 순결이 더럽혀진 것으로 여겨진다는 것이다.

어떤 사람이 남의 아내와 간음하였다면 그 아내의 죄 없는 남편은 수치스럽고 불명예스러운 처지가 된다. 말 그대로 다른 사람의 죄로 인해 '벌거벗겨지는' 치욕을 당하는 것이다 (레 20:11, 17, 19, 20). 버릇없는 자녀들은 부모에게 부끄러움을 끼치며 능욕을 부른다(잠 19:26). 심지어는 성전조차도 부정한 이들이 들어가면 더럽혀졌다(시 79편).

또 이스라엘 백성이 부정한 동물의 주검을 만지는 것도 유사한 경우였다. 모르고 그랬을지라도 주검을 만진 자들은 자기 옷을 빨아야 했고 그날 저녁까지는 부정하게 여겨졌다 (레 11:24).

그러므로 우리가 벌거벗게 되는 데에는 두 가지 방법이 있다.

첫째, 우리의 죄성과 우리가 범하는 죄가 스스로 벌거벗음을 자초하는 것이다.

둘째, 다른 사람이 지은 죄로 인한 벌거벗음이다. 불행히도 이 '피해자의 수치심'은 원인은 전혀 다르지만 우리가 갖는 느낌은 스스로의 죄에서 근거하는 수치심과 동일하다. 피해자들은 다른 사람이 그들에게 지은 죄 때문에 그들 자신이 난처하고 굴욕스럽고 명예가 훼손된 느낌에 시달린다. 부정하고 벌거벗은 채 가릴 것도 구할 수 없는 상황이라는 느낌인 것이다. 그들은 마치 다른 사람들이 자신의 모든 것을 꿰뚫어 보고 있는 것 같은 느낌을 받고 다른 사람을 두려워하게 된다.

그러나 신학적으로는 이 두 수치심 간에 큰 차이가 있다.

- '범죄의 수치심'은 우리가 자초하는 것인 반면, '피해자의 수치심'은 우리가 당하는 것이다.
- '범죄의 수치심'은 누구나 경험하는 것이다. 그러나 모든 사람이 거기에 엎친 데 덮친 격으로 '피해자의 수치심'까지 당해서 수치가 심화되는 것은 아니다.

피해자의 수치심의 가장 대표적인 예는 성적으로 착취당한 수치심이다. 성폭행을 당한 여성들은 마치 하나님과 남들의 시선에 압박당하는 것 같은 느낌에 시달린다. 한 여성은 이렇게 고백했다.

"전 꼭 이마에 '나는 삼촌에게 강간당한 여자다'라고 광고판이라도 달고 있는 것 같은 기분이에요."

그녀는 수천 명의 다른 희생자들을 대변한다고 해도 과언이 아니다. 또 다른 희생자는 얘기했다.

"전 사람들 앞에서 입을 열기가 두려워요."

"뭐라고 입만 열면 시커먼 구더기가 흘러나올 거 같아요."

이렇게 가슴 아픈 표현들은 분명히 피해자의 수치심의 결과지만, 이런 경험에도 범죄의 수치심이 차지하는 몫은 있다. 범죄의 수치심은 모두에게 해당하는 것이기 때문이다.

피해자의 수치심은 보통 원래 존재하던 범죄의 수치심을 심화시킨다. 나는 단지 피해자의 수치심만으로 힘들어 하는 경우는 별로 보지 못했다. 따라서 그런 희생자들은 스스로

지은 죄와 남의 죄로 인해 피해 입은 경험을 둘 다 다루어 줄 성경적 인도가 필요하다. 때로는 죄를 자백하고 회개해야 하고 때로는 죄를 용서하신다는 하나님의 약속을 믿는 것을 배워야 한다.

어떤 경우이든 범죄의 수치심은 누구나 하나님 앞에서 반드시 다루어야 하는 문제고, 또 정도에 따른 차이는 있지만 모든 사람이 각자 양심에 걸리는 일이다. 그러므로 범죄의 수치심을 방관하는 것은 잔인한 일이다. 그러므로 앞으로 수치심에 대한 논의에서는 범죄의 수치심과 피해자의 수치심을 묶어서 다룰 것이다.

본서의 후반에서는 다시 이 두 종류의 수치심을 구분할 것이다. 우선, 다음 사례들에는 경우에 따라 범죄의 수치심이 희생당함으로 더 심화되는 사례도 있지만 전체적으로는 범죄의 수치심을 대표하는 것들이라고 간주하자.

3) 오늘날의 수치심

오늘날의 세속화된 사회에서 수치심은 어디서 찾을 수 있는가?

우리 책장을 살펴보라. 현대문헌에서 수치는 너무도 자주 등장하는 주제라 거의 최신유행 수준이고 아무래도 노출과다를 우려해야 할 처지다. 레온 웜서(Leon Wurmser)가 쓴 『수치심의 가면』(The Mask of Shame), 도날드 나단슨(Donald Nathanson)의 『수치심과 자부심』(Shame and Pride), 마이클 니

콜스(Michael Nichols)의 『숨을 곳이 없다』(*No Place to Hide*) 등은 모두 수치심에 대한 전문적인 논의를 다루는 실례이다.

이 도서들에 대해 들어보지 못했을지라도, 수치심의 덜 전문적인 용어인 자존감이라는 말은 당신에게 꽤 친근할 것이다. 수치심 그리고 하나님과 타인 앞에서 느끼는 창피함은 우리 문화에선 낮은 자존감과 무가치감으로 나타난다. 수치심과 낮은 자존감은 둘 다 아담의 죄에서 기원한다. 둘 다 우리가 느끼는 남의 의견에 좌지우지되며, 둘 다 '자신을 부정적으로 생각한다.'

단 하나의 차이점은 수치심이라는 말이 타인과 하나님 앞에서 치욕스럽다는 의미를 지니고 있는 반면, 자존감은 단지 인간과 인간 사이에서만 벌어지는 문제 내지는 한 인간의 내면에서만 일어나는 문제라고 인식되는 점이다.

낮은 자존감이라는 것은 성경적 수치 또는 벌거벗음이 대중화된 해석이다. 곧 세속화된 수치심이다.

'수치심'이 '낮은 자존감'과 거의 대용되다시피 하는 용어라는 것을 알고 나면 수치심을 다루지 않는 책을 찾아보기가 어렵다. 글로리아 스타이넘(Gloria Steinem)이 쓴 『내부로부터의 혁명: 자존감에 대한 책』(*Revolution from Within: A Book of Self-Esteem*) 같은 것부터 미국의 모든 초등학교 학습과정에 이르기까지 미국사회는 모든 문제의 원인이 낮은 자존감이라고 결론을 내린 듯하다.

나는 딸이 다니는 학교의 학부모 모임에 처음으로 참석한 적이 있는데 그때 생긴 일이다. 학교 측에서는 그들의 최우선 목표가 아이들의 자존감을 북돋아 주는 것이라고 설명했다. 그러자 학부모들은 뜨거운 박수갈채로 찬성했다. 모두들 유년기의 근본적인 문제가 해결되는 순간이라고 믿는 듯했다.

그러나 나는 손뼉을 치지 않았다. 그 반대로 우리 딸을 그 학교에 계속 보내도 괜찮을지를 아내와 결정해야만 했다. 자존감을 중요시하는 가르침과 특히 자아를 강조하는 교육은 문제를 오히려 더 악화시키는 것 같지 않은가?

그것은 나의 경험상 당연한 결과였다. 내가 스스로 자존감을 북돋우려 했을 때마다 그 결과는 언제나 뼈저린 자의식과 더 이기적인 태도일 뿐이었다. 심지어는 세상적인 시각으로 보더라도 자존감 위주의 교육은 신뢰할 만한 것이 아니다.

앞뒤를 가리지 않고 무조건 응석을 받아주고 기를 살려주는 것이 아이들을 돕는 일은 아니지 않은가?

사실 학교가 아이에게 안겨주려는 자존감이라는 것은 오직 난감한 상황과 실패를 무릅쓰고 장애물을 극복하는 힘을 길러감에 따라 진정으로 갖추어지는 것이다. 한 사람이 다른 사람에게 간단히 자존감을 부여한다는 것은 불가능하다. 우리의 자신에 대한 견해를 남들이 바꿀 수 있다고 전제하는 것 자체가 낮은 자존감을 초래하는 장본인이 아니고 무엇인가!

그러나 인기 서적들이 온갖 기상천외한 방법으로 우리의 자존감을 부풀려 보려고 하는 와중에도 정작 그 안에서 성경적인 메시지를 발견할 수 있다. 자존감과 자기가치에 대해

막대한 관심이 존재한다는 사실은 우리의 좀 더 근본적인 문제를 해결하려는 취지가 있음을 의미한다.

우리는 실상 전혀 괜찮지 않다. 우리 자신이 꽤 멋지다고 느껴야 할 이유가 없다. 우리는 진정으로 불완전하다. 자존감 교육은 사람들이 스스로의 문제가 훨씬 뿌리 깊은 것이라는 것을 깨달으면 언젠가는 무너질 부실한 지지대이다. 한 가지만 얘기한다면, 문제는 우리가 하나님 앞에서 벌거벗은 상태라는 것이다. 수치심이 표출되는 데는 또 다른 방법들도 있다.

- 포르노나 신체 노출은 서양문화에 만연한 것임에도 불구하고 아직도 나체는 금기로 남아있다. 왜 그런가? 그 이유는 나체가 우리에게 깊은 영적 덮개가 필요한 현실을 상징하기 때문이다. 우리가 입는 옷은 이 성경적 교리를 뒷받침하는 거의 반박할 수 없는 증거이다.

- 우리는 출근길에 혼자 운전을 할 때면 라디오를 있는 대로 틀어놓고 온 마음을 다해 노래한다. 하지만 그러다가도 누가 우연히 우리를 보기라도 하면 당황스러워한다. 우리를 본 사람이 전혀 모르는 사람이고 앞으로 다시 볼 일이 전혀 없어도 그렇다. 그 사람은 어쨌거나 우리를 보았고 우리는 잠깐이나마 노출된다는 것에 대한 깊은 두려움을 기억하게 된 것이다.

- 우리에게는 얼마동안 다른 사람을 쳐다볼 수 있느냐에 대해 암묵적이지만 뚜렷한 규칙이 있다. 잠깐의 '눈 마주

침'은 예의 있는 것이지만 빤히 쳐다보는 것은 무례하고 사람을 당황스럽게 만들거나 혹은 적대심까지도 불러일으킬 수 있다. 여성들은 남성들이 빤히 쳐다봄으로써 그들을 물건 취급한다고 호소한다. 그들은 마치 옷 벗김을 당하는 것 같은 느낌이 드는 것이다.

- 심지어는 환각증상을 설명할 때도 사람들은 "누가 쳐다본다"는 얘기를 한다. 전 세계적으로 모든 사람에게 만연한 환각은 바로 환각자를 주시하는 눈에 대한 것이다. 어디나 항상 따라다니는 눈, 꿰뚫어 보는 눈, 위험한 눈이다.
- 당신은 복음주의 교회들이 얼마나 자주 솔직함과 숨김없음을 중요시하며 강조하는지 생각해 본 적이 있는가? 그것이 노래 후렴처럼 그렇게 반복되어야 하는 이유는 우리가 자신을 활짝 열기를 싫어하기 때문이다. 그리스도인임에도 불구하고 자기방어용 담벼락을 선호하는 것이다.

2. 숨기 그리고 엿보기

미국에서 일반적으로 자신을 묘사하는 데 쓰는 비유는 수치심으로 인해 얼굴을 가리는 것이 공통 주제이다. 한 예를 들자면, 우리가 담벼락 뒤의 사람들이라는 비유이다.

"담벼락은 두께가 4미터다. 아무도 넘어올 수 없고 나 역시 탈출할 수 없다."

 이 절망적인 덮개는 우리를 고립시키고 또한 다른 사람의 눈길로부터 우리를 보호해 준다. 이 담벼락은 가지각색의 자재로 쌓을 수 있다. 돈, 명성, 운동 실력, 직업, 분주한 생활 등등. 하지만 인간이 만든 그 어떤 것으로도 수치심은 결코 가릴 수 없다.

 이 담벼락들이 기묘한 것은 벽이면서 동시에 남들을 훔쳐 볼 수 있게 허용한다는 점이다. 두꺼운 벽들도 조그만 틈새나 구멍이 있어서 우리는 밖을 내다볼 수 있다. 우리는 숨고 싶어 한다. 그러나 동시에 남들을 엿보기 원한다. 염탐함으로써 우리는 남의 연약한 부분을 알아낼 수 있고 그로써 남들도 우리와 다를 바 없거나 더 못하다고 믿을 수 있기 때문이다.

 치욕은 동지를 원하는 법이다. 한편으로 엿보기는 우리가 보기에 강하고 영웅이 될 만한 사람을 찾아내기도 한다. 영웅이 생기면 우리는 덜 고립된 것처럼 느낄 수도 있다. 그 영웅과 위험부담 없는 친분을 맺는 환상에 젖을 수 있기 때문이다.

 담벼락 뒤에서 이렇게 공상에 빠지는 것은 모든 사람들에게 인기있는 취미거리일 것이다.

 폴라(Paula)는 공상에 빠져서 살아왔지만 누구도 그녀가 그럴 것이라고는 상상하지 못했다. 그녀는 성공한 미혼녀이며 그리스도인이었다. 그녀는 잘나가는 직위에, 맡은 일도 많았고 회사의 사장도 그녀에 대한 칭찬을 아끼지 않았다. 교회

생활도 적극적으로 하였고 모든 사람들이 그녀를 좋아했다.

그럼에도 불구하고 저녁만 되면 그녀는 자신의 상상 속에만 존재하는 영웅 같은 남편과 자녀들과 함께 살았던 것이다. 폴라가 이런 공상의 세계를 만들어낸 이유는 바로 그 세계가 그녀가 원하는 것을 제공해 주었기 때문이다. 또 다른 이유는 그녀가 자신을 드러낼 필요 없이 안전한 관계를 가질 수 있기 때문이었다.

빌(Bill)이 직면한 고심거리도 유사한 모습이었다.

"제 필요를 충족시키고는 싶지만 남들 앞에서 드러내고 싶진 않아요. 그 누구도 날 진짜로 알게 되는 것은 싫어요."

그래서 안전한 세계를 조작해 내기 위해 그는 포르노와 자위를 즐겼다.

사실 고백하면, 내 자신의 세계에도 공상은 존재한다. 이것은 최근에 있었던 예다. 나는 상체는 제법 운동 신경이 좋은 편이지만 하체는, 특히 발은 완전 절망스럽다. 너무 수영을 많이 해서 그런 것이라고 생각하고 싶다. 그런데 우연찮게도 내 아내 샤론(Sharon)은 전신 균형 감각이 만점인데다 춤추기를 좋아한다. 아무래도 하나님이 날 겸손하게 하시려고 그러신 것 같다.

지난번 파티에서 아내와 춤을 춘 뒤 집에 와서 내가 무슨 생각을 했는지 아무도 모를 것이다. 내 생각은 떠돌기 시작했고, 나는 세기의 춤꾼이라는 공상에 빠지기 시작한 것이다. 환상 속에서 나는 그냥 보통 아저씨고 그 상태로 무도장으로 평범하게 걸어 나간다. 그러다 난데없이 나는 존 트라

볼타(John Travolta)로 변신하는 것이다. 사람들은 경탄하고 아내는 내가 멋지다고 생각하는 대충 이런 상상이었다.

어떻게 보면 우습기도 하고 불쌍하기도 한 상상이다. 내가 말하고자 하는 것은 나의 비교적 무해한 공상이 바로 인간에 대한 두려움, 수치심, 자만심으로 가득 차 있더라는 점이다. 인간에 대한 두려움은 사람들이 내 어색함을 어떻게 볼까에 온 정신이 집중해 있다는 점에서 드러났다. 수치심, 특히 세속적인 형태의 수치심은 내 자신을 별로라고 느끼고 있는 데서 나타났다.

정말이지 멍청이들이나 무대에서 그렇게 한심할거라고 생각하며 나는 남들 앞에서 노출된 듯이 느껴졌다. 자만심은 내가 남 앞에서 최소한 한 가지라도 진짜 잘하는 것이 있는 것처럼 보이고 싶은 데서 드러났다.

이것이 바로 자존감의 모순된 점이다. 자존감이 낮다는 말은 대개 당신이 스스로를 너무 높게 평가한다는 얘기다. 너무 자신에 대해 집착하고 현재 가진 것보다 더 가질 자격이 있다고 느끼는 것이다. 스스로가 못마땅한 이유는 보다 나은 것을 열망하고 있기 때문이다. 단 몇 분만이라도 위대하기를 원하는 것이다. 서민이면서 왕으로 군림하고 싶은 것이다. 낮은 자존감에 시달리는 동안은 그것이 정말 고통스럽기 때문에 그 사실을 자만심이라고 느끼지는 못한다. 그러나 나는 이것이 자만심의 어둡고 초라한 모습, 쓰러진 자만심이라고 생각한다.

우리가 숨고 남을 엿보고 하는 동안 우리의 마음은 단연

분주하다.

시청률 높은 텔레비전 프로나 인기있는 잡지들의 공통점이 무엇인지 당신은 궁금해 해본 적이 있는가?

그것은 우리가 수치심의 담벼락 뒤에서 남을 잠시나마 엿볼 수 있는 기회를 제공해 주기 때문이 아닌가?

그런 프로와 잡지들은 남들의 불명예스러운 면을 보여주고 그로 인해 우리가 자신의 수치심도 정상인 양 여기게 도와준다. 아니면 우리의 영웅들과 우리가 비슷하다는 생각을 하게 해 주고 그로 인해 잠시나마 으쓱하게 해 주는 것이다.

현대인은 마치 '엿보는 톰'(Peeping Tom)*과도 같다. 톰이 열쇠구멍으로 남을 엿보는 동안 또 다른 사람은 톰을 탐색하고 있고 또 그 사람은 또 다른 관음증 환자에게 염탐당하고 있고 그 사람 역시 또 다른 관음증 환자에게 염탐 당하고 있는 것처럼 말이다.

3. 밤의 한 가운데

19세기 초에 덴마크가 낳은 철학자인 쇠렌 키에르케고르(SØren Kierkegaard)는 숨고 엿보기가 삶의 전부인 이들에 대해 논했다. 그의 묘사는 담벼락이 아닌 가면을 사용한 것이었다.

---

* 역자주: 관음증이 있는 남을 훔쳐보기 좋아하는 호색가.

당신은 모두 가면을 벗어던질 자정이 다가온다는 사실을 모르는가? 당신은 인생이 언제까지나 업신여김을 당하며 속고만 있을 거라고 생각하는가? 당신은 자정 직전에 살짝 빠져 나가서 진실을 피할 수 있다고 믿는가? 당신은 이 사실이 끔찍이도 무섭지 않은가? 나는 실제로 너무 오랫동안 남들을 속인 나머지 결국은 그 본연의 모습이 사라져 버린 사람들을 보았다. 나는 숨바꼭질을 너무 오래 해서 결국은 돌아버리고 난 뒤 남들에게 메스꺼운 비밀을 쏟아 붓는 사람들도 보았다. 그때껏 자랑스럽게 숨겨온 비밀을 말이다.*

키에르케고르는 옳았다. 매일 매일이 할로윈과 같다. 가면을 쓰는 것은 우리가 아침마다 이를 닦고 식사하는 것처럼 일상적인 것이다. 그러나 이 가면파티는 전혀 즐거운 것이 아니다. 가면 뒤에 숨은 사람들은 모두 그 가면이 벗겨지는 때가 올까 봐 겁에 질려 있다.

그리고 아닌 게 아니라 가면과 그 외의 가리개들은 모두 언젠가는 없어지게 될 것이다. 영구히 벗겨지는 때가 올 것이다. 하지만 우리가 두려워해야 할 것은 남들의 시선 정도가 아니다. 결국 다른 사람들도 우리와 다를 바가 없지 않은가. 키에르케고르는 더 심오한 두려움을 지적한다.

하나님의 눈이 그것이다. 사람의 시선만으로도 우리에게

---

* Søren Kierkegaard, 『이것이냐 저것이냐』(*Either/Or*, Princeton, N.J.: Princeton University Press, 1946), 99.

두려움이 생긴다면 하나님의 시선에는 얼마나 더하겠는가? 만약 우리가 다른 사람에게 노출 당한 기분이 든다면 하나님 앞에서는 완전히 파멸된 것 같은 느낌이 들것이다. 그런 상황은 생각하는 것조차도 너무 감당하기가 힘들다.

우리 마음은 단지 그런 생각만으로도 떨리는지라 어떻게든 그런 일을 피하기 위해 안간힘을 쓴다. 하나님의 눈을 피하는 한 방법은 남들을 두려워하는 것이 마치 우리의 가장 심각한 문제인 것처럼 살아가는 것이다. 마치 사람들이 크고 하나님은 크지 않은 양 살아가는 것이다.

물론 이것은 사실과는 거리가 멀다. 인간에 대한 두려움은 흔히 하나님에 대한 두려움이 실제적으로 나타난 형태이다. 그것은 우리가 하나님에 대한 두려움보다는 남들에 대한 두려움을 더 의식한다는 뜻이다. 물론 남들을 두려워하는 것은 실제적인 현상이다. 우리는 정말로 남들의 생각과 의견과 행동을 두려워한다. 하지만 우리는 그 두려움 밑에 최대한 하나님에 대한 절박한 두려움을 숨기려고 한다. 예컨대 성경판 키에르케고르 가면파티나 다름없는 이 장면을 보라.

> 예수께서 돌이켜 그들을 향하여 이르시되 예루살렘의 딸들아 나를 위하여 울지 말고 너희와 너희 자녀를 위하여 울라. 보라 날이 이르면 사람이 말하기를 잉태하지 못하는 이와 해산하지 못한 배와 먹이지 못한 젖이 복이 있다 하리라. 그 때에 사람이 산들을 대하여 우리 위에 무너지라 하며 작은 산들을 대하여 우리를 덮으라 하리라 (눅 23:28-30).

예수님이 재림하실 때 벌거벗은 자들은 하나님의 거룩하신 시선에 노출되느니 예루살렘 산들의 거대한 바위들에 깔리는 것이 낫다고 여길 것이다.

4. 하나님의 해답

물론 하나님은 사람들의 두려움에 대한 해결책을 가지고 계신다. 우리는 곧 그 해결책을 보다 면밀하게 검토하도록 하겠다. 복음이란 하나님이 그분의 벌거벗은 대적들을 덮어 주시고, 그분의 결혼식 만찬에 데려오시며, 그들을 파멸시키지 않고 도리어 그 원수들을 신부로 맞아 직접 혼인을 하시는 놀라운 이야기다. 다윗 왕은 앞으로 실현될 이 복음을 미리 알고 고백했다.

여호와여 주께서 나를 감찰하시고 아셨나이다(시 139:1).

벌거벗은 자들에게는 저주인 하나님의 시선이 다윗에게는 축복이었다. 죄 사함을 받고 죄가 가려진 자들에게 하나님의 시선은 피난처이다.

하지만 우리는 하나님을 여전히 이해할 만한 이유로 두려워할 수도 있다. 예수님의 의로 덮어진 자들에게는 이 두려움이 멸망을 겁내는 두려움이 아니다. 오히려 다윗이나(시 119:120) 이사야의(사 6장) 경외함에 가까울 것이다. 자신이 죄인임을 알고 지존하신 하나님 앞에서 전율하는 경외다. 또는 고백하지 않은 죄에 따르는 두려움일 수도 있다.

하나님의 약속을 신뢰하지 못하는 데서 비롯한 두려움일 수도 있다. 아니면 남의 죄에 피해 입은 결과로 '부정'한 기분이 드는 데서 오는 두려움일 수도 있다. 우리가 죄인인 이상 수치심은 익숙한 경험일 수밖에 없다. 누구나 담벼락과 가면 뒤에 사는 삶이 어떤 것인지 잘 안다.

정답은 간단해 보인다. 예수님이 돌아가신 후 부활하셔서 승천하심을 믿음으로 그분이 당신을 의로운 옷으로 덮어 주셨다는 사실을 기억하라.

예수님은 당신의 수치를 없애 주셨다. 두려움에 찬 사람이 해방되기 위해서 필요한 가르침은 이것만으로 족할지도 모른다. 그러나 내 개인적인 경험과 상담했던 이력에 의하면 수많은 경우에 해결책은 예수님이 우리를 대신해 돌아가신 것을 기억하는 것 외에 무언가 더 요구하는 듯하다.

예를 들어서 생각해 보라, 폴라와 빌과 나에게 무엇인가 더 필요한 것은 아닌지. 예수님의 복음으로는 부족하다고 말하려는 것이 아니다. 내 말은 우리가 복음 속에 함축된 가르침들을 주목해야 한다는 뜻이다. 일례로 우리가 무엇을 회개해야 하는지 생각해 보라.

나는 예수의 이름으로 남들을 사랑하는가 아니면 내 자신을 남들로부터 방어하는 데 더 관심이 있는가?

어떻게 하면 나 자신에 대한 생각을 덜 할 수 있는가?

성경이 수치심을 어떻게 다루는지에 대해 할 말은 훨씬 더 많지만 일단 우리가 도달한 데까지만 요약해 보자. 인간에 대한 두려움에 대한 첫 번째 성경적인 관점은 바로 그것이 죄로 인한 벌거벗음에서 유래한다는 사실이다.

아직도 우리 안에 있는 죄 때문에 우리는 당황스러움, 수치심, 노출된 듯한 느낌, 취약한 느낌 등을 겪는다. 결과적으로 우리는 자기방어와 남의 눈 피하기를 위해 힘쓴다. 궁극적인 문제는 남의 시선 같아 보이지만 사실상 문제는 우리 내면적인 것이고 하나님과 우리 사이에 존재하는 것이다.

'또래 압력'이 근본적인 문제라고 보는 것은 실수다. 궁극적인 문제는 다른 사람들의 시선이 아니다. '인간에 대한 두려움'이라는 광범위한 이름이 붙은 이유는 다름이 아니라 우리가 남들 앞에 있을 때 이 문제를 가장 뚜렷하게 느끼기 때문이다. 예컨대 고등학교 강당에 아무도 없었더라면 혹은 교감 선생님이 내가 수상하게 되었다고 전화로 통보해 주었더라면 내가 당혹스러울 일은 없었을 것이다.

다른 사람들이 있다는 사실이 우리가 노출된 듯한 느낌을 받게 한다. 그러나 아무리 기분상으로는 남들이 우리를 노출시키는 것 같아도 실제로는 우리가 항상 수치심을 안고 다니는 것이다. 남들은 그저 수치심이 눈에 보이게 촉발시킬 뿐이다.

수치심에 따르는 인간에 대한 두려움은 사실 우리와 하나님과의 관계에서 기원하는 것이다. 궁극적으로 우리는 꿰뚫어 보시는 하나님의 거룩하신 눈길 아래 있다. 특히 우리가 하나님의 의로우심을 어긴 것을 깨닫게 되면 죄를 고백하고 믿음으로 동의해야 한다.

> 예수 그리스도의 몸을 단번에 드리심으로 말미암아 우리가 거룩함을 얻었노라(히 10:10).

그렇지 않는 한 우리는 하나님의 눈길에 심판을 당할 것이다.

우리는 또한 남의 죄로 인해 부정해짐으로 거룩하지 못할 수도 있다. 그런 경우에는 우리 자신이 부정함에 대한 직접적인 책임은 없지만 여전히 우리는 벌거벗었고 하나님만이 주실 수 있는 죄를 덮는 가리개가 여전히 필요하다.

더 생각해 보기

1. 아직도 당신 안에서 인간에 대한 두려움을 찾기가 힘들다면 당신의 사생활이 밖에서의 모습과 어떻게 다른지 생각해 보라. 하나님께 고백하는 것은 쉬우나 다른 사람과 나누기는 정말 곤란한 죄들이 있는가? 사람들이 몰랐으면 하는 비밀이 있는가? 이런 종류의 질문들은 당신의 삶에 있는 수치심으로 인한 인간에 대한 두려움의 증거를 드러낼 것이다.

2. 대부분의 사람들은 여러 겹의 껍데기를 쓰고 있음을 염두하고 당신이 스스로를 가리기 위해 쓰는 방법을 생각해 보라.

3. 당신은 설교 예화로 종종 등장하는 장난전화를 받은 다섯 명의 이야기를 아는가? 장난전화의 내용은 "당신이 뭘 했는지 다 알고 있다. 당장 동네를 떠나라!"는 것이었다. 장난전화를 받은 날 저녁 즈음 이미 네 명이 동네를 떠났다고 한다. 그 사람들이 장난전화 한 사람에게 조종당한 이유는 그들의 양심이 스스로 유죄임을 선고했기 때문이다. 당신도 양심이 스스로를 책망하는가? 그렇다면 하나님께 고백하고 앞으로 변화할 수 있는 힘을 주시기를 구하라. 깨끗한 양심은 큰 축복이고 인간에 대한 두려움을 뿌리 뽑을 출발점이다.

제2장

"사람들이 나를 거절할 것이다"

사람들이 우리의 치부를 드러낼 것이라는 두려움(수치의 두려움)과 밀접히 관련된 두려움이 있다. 그것은 남들이 우리를 거부하고, 비웃거나 무시할 것이라는 두려움(거절의 두려움)이다. 이는 아마도 우리가 남에게 조종당하는 가장 흔한 이유일 것이다.

'그들은 우리를 파티에 초대하지 않는다.'
'그들은 우리를 무시한다.'
'그들은 우리를 좋아하지 않는다.'
'그들은 우리를 마음에 들어 하지 않는다.'
'그들은 우리가 바라는 만큼 받아주거나 아껴주거나 특별 대우를 해주지 않는다.'

우리는 이런 생각들로 인해 자신을 무가치하게 느낀다.

그러나 다음 같은 소식은 당신에게 좀 격려가 될 수도 있을 것이다. 이 '거절의 두려움'은 우리 시대에나 있는 일처럼 들리지만 역사상 꽤 여럿의 유명 인사들에게도 사실 같은 문제가 있었다. 예를 들어 모세는 이스라엘의 지도자들과 재판장들에게 바로 이것을 경고했다(신 1:17). 모세는 사람들이 중요하게 여겨지는 사람들로부터 거부당하지 않으려고 그들의 의견을 공경하다시피 하고, 사람들을 편애하고, 또 남들을 차별대우한다는 것을 알았다. 그런 인간적인 성향은 이스라엘의 재판장들에게는 특별히 더 심각한 문제였을 것이다.

예를 들어, 만약 이스라엘의 한 재판장이 어떤 명성이 높은 금속공인을 재판해야 하는 상황이 있었다고 치자. 그런 상황에서는 형벌을 삭감하거나 벌금을 아예 철회해야 되는 압력이 있었을 가능성이 높다. 나중에 재판장이 무슨 쟁기 수리라도 해야 되는 사태가 생겼을 때 그 금속공인이 앙심을 품고 거절해버릴 수도 있기 때문이다.

여기서 무엇이 문제인지 알겠는가?

피고가 재판장이 원하는 무언가를 가지고 있으면 재판장이 피고에게 조종당할 수 있다는 뜻이다. 그런 상황에서는 사람들이 커지고 하나님의 정의는 작아져 버릴 것이다.

나는 얼마나 많은 사람들이 더 많은 돈과 더 많은 권력과 더 높은 학력과 더 출중한 미모를 가진 다른 사람을 우러러볼까 생각해 본다. 상담사로서 내 자신과 다른 분들의 목회에서 목격한 사실도 빈곤한 사람들을 무료로 상담해줄 때보다는 기부확률이 더 높은 사람을 상담할 때 좀 더 친절하고 좀 더 신중한 태도를 갖게 되더라는 점이었다.

성경에서 거절에 대한 두려움을 보여주는 좋은 예는 바로 사울 왕이다. 사무엘상 15장에서 사울 왕은 아말렉 족속을 남김없이 진멸하라는 하나님의 명령을 받는다. 그리고 하나님은 이스라엘 군대에게 아말렉 족속을 무찌를 수 있는 은혜를 주셨다.

그럼에도 불구하고 성경은, "사울과 백성이 아각과 그의 양과 소의 가장 좋은 것 또는 기름진 것과 어린양과 모든 좋은 것을 남기고 진멸하기를 즐겨 아니하고 가치 없고 하찮은 것은 진멸하니라"(삼상 15:9)고 기록한다. 선지자 사무엘이 사울을 대면하고 그의 엄청난 불순종을 지적하자 그는 죄를 자백했으나 한편 "내가 백성을 두려워하여 그들의 말을 청종하였음이니이다"(삼상 15:24)라고 자신의 불순종을 정당화했다.

사울의 변명을 해석하는 데는 적어도 두 가지 방법이 있다. 사울은 장군들에게서 전쟁에서 획득한 전리품을 본국으로 가져가자는 압력을 느꼈을 수 있다. 그러나 그것이 이유였다면 하나님이 이미 수도 없이 사람을 두려워하지 말라는 경고를 하셨기에 사울은 핑계 댈 구실이 없다. 그게 아니라면 사울은 어차피 인간에 대한 두려움이 너무 흔한 현상이기 때문에 사무엘도 '그냥 사람이 다 그런거지' 하며 이해하리라고 생각했을 수도 있다. 결국 자신도 어쩔 수 없는 사람인데 어떻게 자기에게 책임을 묻겠는가 생각했을 것이다. 이 둘 중 무엇이 사울의 진정한 동기였든지 간에 그의 인간에 대한 두려움은 대참사를 초래했다. 인간에 대한 두려움이라는 이유 때문에 사울은 그의 왕국을 잃게 된 것이다.

신약에 등장하는 바리새인들도 사울 왕처럼 거절에 의한

두려움의 문제가 있었다. 그들은 인정받고 칭찬받기를 갈망했으며 그렇게 되지 못할까 봐 두려워했다. 많은 바리새인들은 예수님을 믿지 않는다는 사실을 떠벌려 자랑했고 오히려 믿는 사람들이 정신 나간 것이라고 생각했다(요 8:45-50). 그러나 예수님의 권위 있는 가르침과 기적을 무시해 버리지 못하고 말없이 믿게 된 지도자들도 간혹 있었다. 다시 말해 그들은 하나님이 예수님을 보내셨다고 믿었다. 예수님이 바로 그들이 소망하고 기도하며 기다리던 메시아라고 본 것이다. 이런 신념만 보자면 누구나 그들이 곧바로 예수님의 제자가 되고 다른 사람들도 그분을 믿도록 설득했을 거라고 짐작할 것이다. 하지만 그런 일은 일어나지 않았다. 반대로 그들의 믿음은 재빨리 시들어 버리고 말았다.

왜 그랬던 것일까?

그들은 회당에 속한 사람들이 부정적인 반응을 보일까봐 믿음을 고백하기 두려워했다. "그들은 사람의 영광을 하나님의 영광보다 더 사랑하였더라"(요 12:42-43)고 성경은 말한다. 그들은 사람의 칭송이 필요하다고 느낀 것이다. 그리고 거절당하는 것이 하나님보다 더 두려웠던 것이다.

우리에게는 이 모든 것이 친숙하게 들린다. 때로 우리는 예수님을 위해 살기보다는 그분을 위해 죽기를 더 바란다. 만약 어떤 사람이 우리가 신앙고백을 하는 즉시 우리를 사형에 처할 권한이 있다고 치자. 내 생각에는 대부분의 그리스도인들이 죽음을 무릅쓰고, "그렇다. 나는 예수 그리스도를 믿는다"라고 고백할 것이다. 고문으로 위협당하면 좀 망설이긴 할지라도 역시 대부분의 그리스도인들이 그리스도를 시인하리라 생각한다.

그에 반해서 만약 예수님을 향한 결단이 여러 해 동안 인기 없이 업신여겨지고 가난하며 비난당하는 삶을 의미한다면 많은 그리스도인들은 믿음을 옆으로 제쳐놓을 것이다.

"당장 죽을 것도 아닌데 뭐 급하게 결정할 필요 있나요?"

"나중에 하나님 앞에서 똑바로 하고 정신 차릴 때가 오겠죠, 뭐."

이렇게 둘러댈 것이다. 다시 말해 내가 차라리 죽으면 죽었지 남들이 날 좋아하고 인정하고 존경하는 것만은 방해하지 말아달라고 말이다.

너무 심한 말처럼 들리는가?

그러면 다시 한 번 우리의 전도생활을 상기해 보라. 수많은 10대의 청소년들은 학교 친구들에게 교회 아이들하고 어울리는 모습이나 길거리에서 기독교 연극을 하는 모습을 보이느니 차라리 죽고 말겠다고 할 것이다.

아무래도 가장 인기 있는 선교여행은 자기 동네에서 멀리 멀리 떨어진 곳으로 가는 것이 아닌가?

러시아로 가버리는 것은 쉽다. 우리가 사는 동네가 바로 끊임없는 도전인 것이다.

예수님처럼 대담함과 명확함으로 복음을 시종일관 증언한 사람이 이 세상에 누가 있겠는가?

그런 사람은 없을 것이다.

그 누가 전도하는 데 있어 언제나 한결같이 사람을 두려워하지 않을 수 있겠는가?

분명히 그런 사람은 아무도 없을 것이다. 십자가의 메시지에는 그 고유의 '미련함'이 있다. 명확하게 복음을 선포하면 우리가 멋져 보일 수가 없다. 복음 선포는 우리를 인기 없도록 만들게 되어 있다.

1. '또래 압력'과 하나님의 칭찬

인간의 마음 중심에 자리한 죄(인간에 대한 두려움)는 엄청난 힘을 발휘한다. 한순간 스쳐가는 산들 바람보다도 더 일시적인 사람의 칭찬이 하나님의 칭찬보다 영광스러워 보이게 만드는 것이다. 예수님이 직접 유대 지도자들에게 말씀하셨던 것도 이 말씀이다.

> 너희가 서로 영광을 취하고 유일하신 하나님께로부터 오는 영광은 구하지 아니하니 어찌 나를 믿을 수 있느냐(요 5:44).

바리새인들을 요즘 세상의 '착한' 관점으로 보면 그저 타인에게 집착하기를 좋아한 사람들 정도로만 보일 것이다. 우리는 바리새인들이 "또래 압력에 시달렸다"고 치부하기 쉽다. 모두 언젠가는 한 번씩 겪는 일이기에 우리는 바리새인들의 행동을 동정하다시피 한다. 그러나 바리새인적인 인간에 대한 두려움은 아마도 가장 비극적인 형태의 인간에 대한 두려움일 것이다. 이로 인해 10대 청소년들은 끊임없이 지혜롭지 못한 결정을 내린다. 어른들 역시 남들을 보고 매사에 그들의 비유를 맞추려 한다. 우리는 남이 먼저 사랑해 주길 원한다. 우리는 그런 걱정에 너무 많은 시간을 낭비한다.

'남들이 내가 옷을 잘 입는다고 생각했을까?'

'소그룹 모임에서 내가 한 말을 어떻게 생각했을까?'

우리는 예수님에 대해 증거할 기회가 있어도 그것을 행동으로 옮기기는 피한다. 우리는 혹시라도 죄를 짓지나 않을까 신경 쓰기보다(하나님에 대한 두려움) 우리가 행여나 남 앞에서 바보같이 보일까 봐(인간에 대한 두려움) 더 염려한다.

예수님은 이런 바리새인적인 염려와는 극명하게 대비된 분이셨다. 그분은 편애하지 않으셨다. 오히려 남녀, 빈부, 노소, 인종을 가리지 않고 두 팔 벌려 다가가셨다. 그분은 여론조사 결과에 맞추어 인기 있는 것만 가르치신 것이 아니었다. 그분은 인기는 없을지라도 사람의 중심을 꿰뚫는 진리만을 말씀하셨다.

"나는 사람에게서 영광을 취하지 아니하노라"고 예수님은 말씀하셨다. 심지어는 그분의 대항세력도 그 사실을 알았다.

> 선생님이여 우리가 아노니 당신은 참되시고 진리로 하나님의 도를 가르치시며 아무도 꺼리는 일이 없으시니 이는 사람을 외모로 보지 아니하심이니이다(마 22:16).

물론 그런 말은 예수님을 궁지에 몰기 위한 아첨일 뿐이었지만 어쨌거나 진실인 것은 틀림없다. 참되시고 진리를 가르치시며 인간을 두려워하지 않는 것은 예수님의 권위 있는 가르침의 특성이자 그분의 목회를 유대지도자들의 사역으로부터 구별 짓는 점들 중 하나였다.

사도 바울의 사역 또한 이것이 특색이었다. 그는 교회들에게 권고하기를 본인이 예수님을 본받는 것같이 그들도 자신을 본받으라고 했다(고전 4:16, 살전 1:6). 이로써 사도 바울은 제자들이 그의 삶과 교리를 본받도록 격려했고, 그중에는 인간의 칭송보다 하나님의 칭찬을 구하는 것도 포함되어 있었다(살전 2:4).

바울은 사람을 기쁘게 하는 자(people-pleaser)가 아니었다. 그는 사람을 사랑하는 자(people-lover)였고 그랬기 때문에 남들의 의견에 따라 권고의 내용을 바꾸지 않아도 되었다. 오직 사람을 사랑하는 자만이 사람을 직면할 수 있다. 오직 사람을 사랑하는 자만이 남들에게 지배당하지 않는 것이다. 심지어 바울은 갈라디아 사람들에게 그가 아직도 사람의 기쁨을 구하려 하였다면 그리스도의 종이 아닐 것이라고 했다(갈 1:10). 이는 바울이 얼마나 인간에 대한 두려움의 문제를 심각하게 여겼는지를 보여준다.

바울이라고 쉽게 그런 마음이 생겼다는 말은 아니다. 바울 역시 우리처럼 본능적인 정욕이 있었고 그 사실은 자신도 잘 알고 있었다. 그래서 그는 교회들에게 자신을 위해 다음과 같이 기도하기를 간청했던 것이다.

또 나를 위하여 구할 것은 내게 말씀을 주사 나로 입을 열어 복음의 비밀을 담대히 알게 하옵소서 할 것이니 이 일을 위하여 내가 쇠사슬에 매인 사신이 된 것은 나로 이 일에 당연히 할 말을 담대히 하게 하려 하심이라(엡 6:19-20).

2. 인간에 대한 두려움에 맞선 베드로

그렇다면 이제 인간에 대한 두려움이 좀 더 비극적으로 드러난 실례를 살펴보자. 베드로는 성질이 급한 사람으로 유명하다. 열두 제자를 통틀어서 그는 가장 배짱 좋은 사람 같아 보였다. 우리가 보기에는 인간에 대한 두려움과는 가장 거리가 멀 것 같은 사람이었던 것이다. 그러나 인간에 대한 두려움이라는 질병은 대담한 자들과 소심한 자들 모두의 마음에 자리한 법이다.

어떻게 이런 베드로가 주님을 부인할 수 있었을까?

그는 자기 코앞에서 기적들이 벌어지는 것을 보았다. 성령이 보여주셔서 예수님이 그리스도이신 것도 알게 된 사람이었다. 그는 반석이라고 불린 사람이었다. 또 그는 변화산의 사건 또한 직접 목도한 사람이었다! 그리고 그는 예수님을 사랑했다. 그분을 부인한다는 것은 상상도 못할 일이었다. 그러나 베드로도 우리와 다를 바 없었다. 성령의 지속적인 역사하심이 없이는 영적으로 불구인 우리와 동일한 죄인이었다. 그 역시 사람들을 높여 예수님보다 더 커보이게 만들고 말았던 것이다.

추운 어느 밤 예수님이 대제사장의 집 안에서 심문을 당하시는 동안 베드로는 그 집 바깥에 있었다. 그는 몇몇 관리들과 하인들과 더불어 불을 쬐는 중이었다. 예수님과 함께 있던 것을 본 적이 있다는 말을 들은 베드로는 "나는 네가 말하는 것이 무엇인지 알지 못한다"고 대꾸했다.

우리는 베드로가 이런 부인을 했다면 그것은 베드로를 대면했던 인물이 아무래도 백부장이나 바리새인이나 아니면 그를 즉석에서 처형할 수 있는 그런 사람이었기 때문일 거라고 지레짐작하기 쉽다. '그의 목숨은 매우 위태로웠던 것이 분명해'라고 말이다.

그런데 사실은 그런 것이 전혀 아니었다. 베드로를 대면한 사람은 한 소녀였다. 무슨 영향력이 지대한 여성도 아닌 하녀인 소녀였다. 대제사장의 하녀이긴 했지만 대제사장은 그 당시 예수님을 심문하느라 바쁜 상황이었다. 베드로에게 할애할 시간은 있지도 않았다. 더구나 또 한 명의 제자(아마도 요한)가 예수님이 심문당하는 동안 그 집 안에 있었다. 만약 그들이 제자를 처형할 의도가 있었다면 집 밖이 아닌 안에 있는 제자를 선택할 것이 당연했다.

베드로의 목숨이 위험에 처한 상황이었을 거라고 너그럽게 생각할 수 있을지 모르지만 실상 그렇지도 않았다. 베드로는 아주 작은 도발에도 예수님을 부인할 수 있었던 것이다.

아마도 두 번째로 질문을 한 하녀도 동일한 소녀였을 것이다. 그리고 베드로는 이번에도 비슷한 대답을 했다. 그러나 그의 대답은 소심하고 눈도 똑바로 쳐다보지 못하는 그런 종류의 대답이 아니었다. 그것은 맹세까지 섞인 완강한 부인이었다. 물론 베드로는 맹세의 심각성을 잘 알고 있었다. 그는 예수님이 산상수훈에서 "오직 너희 말은 옳다 옳다 아니라 아니라 하라"고 가르치신 것을 알았다. 그러나 죄는 진리가 무엇이든 상관없게 만들어 버렸다. 인간에 대한 두려움은 항상 불신 그리고 불순종과 함께 맞물려 삼총사를 이룬다.

베드로의 세 번째 부인은 한층 더 심했다.

> 그가 저주하며 맹세하여 이르되 나는 그 사람을 알지 못하노라 (마 26:74).

다시 말해, "내가 말하는 것이 진실이 아니라면 전능하신 하나님이 나와 온 가족을 저주하셔도 마땅하다"라고 말한 셈이다. 인간을 두려워하는 것은 정말이지 위험한 올가미가 아닐 수 없다.

그리고 예수님을 부인하고 있는 베드로를 예수님은 보고 계셨다. 이보다 더 나쁜 타이밍은 찾으려야 찾을 수 없었을 것이다. 아마도 그분은 대제사장의 집에서 공회로 옮겨지는 중이셨을 것이다. 예수님은 "베드로를 똑바로 바라보셨다"고 성경은 기록한다.

베드로는 마치 그가 '첫 사람 아담'이 된 것 같았을 것이다. 그는 거룩한 분의 시선을 느꼈고 그보다 더 벌거벗은 듯한 느낌은 없었을 것이다. 어디에도 숨을 곳은 없었다. 당시 예수님이 무슨 생각을 하셨을지 우리로서는 짐작만 할 수 있을 따름이다.

그러나 우리가 아는 것은 예수님이 제자들에게 다시 나타나셨을 때 베드로를 향해 은혜의 용서를 베푸시기를 몹시 기뻐하셨다는 점이다. 예수님이 부활하신 후 그분은 "가서 그의 제자들 그리고 베드로에게" 이르라고 지시하신 것을 천사는 알렸다. 그 후 또 다른 추운 밤에 아마도 다시 불을 쬐면서 예수님은 베드로가 세 번 부인했던 일을 그분의 양을 먹이라고 세 번 명하시는 것으로 맞아주시고 "나를 따르라"고 말씀하셨다(요 21:15-19).

베드로는 인간에 대한 두려움의 저주스러움을 체험하고, 거룩하신 하나님의 시선도 느끼고, 그토록 깊으신 예수님의 용서하시는 사랑을 알게 된 후 분명히 많은 것을 배웠을 것이다. 아니면 적어도 배웠다는 생각이라도 했을 것이다.

그러나 그의 강건한 믿음과 성령이 주신 은사에도 불구하고 이 대단한 사람은 또다시 인간에 대한 두려움의 문제로 인해 콧대가 꺾이게 되었다. 이번에는 그리스도인들과 식사를 나누는 일을 계기로 사람의 비위를 맞추려는 그의 태도가 돌출된 것이다.

베드로는 복음의 대상에는 이방인들도 포함된다는 것을 너무나 잘 알고 있었다. 베드로는 환상을 본 뒤로(행 10장) 고넬료 같은 이방인들과 같이 시간을 보냈다. 그 후로 그는 습관처럼 이방인들과 만나고 같이 식사를 나눴던 것으로 보인다. 그러나 유대 그리스도인들은 할례가 복음에 있어 필수적인 요소라고 믿었고 그들이 베드로에게 오자 이방인 형제자매들을 따로 구별하고 그들을 멀리한 것이었다. 다시 말해 베드로는 주님의 명령 대신 유대인의 관습에 따라 이방인들을 대접했던 것이다.

베드로가 왜 그렇게 행동했을까?

그는 할례당을 두려워했던 것이다. 그의 행동은 어떤 결과를 초래했을까? 바나바와 같은 다른 유대인들도 그의 뒤를 좇아 동일한 오류를 범하는 일이 벌어졌다. 베드로가 행한 '위선'은 너무도 심각한 것이어서 바울은 그를 지적하여 책망했다(갈 2:13).

결국에는 베드로가 자신의 잘못을 깨닫게 되었을까?

이 사건은 아마도 우리가 알고 있는 베드로의 개인적인 일화 중 마지막 일화일 것이다. 사도행전을 쓴 누가가 베드로보다는 바울의 후반사역을 더 추적했기 때문이다. 그러나 베드로가 쓴 두 서신들은 이 사건 후에 집필된 것들로 추정된다. 특히 베드로전서를 보면 이 사건들과 또 베드로가 초대교회들을 가르친 내용 사이에 연관이 있는 것을 볼 수 있다.

> 또 너희가 열심으로 선을 행하면 누가 너희를 해하리요 그러나 의를 위하여 고난을 받으면 복이 있는 자니 그들이 두려워하는 것을 두려워하지 말며 근심하지 말고 너희 마음에 그리스도를 주로 삼아 거룩하게 하고(벧전 3:13-14).

여기서 베드로는 "인간을 두려워하지 말고 주님을 경외하라"고 말한다. 결국 그는 인간에 대한 두려움이 올가미라는 점을 깨달았다는 이야기다.

3. 사람들: 우리가 선택한 우상

수치의 두려움과 거절의 두려움의 공통점은 무엇일까?

성경적인 비유를 하자면 이 두 가지 두려움은 모두, 우리가 가장 좋아하는 우상은 사람들이라는 사실을 보여준다. 우리는 사람들과 그들이 가지고 있다고 착각하는 힘을 하나님보다 더 드높여 추앙한다.

우리는 마치 사람들이 하나님처럼 꿰뚫는 시선을 가진 양 숭배한다(수치의 두려움). 아니면 그들이 존중, 사랑, 경탄, 수용, 존경 등 우리의 심리적 욕구를 마치 하나님처럼 '채워' 줄 것이라 믿고 그들을 숭배한다(거절의 두려움).

우상이라고 하면 우리는 보통 바알이나 그 외 인간이 만든 물질적인 창조물 그리고 아마도 돈을 생각할 것이다. 우리의 배우자나 자녀들이나 학교 친구 등을 우상으로 생각하는 경우는 거의 없다. 그러나 사실 우리가 선택한 우상은 사람들이다. 바알이나 돈이나 권세보다 사람들이 더 먼저 존재했다. 다른 우상들처럼 사람 역시 피조물이지 창조주가 아니기 때문에(롬 1:25), 사람들은 당연히 우리의 숭배를 받을 자격이 없다. 그러나 우리는 남들이 무엇인가를 줄 수 있을 거라고 생각하기 때문에 그들을 숭배한다. 그들이 우리를 축복해 줄 수 있다고 생각하는 것이다.

곰곰이 생각해 보면 우상숭배라는 것은 기나긴 세월 동안 인간의 마음이 써온 작전이다. 숭배하는 대상은 시대에 따라 바뀌어도 우상을 숭배하는 인간의 마음은 항상 그대로다. 지금 우리가 하는 우상숭배는 이스라엘 백성이 금송아지를 만들었던 우상숭배와 전혀 다를 바 없다.

이스라엘 백성은 애굽을 떠난 후 극도로 취약하고 궁핍해진 기분이 들었다(그리고 고집과 반항심으로 가득 차 있었다). 하나님의 능력을 목격했음에도 불구하고 그들은 두려웠던 것이다. 아무것도 자기들 뜻대로 되지 않을까 봐 두려웠다. 그들이 선택한 치료법은 참되신 하나님을 저버리고 우상을 택하는 것이었다. 그럼으로써 그들은 하나님을 대적하는 동시에 기피하길 원했다.

그들 자신과 우상들을 신뢰함으로써 그들은 참되신 하나님을 대적했다. 어쨌거나 그들은 하나님이 자기 아내들을 다산으로 축복하실지를 확신할 수 없었다. 게다가 풍성한 수확을 내려주는 것 같은 다른 신들에 관심을 갖게 되었다. 하나님만으로는 부족할 만약의 경우를 대비해서 그들은 다른 신들을 좇기 시작했다.

이스라엘 백성은 우상들이 자신들이 필요로 하며 원하는 것을 줄 수 있다고 생각했다. 그들은 자신들이 조종하고 이용할 수 있는 신을 원했다. 하나님처럼 너무 높은 분은 원하지 않았다. 그리고 하나님이 자신들의 요구를 다 들어주기에는 역부족일 거라고 지레짐작했다. 그래서 이스라엘 백성은 조종하기가 수월해 보이는 것들에서 축복과 만족감을 찾았다. 그들은 하나님의 뜻대로 살기보다는 자기 멋대로 살고 싶었다. 한마디로 반역의 극치에 다다른 것이었다.

이스라엘 백성은 다른 신들을 추종했을 뿐만 아니라 참되신 하나님은 기피하려 했다. 그것이 하나님을 신뢰하는 것보다 쉬웠던 것이다. 이제껏 이스라엘 백성은 시내 산에서처럼 거룩함이 장엄하게 표출된 것을 목격한 적이 없었다.

그 거룩함은 그들로 하여금 취약하고 노출된 기분이 들게 했다. 그들은 자신들이 얼마나 수치스러운 존재인지를 알아차리게 되었다. 이 거룩함에서 오는 공포심을 삭이기 위해 그들의 반항적인 마음은 길들여진 신을 찾아 헤맸다. 그리고 금송아지는 바로 그 길들여진 '신'이었다.

오늘날 우리 형편 또한 이와 다를 바가 없다. 우리는 불신으로 하나님을 대적하는 동시에 기피한다.

이 인간숭배의 결과는 무엇일까?

모든 우상숭배가 그렇듯 우리가 숭배하려고 택하는 우상은, 곧 우리를 점령해 버리게 마련이다. 우리가 두려워하는 대상이 우리를 정복해 버리는 것이다. 우상 그 자체는 아무런 의미도 없지만 그것의 위세는 점점 커지고 우리를 다스리게 된다. 우상은 우리에게 어떻게 생각하고, 느끼고, 행동할지를 지시한다. 우리에게 무슨 옷을 차려 입어야 할지 명령하고, 저질 농담에 낄낄대라고 하고, 큰 모임에서 발표라도 해야 할 일이 생기면 마치 죽기라도 할 듯 겁내라고 한다. 우리의 전략은 완전히 역효과만 내는 꼴이다. 남들을 이용해서 우리의 욕구를 채우려다 정작 우리가 그들의 노예로 전락되리라곤 상상도 못한다.

사라(Sarah)는 일류 대학에서 스포츠 세 종목을 전부 평정한 스타였다. 게다가 사라는 스포츠팀에서 2학년 주장을 도맡았고 대학의 최우수 여자운동선수 공동우승자로 수상을 한 적이 있다. 사람들은 그 정도의 역량과 인지도가 있으니 자신에 대해 뿌듯함을 느꼈을 거라고 생각했겠지만 사실 사라는 벌써 다음 해에 대한 일로 걱정 태산이었다. 왜냐면 남들의 기대는 더 높아질 것이기 때문이다. 사라는 '어떻게 이제까지 한 것보다 더 잘할 수가 있어?' 하고 자문했다.

"사라는 최고의 친구, 최고의 운동선수, 최고의 학생이 되고 싶다고 했어요"라고 사라의 친한 친구는 얘기했다.

사라는 감당하기 힘든 스트레스 때문에 한 종목이라도 그만두고 싶었지만 그렇게 하면 실망할 팀원들이 두려웠다. "못 하겠어"라고 팀원에게 말하는 것은 있을 수 없는 일이었다.

"사라는 모든 사람들에게 잘 보이려고 했고 그것으로부터 벗어나질 못했어요"라고 또 다른 친구는 얘기했다.

사라가 생각할 수 있는 탈출구는 단 하나뿐이었다. 사라는 자신의 가슴을 향해 22구경 권총을 발사했다.

사람들은 사라에게 우상이 되어버렸던 것이다. 사라는 사람들이 인정해 주는 것을 필요로 했다. 사람들의 우정이 필요했고 혹시라도 누가 좋지 않게 볼까 봐 숨막혀 했다. 슬픈 현실은 사라가 그런 우상의 노예였다는 것이고 그런 종살이에는 항상 비극이 따라온다는 것이다. 사라는 그 우상으로부터 해방에 이르는 다른 길을 알지 못했다.

더 생각해 보기

제1장과 제2장의 목표는 우리 모두가 가진 인간에 대한 두려움의 문제를 드러내는 것이다. 인간에 대한 두려움이라는 현실은 우리가 이해하는 두려움이라는 단순한 현상보다 훨씬 더 심각하다. 성경적인 시각으로 보면 우리가 무엇을 두려워하느냐는, 곧 우리가 무엇에 충성하는지를 시사한다. 우리가 어디에 믿음을 두는지 그리고 누가 우리 삶에서 큰지를 보여주는 것이다.

1. 인간에 대한 두려움이 무엇인지 설명해 보라.

2. 만약 인간에 대한 두려움이 성경이 제시하는 것처럼 우리 삶에서 만연하다면 당신의 삶에서는 어떤 모습으로 표출되는지 목록으로 만들어 보라. 어렸을 때 있었던 대표적인 예부터 지난주에 일어난 최근의 일까지 다루어서 작성해 보라.

3. 다음의 질문들은 인간에 대한 두려움의 문제를 드러내는 데 도움이 될 것이다.

- 당신은 어떤 종류의 생각이나 행동을 남들로부터 감추고 싶은가?(옷 갈아입는 것 따위를 말하는 것이 아니다). 욕구, 적대감, 각종 습관들…이러한 것들은 십중팔구 남들을 두려워하는 문제를 지적한다.
- 당신은 거짓말, 변명, 남 탓, 기피, 혹은 화제 바꾸기 등으로 무언가를 숨기려 해 본 적이 있는가? 그렇다면 그것은 당신이 사람들에게 더 잘 보이고 싶어 한다는 뜻이다.
- 당신은 사람들을 차별하는가? 부유한 사람을 가난한 사람보다 더 존경하는가? 아니면 머리 나쁜 사람보다 머리 좋은 사람을? 이것은 아마도 인간에 대한 두려움이 표출되는 방법들 중 가장 간과하기 쉬운 부류에 속할 것이다. 차별한다는 것은 당신이 어떤 사람을 다른 사람보다 더 존경하고 가치 있게 생각한다는 것을 보여준다.

4. 당신을 묘사할 수 있는 표현에는 어떤 단어들이 있는가?

5. 『동반의존에서 벗어나기』(Codependent No More)가 제시한 해결책은 형편없었으나 그래도 그 도서는 동반의존이 어떤 것인지만은 잘 표현해냈다. 아래에 일부 예를 든다. 여기에 묘사된 것들을 재해석해 보고 그 뒤에 숨은 사람우상을 찾아보라. 동반의존하는 사람은 다음과 같은 모습을 보인다.

- 다른 사람을 책임져야 한다고 생각하거나 느낀다.
- 남들의 문제가 해결되도록 도와야 한다는 의무를 느낀다.
- 항상 자기는 남들을 받아주는데 정작 자기는 아무도 받아주지 않는다고 느끼고 그래서 피곤해한다.
- 남 탓, 남 탓, 남 탓을 한다.
- 인정받지 못한다고 느낀다.
- 사람들로부터 거절당할까 봐 두려워한다.
- 자기 자신에 대한 수치심이 있다.
- 다른 사람들이 자신을 좋아하는지 아닌지에 대해 걱정한다.
- 사람들과 그들의 문제에 모든 에너지를 집중한다.
- 위협하고, 뇌물로 어르려고 하고, 쩔쩔매며 빈다.
- 사람들을 기쁘게 만들거나 화나게 만들거나 필요한 것을 얻어내는 데 도움이 되는 말을 하려 한다.
- 사람들을 조종하려 한다.
- 다른 사람들이 계속 상처를 줘도 말없이 가만히 있는다.
- 자주 화가 나 있다.
- 스스로 순교자라도 된 것 같은 기분이 든다.
- 극도로 책임감에 불타든지 아니면 책임감이 아예 없다.

제3장

"사람들이 나를 해칠 것이다"

자넷(Janet)은 폭력과 성폭행 피해자다. 7살부터 12살까지 아버지에게 수시로 강간을 당했다. 이 일이 12살이 되자 멈춘 것은 단지 아버지가 나이 들고 거동이 느려져서 자넷이 피할 수 있게 되었기 때문이다. 그러나 폭행은 멈추지 않았다.

10대 초반에는 오빠가 자넷이 고통으로 고꾸라질 때까지 주먹질을 해대곤 했다. 하지만 아무리 시커멓게 눈이 멍들고 갈비뼈가 부러져도 자넷은 병원조차 가볼 수 없었다. 누구에게든 입 밖에라도 내면 죽여 버리겠다는 오빠의 협박 때문이었다.

자넷은 현재 35세다. 그녀는 헌신적인 남편과 결혼생활 8년차이며, 6살짜리 남자아이와 3살짜리 여자아이 두 명의 자녀가 있다. 최근에 그녀는 아버지와 오빠를 대면했고 둘 다 자신들이 잘못했음을 인정했다. 그러나 남편의 지지와 가해자들의 고백도 자넷의 수없이 많은 다른 문제들을 해결할 수는 없었다.

한 예로 자넷은 아버지나 오빠에 관해 이야기할 때면 심히 불안정한 태도를 보이곤 했다. 어떤 때는 그들과 깊고 친밀한 사이가 되기를 절실히 소원했다. 그러나 그런 열망은 어른과 어른 간의 친분을 위한 것이라기보다 단지 그녀가 어린 아이로서 그들에게 의존하길 원하는 것이었다. 자넷은 어릴 적 아버지와 오빠에게서 받을 수 없었던 사랑과 애정을 원했던 것이다.

그런가 하면 또 어떤 때는 그들이 행한 일에 대해 분노하고 그들이 당장 죽어 버리기를 바랐다. 또 어떤 때는 과거의 사건들에 대한 공포에 질려 사람들과 거리를 두고 싶어 했다. 만나는 사람마다 그녀를 해칠 것 같은 기분이 들었기 때문이다.

물론 이러한 반응은 비극적으로 희생양이 된 여성의 삶에서 이해할만한 것이지만 또 한편으로는 자넷의 인생에 아직도 가해자들이 지배적인 영향을 미치고 있다는 뜻이기도 하다. 자넷은 마치 하나님이 악한 사람들보다 훨씬 더 작은 존재인 마냥 인생을 살아가는 것이다. 우리는 이미 인간에 대한 두려움이 우리 내면으로부터 나오는 것이라는 사실을 보았다. 우리가 지금 어디에 살고 있거나 전에 누구와 살았었는지는 상관이 없는 것이다.

인간에 대한 두려움은 죄로 물든 우리 마음의 주된 특성이다. 그러나 이런 악한 성향에 더 휩쓸리기 쉽게 만드는 영향이 존재하는 것도 사실이다. 그것이 바로 자넷이 체험한 것이다.

제1부 제3장 "사람들이 나를 해칠 것이다"

자넷의 인간에 대한 두려움의 문제는 어려서 음란물을 접하게 된 사람이 보통 정욕에 더 쉽게 무릎 꿇고 마는 경우와 비교할 수 있겠다. 정욕은 너나할 것 없이 모두가 가진 문제지만 이런 사람은 특별히 더 성욕 문제에 관해 주의해야 할지도 모른다. 어떤 사람에게는 성욕이 왔다갔다하는 유혹일 수도 있다. 가끔은 치열한 전쟁처럼 어떤 때는 다른 전쟁들보다는 좀 덜 맹렬한 그런 유혹이다. 그러나 음란물을 접한 사람에게는 끊임없는 유혹의 전쟁일 수 있다.

이런 경우 계속적으로 자신을 위해 기도해줄 사람들을 찾고 매일매일 전투할 준비가 되어 있어야 한다. 이와 유사하게 남에게 위협이나 공격을 당했거나 수치를 당한 이들도 역시 인간에 대한 두려움의 문제에 더 넘어가기 쉬우므로 특별히 더 경각심을 가져야 한다.

> STEP 2: 당신의 과거에서 타인에 의해 인간에 대한 두려움의 문제가 심화된 부분을 파악하라.

1. 말의 위력

폭력이나 성폭행은 과거에 파괴적인 사람들로부터 받은 영향으로 인해 우리가 사람을 더 쉽사리 두려워하게 될 수 있음을 시사하는 좋은 예다. 그러나 성경은 파괴적인 행동에 대해서만 말하는 것이 아니다. 성경은 말에도 위력이 있다고

사람이 커 보일 때 하나님이 작아 보일 때

말한다.

 이제 잔혹한 말들이 아이들에게 어떤 영향을 미치는지 살펴보고자 한다. 아이들에게는 놀라우리만큼 빠른 회복력이 있지만, 말 한마디가 아이에게 평생의 상처를 줄 수도 있음을 우리는 알고 있다. 그리고 성경은 함부로 말하는 것이 칼로 찌름과 같다고 가르친다(잠 12:18).

 성경은 악한 말들의 영향을 결코 가볍게 보지 않는다. 성경은 그것이 우리의 깊숙한 내면에 상처를 입힐 수 있는 활활 타는 횃불과도 같은 것임을 보여준다. 그런 말들은 하나님이 희생자들에게 하시는 연민과 치유의 말씀과는 완전한 대조를 이룬다.

 나는 남의 말 때문에 초토화된 아이들을 본 적이 있다. 어떤 아이들은 점점 과묵하고 고립되어 가는 것도 보았다. 그 아이들은 마치 두려움에 떠는 것처럼 보였다. 항상 방어 자세이고 마치 전쟁터에 있는 양, 언제나 극도로 경계하는 상태였다.

 그런 아이들은 남들의 죄 때문에 지독한 인간에 대한 두려움의 올가미에 더 쉽게 걸려들게 되는 것일까?

 분명히 그런 경우도 있다. 대체적으로는 여러 번의 계기가 있고 나서야 인간에 대한 두려움의 불씨가 붙게 된다. 피를 말리도록 혹독한 질책을 한 번 당하거나 우연히 당신에 대한 나쁜 헛소문을 듣는 것만으로도 불이 붙을 수도 있다.

 그러나 만약 당신이 과거에 있었던 일들로 인해 인간에 대한 두려움에 취약해진 경우라면 아마도 당신은 끊임없이 이어지는 부정적인 말에 영향을 받고 살았을 가능성이 높다. 다시 말해 그것은 당신이 밤낮으로 비판적이고 자기비하적이거나 냉혹한 소리를 들어왔을 확률이 높음을 의미한다.

어쩌면 냉혹한 소리가 그렇게 빈번하지 않았을 수도 있다. 나는 한 달에 한 번 정도 앞뒤를 안 가리고 노발대발하는 한 아버지를 알고 있다. 그렇게 폭발할 때면 누구나 난리가 난 것을 알 뿐만 아니라 또 주변의 모든 사람들은 어김없이 언어폭력을 당한다. 그렇게 한 30여 분간은 통제 불능으로 날뛰다가 제정신으로 돌아와서 결국은 상처받은 사람들에게 사과를 하곤 한다. 그는 마치 폭음하는 술주정꾼 같은 행동을 하는 것이다. 술도 안 마신 채로.

당신은 이 아버지에 대해서 어떻게 생각하는가?

그가 폭발하는 횟수가 0으로 줄어들면 좋긴 하겠지만, 어쨌든 그는 그나마 사과는 한다. 상황은 훨씬 더 악화 될 것이다. 나는 그의 아들들 중 한명이 차차 변해가는 것을 보았다. 그 아들은 갈수록 더 소심해졌고, 실패할 가능성이 있는 것은 무엇이 되었든지 시도하기조차 무서워했다. 한때는 어른들과 가깝게 지냈지만 지금은 누가 말을 걸어야만 간신히 대답하는 정도다.

사실, 그 아버지도 진심으로 분노를 다스리려고 애를 쓴다. 하지만 문제는 아버지가 화낼 때를 제외하고는 아들과 대화를 전혀 나누지 않는 것이다. 아버지는 소리 지르고, 사과하고, 일하러 가버리는 것이다. 그것이 다인 것이다.

그러니 상처 주는 말들이 한 달에 한 번 들릴까 말까 해도 아들의 입장에서는 그것이 아버지로부터 듣는 말의 전부인 것이다. 함부로 칼로 찌름같이 하는 말이 이 아이가 사람들을 두려워하도록 영향을 주고 있는 것이다.

억압당한 이들에게 좀 더 구체적인 대답을 제시하기 전에 사람들은 어떻게 위협과 공격에 반응했었는지 성경에 나오는 예를 살펴보자.

1. 비겁한 영웅

아래의 이야기는 하나님이 아브라함으로 큰 민족을 이루게 하시겠다고 약속하신 직후, 아브라함이 가뭄을 피해 애굽으로 내려가는 도중에 생긴 일이었다.

> 그가 애굽에 가까이 이르렀을 때에 그의 아내 사래에게 말하되 내가 알기에 그대는 아리따운 여인이라 애굽 사람이 그대를 볼 때에 이르기를 이는 그의 아내라 하여 나는 죽이고 그대는 살리리니 원하건대 그대는 나의 누이라 하라 그러면 내가 그대로 말미암아 안전하고 내 목숨이 그대로 말미암아 보존되리라 하니라(창 12:11-13).

여기서 보이는 것은 틀림없는 인간에 대한 두려움이다. 그러나 누구에게 드러나게 될까 봐 두려워하는 종류의 인간에 대한 두려움과는 조금 다르다. 아브라함의 두려움은 신체가 위협당하는 것에 대한 두려움이었다. 그는 누가 체면을 손상시킬까 봐 두려워한 것이 아니었다. 그 보다는 누가 자신을 죽일까 봐 두려워했다. 그는 보호막도 없고 저항할 도리도 없는 것처럼 느꼈다. 하나님을 신뢰하는 대신 스스로 만든 자기 방어계획을 신뢰했다. 아브라함에게는 애굽 사람들이 컸고 하나님은 작았던 것이다.

시편은 원수들을 두려워하는 것에 대해 자주 언급한다. 다윗이 가드에서 블레셋 사람들에게 붙잡혔을 때 그는 추격당함과 자신의 두려움에 대해 말한다. 잠이 들 때마다 그는 과연 다시 잠에서 깰 수 있을지 자문해야 했다. 그러나 다윗의 태도는 아브라함의 태도와는 확연하게 달랐다. 다윗 역시 두려웠지만 하나님보다 사람을 더 두려워하지는 않았다.

> 내가 두려워하는 날에는 내가 주를 의지하리이다 내가 하나님을 의지하고 그 말씀을 찬송하올지라 내가 하나님을 의지하였은즉 두려워하지 아니하리니 혈육을 가진 사람이 내게 어찌하리이까(시 56:3-4).

다윗에게 있어서 하나님은 반석이자 요새이셨다. 그런데 반해 아브라함은 방금 하나님이 그에게 하신 약속을 들었음에도 불구하고 애굽 사람들을 하나님보다 더 크게 보았고 자신의 두려움을 해결하기 위해 거짓말을 했다.

아브라함은 어떻게 인간에 대한 두려움을 처리해야 할지를 보여주는 것으로 본이 되는 인물은 아니다. 아브라함은 오히려 믿음의 사람들에게도 인간에 대한 두려움은 흔한 문제라는 것을 보여주는 인물이다.

아무리 그래도 왜 아브라함은 본인의 경험을 토대로 깨달은 바가 없었을까?

불과 몇 장 뒤인 창세기 20장에서 우리는 아브라함이 또다시 똑같은 책략을 사용하는 것을 볼 수 있다. 이번에는 단지 희생자 한 명이 바뀌었을 뿐이었다. 그는 다시 한 번 아내가 부정해질 수 있는 상황에 처하도록 만들었고, 그랄의 왕인 아비멜렉에게도 죄를 범했다.

아비멜렉은 바로처럼 강력한 인물은 아니었으나 그래도 명성이 높은 사람으로 그 지역의 군주였다. 그 정도 권력만으로도 아브라함은 충분히 두려움에 사로잡힌 것이었다. 그는 아내에게 다시 속임수를 쓰자고 제안했다. 하지만 하나님의 강권적인 개입은 아비멜렉이 간음하지 않도록 그리고 아브라함이 처절히 치욕당하지 않도록 막아주셨다.

이런 의심스러운 과거와 믿음과 두려움이 뒤섞인 아브라함의 삶을 보라. 아브라함은 도저히 사람으로서 감당하기 불가능하다고 해도 과언이 아닐 시험을 통과할 인물로는 보이지 않았다.

그가 과연 하나님을 경외하여 그의 독자를 희생하기까지 순종할 수 있을까?

자신의 목숨을 위협당하는 것은 그렇다 치자. 자기 자식의 목숨이 위태로워지게 놔두는 것은 훨씬 더 심각한 일이다. 그런데 이것이 바로 아브라함이 후에 직면하게 된 시험이었다. 그리고 그 시험 앞에서 그는 전혀 요동하지 않았다. 아들을 번제로 드리라는 말을 듣고 아브라함은 다음날 아침 새벽같이 주님께 순종하러 일어났다!

대체 어떤 아버지가 그럴 수 있을까?

우리 같은 사람들은 최소한 몇 시간만이라도 같이 조용히 산책을 하러 간다거나 마지막으로 공놀이라도 같이 한다던가 할 것이다. 그러나 아브라함은 하나님께 시험을 받자 그가 예전의 인간에 대한 두려움의 문제로부터 눈부신 회복을 한 것을 보여주었다. 아브라함이 자식의 죽음까지도 무릅쓰고 하나님을 신뢰할 마음을 보이자 주님의 천사는 이렇게 말했다.

> 내가 이제야 네가 하나님을 경외하는 줄을 아노라(창 22:12).

2. 두려움이 이기고, 한 세대는 패하다

그러나 아브라함의 담대한 믿음의 예도 그 후손들의 인간에 대한 두려움 문제를 근절시키지 못했다. 이스라엘의 역사는 이스라엘 백성이 가나안 사람들이 해칠까 봐 두려워하게 되면서 극적으로 돌변했다. 그들은 약속의 땅에 들어서려는 순간에 광야에서 떠도는 신세로 전락하게 된 것이다.

민수기 13장은 이스라엘이 가나안 땅을 살피려고 정탐꾼들을 투입하는 장면을 기록한다. 정탐을 마치고 돌아온 정탐

꾼들은 가나안이 과연 "젖과 꿀이 흐르는" 약속의 땅이라고 보고했다(민 13:27). 그들은 바로 얼마 전 하나님이 바로와 상대하시는 것을 보았고, 그분이 모든 신 가운데 가장 위대한 분이시라는 것을 목격했다. 그럼에도 그들은 가나안 사람들을 하나님보다 더 두려워했다.

> 그러나 그 땅 거주민은 강하고 성읍은 견고하고 심히 클 뿐 아니라…우리는 능히 올라가서 그 백성을 치지 못하리라 그들은 우리보다 강하니라 하고…우리는 스스로 보기에도 메뚜기 같으니 그들이 보기에도 그와 같았을 것이니라 (민 13:28, 31, 33).

두려워하지 말라는 모세의 호소는 이스라엘 백성에게 간단하게 무시당했다(민 14:9). 따라서 그들의 불신에 대한 심판은 분명한 것이었다. 하나님은 이렇게 말씀하셨다.

> 이 백성이 어느 때까지 나를 멸시하겠느냐 내가 그들 중에 많은 이적을 행하였으나 어느 때까지 나를 믿지 않겠느냐 내가 전염병으로 그들을 쳐서 멸하고 네게 그들보다 크고 강한 나라를 이루게 하리라(민 14:11-12).

질투하시는 우리 하나님은 오로지 그분만이 예배받으시고 높여지길 원하신다. 참되신 하나님보다 바로를 두려워한다는 것은, 곧 우상숭배인 것이다. 오직 모세가 이스라엘 백성을 동정하여 중보했기 때문에 자비로우신 하나님은 그들이 마땅히 받아야 할 징계를 삭감해 주셨다. 이스라엘 전체를 완전히 멸하시는 대신 한 세대만 약속하신 땅에 들어가는 것을 금하셨다. 즉 그 세대는 광야의 유목민으로 죽게 되지만 그들의 자손은 하나님의 약속이 이루어지는 것을 두 눈으로 똑똑히 보게 하실 것이다. 참으로 놀라우신 은혜가 아닐 수 없다.

하나님의 심판으로 그 세대가 지나가고 나자 모세는 마지막으로 이스라엘 백성에게 호소했다. 때는 그가 숨을 거두기 직전인지라 중대한 시점이었고 모세의 지도권이 여호수아에게 넘겨지는 상황이라 한층 더 엄숙한 분위기였다. 다들 두말할 필요 없이 모세의 말 한마디 한마디를 경청했다.

모세가 따뜻하게 보살피듯이 간곡히 했던 권고가 바로 신명기에 담겨있는 내용이다. 신명기에서 모세는 이스라엘 백성에게 하나님께만 절대적으로 충성하기를 당부했고, 언약을 저버리고 불순종하지 말도록 경고했다. 특별히 그는 과거에 하던 대로 사람을 하나님보다 더 두려워하지 말 것을 신신당부했다.

모세는 언제나 "두려워하지 말라 주저하지 말라"(신 1:21)고, "그들을 무서워하지 말라 두려워하지 말라"(신 1:29)고 말하지 않았던가? 그러나 광야를 떠도는 동안 이스라엘 백성은 모세의 말을 듣지 않았고 결과적으로 처절한 패배를 맛보았다. 그들이 두려워했던 것이 정말로 그들을 엄습하고 만 것이었다. 모세는 다음과 같이 계속하여 경고를 했다.

그(바산 왕 옥)를 두려워하지 말라(신 3:2).

너희는 그들(모든 가나안 왕국들)을 두려워하지 말라(신 3:22).

네가 호렙 산에서 네 하나님 여호와 앞에 섰던 날에 여호와께서 내게 이르시기를 나에게 백성을 모으라…그들이 세상에 사는 날 동안 나를 경외함을 배우며…(신 4:10).

그들이 항상 이 같은 마음을 품어 나를 경외하며(신 5:29, 6:2, 13).

네가 혹시 심중에 이르기를 이 민족들이 나보다 많으니 내가 어찌 그를 쫓아낼 수 있으리요 하리라마는 그들을 두려워하지 말고(신 7:17-18).

 모세는 이 같은 동일한 주제의 경고와 훈계를 수십 번도 더 반복했다.
 "너희는 위협적인 사람들을 쉽게 두려워하는데 오직 하나님 한 분만 경외해야 한다."
 모세 오경을 보면 끝까지 같은 경고가 되풀이되는 것을 볼 수 있다. 신명기 31장 6절에서 모세는 사람들에게 이렇게 명령한다.

 너희는 강하고 담대하라 두려워하지 말라 그들 앞에서 떨지 말라 이는 네 하나님 여호와 그가 너와 함께 가시며 결코 너를 떠나지 아니하시며 버리지 아니하실 것임이라(신 31:6).

그리고 또다시 그는 강조하기를 "너는 두려워하지 말라 놀라지 말라"(신 31:8)고 했다. 이 마지막 격려와 함께 그의 설교는 끝을 맺었다.

3. 믿음이 충만한 두 지도자들

여호수아도 신명기의 내용과 동일하게 시작한다. 여호수아 1장 1-9절을 쭉 읽으며 권고의 내용을 주시해 보라. 하나님이 여호수아에게 처음으로 지시하실 때 세 번이나 "강하고 담대하라"고 말씀하시는 것을 발견할 수 있다. "내가 네게 명령한 것이 아니냐?"고 그분은 물으신다.

강하고 담대하라 두려워하지 말며 놀라지 말라 네가 어디로 가든지 네 하나님 여호와가 너와 함께 하느니라 하시리라 (수 1:9).

여호수아는 훌륭한 학생인지라 나중에 포로가 된 5명의 왕들을 대면하면서 이 하나님의 명령을 이스라엘 백성에게 되풀이 했다.

두려워하지 말며 놀라지 말고 강하고 담대하라(수 10:25).

여호수아의 자신감은(항상 그래야 하듯) 순종을 수반하는 것이었다. 그리고 그는 손수 자신의 칼로 다섯 왕들을 모두 퇴치했다. 그러한 지도력으로 여호수아는 가장 대단하다고 할 수 있는 유산을 남겼다.

이스라엘이 여호수아가 사는 날 동안과 여호수아 뒤에 생존한 장로들 곧 여호와께서 이스라엘을 위하여 행하신 모든 일을 아는 자들이 사는 날 동안 여호와를 섬겼더라(수 24:31).

사람 대신 하나님을 두려워한 또 하나의 빛나는 예가 있다. 다윗이 바로 그 예다. 다윗의 시편은 곧잘 한 가지 질문을 두고 맴도는 것을 발견할 수 있다.
'내가 누구를 두려워해야 할까?
하나님을, 아니면 사람들을?'
다윗의 대답은 그가 살아계신 하나님을 만났기 때문에 언제든 다음과 같이 분명했다.

여호와는 영원히 [다스리신다](시 146:10).

사람들은 죽고 그들의 계획도 그들과 함께 소멸한다(시 146:4). 하나님은 그의 방패이셨다(시 3:3, 5:12, 7:10). 그의 피난처(시 5:11, 9:9), 그의 능력(시 118:14), 그의 반석, 그의 요새, 그를 건지는 분이셨다(시 18:2). 다윗은 두려울 때마다 사람들이 자신에 비하면 대단한 능력을 가졌더라도 그의 하나님에 비하면 모두 무력한 존재라는 사실을 기억하곤 했다.

나는 2년 동안 참전용사들을 위한 병원에서 근무했던 적이 있었다. 근무하는 동안 많은 참전용사들의 이야기를 듣게 되었고 전쟁의 결과가 어떤 것인지를 접할 수 있었다. 그들은 무려 40여 년 전에 일어난 일들로 여전히 악몽에 시달리고 있었다.

어떤 사람들은 두려움을 잠재우기 위해서, 머리에 사진처럼 박힌 기억들을 무디게 하기 위해서 마약을 선택했다. 또 어떤 사람들은 자기방어의 일환으로 스스로를 고립시키는 경우도 있었다.

그중 어떤 이들은 마치 아직도 전쟁 중인 양 항상 경계하는 것 같아 보였다. 어떤 이들은 아주 사소한 일에도 화를 펴부음으로써 다른 사람들이 자신들에게 접근도 하지 못하도록 했다. 하지만 만약 당신이 그들의 전투담을 듣게 된다면 위협을 받을까 두려워하는 그들의 태도가 자연스러운 것이라 생각할 것이다.

이것은 거의 자연스러운 일이다. 다윗 왕은 자주 원수들에게 위협을 당했고 그때마다 그 역시 무서웠다. 그러나 정확히 말하면 다윗 왕의 두려움은 인간에 대한 두려움이 아니었고 인간을 두려워하도록 조장하는 것도 아니었다. 인간에 대한 두려움은 모두가 경험하는 평범한 두려움을 죄를 통해서 과장시키는 것이다.

설명을 하자면 이렇다. 우리는 신상에 위협을 느끼면 두려워해야 한다. 총알세례를 받고 있는 상황에서 아드레날린이 분출되는 것은 당연히 죄를 짓는 일이 아니다. 그러나 인간에 대한 두려움이라는 것은 그 당연한 두려움이 미친 듯이 길길이 날뛰게 되어 버린 상태를 가리킨다.

저항할 도리 없이 위협 당했을 때 생기는 두려움은 자연스러운 것이다. 그러나 그렇게 시작한 두려움의 비상경보가 가끔 믿음으로 통제되지 않을 때가 있다. 그래서 두려움에 질린 그 자체에 몰두하며, 그러는 동안 하나님은 싹 잊어버리는 것이다. 그렇게 발동이 걸리면 결국 당신의 삶을 온통 지배해 버리는 그런 두려움이 되는 것이다. 그리고 우리는 그러한 상태에서 구원이 다른 사람들에게서 온다고 믿는다.

두렵다는 것 그 자체는 잘못된 것이 아니다. 우리는 사악한 세상에서 사는 피조물로서 가끔은 두려워해야 한다. 문제는 두려워하는 가운데 하나님을 잊어버리고 말 때 생긴다. 그것이 자넷과 많은 참전용사들이 경험한 것이었다.

그러므로 다윗의 시편들은 인간에 대한 두려움을 묘사한 삽화가 아니다. 다윗의 두려움은 하나님을 경외하는 범위에 국한된 것이었다. 무서움에 떨면서도 다윗은 언제나 자신의 왕을 바라보았다.

다윗은 나쁜 경험 때문에 죄짓는 두려움에 빠지지 않아도 된다는 것을 증명하는 실례다. 반대로 다윗이 뭘 했는지 주목해 보라. 그는 끊임없이 자신이 하나님을 신뢰할지, 아니면 사람을 두려워할지를 선택해야 하는 길목에 섰다는 것을 되새겼다. 그는 방심하지 않고 인간에 대한 두려움에 빠지지 않도록 항상 경계했다.

마찬가지로 당신도 신상에 위협을 느낀 경험이 있다면 빈틈없이 경계하라. 정상적인 두려움이 우상숭배인 인간에 대한 두려움으로 변하는 것은 눈 깜짝할 순간이다. 빗나가지 않으려면 믿음으로 시편을 묵상하고 다윗의 본을 받으라.

> 여호와는 나의 빛이요 나의 구원이시니
> 내가 누구를 두려워 하리요
> 여호와는 내 생명의 능력이시니
> 내가 누구를 무서워 하리요
> 악인들이 내 살을 먹으려고 내게로 왔으나
> 나의 대적들 나의 원수들인 그들은 실족하여 넘어졌도다
> 군대가 나를 대적하여 진 칠지라도
> 내 마음이 두렵지 아니하며
> 전쟁이 일어나 나를 치려 할지라도
> 나는 여전히 태연하리로다
> 내가 여호와께 바라는 한 가지 일 그것을 구하리니
> 곧 내가 내 평생에 여호와의 집에 살면서
> 여호와의 아름다움을 바라보며
> 그의 성전에서 사모하는 그것이라 (시 27:1-4).

이 시편을 읽고 이것이 당신의 진정한 소망이라고 고백할 수 있다면 당신의 두려움은 죄짓는 인간에 대한 두려움이 아니다.

사람이 커 보일 때 하나님이 작아 보일 때

4. 자넷의 사례

우리 시대에 가장 널리 알려진 신체상의 위협은 여성을 표적으로 하는 성폭행과 그 밖의 신체적 폭력이다. 물론 여성과 남성 모두 학대를 당하는 것은 사실이나 여성들이 대부분 더 공격받기 쉽고 더 빈번히 표적이 되는 편이다.

두말할 필요 없이 성폭행을 당한 여성들은 나쁜 경험으로 인해 인간에 대한 두려움에 빠지기가 더 쉬워진다. 그들이 당한 경험 자체가 하나님보다 사람이 더 강하다고 외치는 것처럼 보인다. 정말 하나님이 사랑이 많으시다면 왜 하나님은 그 억압하는 자들을 저지하지 않으셨는가?

『왜 착한 사람에게 나쁜 일이 일어날까?』(*When Bad Things Happen to Good People*)라는 책의 내용이 타당한지 여기서 한번 생각해 보라. 이 책은 비극적인 사건들이 우리를 궁지에 몰아넣고 하나님이 어떤 분이신지를 선택하게끔 한다고 말한다. 즉 우리는 하나님이 전능하시든지 사랑이시든지 이 둘 중에 하나만 골라야 하는 입장이라는 것이다. 다시 말해 저자는 두 가지가 동시에 진실일 수 있다는 것을 믿지 않는다.

저자인 해럴드 쿠쉬너(Harold S. Kushner)는 이렇게 주장한다.

> [욥기의 저자는] 하나님이 전능하시다는…그의 믿음을 저버릴 준비가 되어 있다. 나쁜 일들이 좋은 사람들에게 일어나지만 하나님이 그렇게 만드시는 것은 아니다. 하나님은 사람들이 이 세상에서 한 대로 보상받기를 원하시지만 항상

그렇게 조종하시진 못한다. 절대적으로 전능하시지는 않아도 선하신 하나님과 전능하시나 절대적으로 선하지는 않으신 하나님 중에 하나를 택해야 했던 욥은 하나님이 선하심을 믿기로 결정했다.*

쿠쉬너는 하나님이 사랑이 많은 분이 아니시거나 능력이 없으시다고 말한다. 둘 중에 어느 것이든 이런 생각을 한다는 것 자체만으로도 하나님의 영광을 가리는 것이다. 우리가 그분을 작게 보는 것이다. 그리고 우리는 더 이상 그분을 합당하게 두려워하지 않게 된다. 오직 우리 자신보다 능력 있어 보이는 사람들만 두려워하게 될 따름이다.

힘 있어 보이는 사람들을 두려워할 이유가 있는 사람을 꼽으라면 그것은 바로 자넷일 것이다. 아버지로부터 당한 반복된 성폭행과 오빠에게 당한 폭행은 그녀의 인생에 있어 결정적인 사건들이었다. 자넷은 아픈 과거를 극복하려고 애썼다. 지난 여러 달 동안 자넷은 자존감과 자기애에 관한 인기 신앙서적들과 그 밖의 대중 서적들을 읽었다. 그리고 그 책들이 모두 그녀를 정확하게 설명하고 있는 것처럼 느껴졌다.

사실 이 책들이 남편보다도 자신을 더 잘 이해해 주는 것 같았다. 게다가 자신을 보다 잘 이해할 수 있게 도와주었다고까지 말했다. 성경과는 비교도 안 될 정도였다. 그래서 지

---

* Harold S. Kushner, 『왜 착한 사람에게 나쁜 일이 일어날까?』(*When Bad Things Happen to Good People*, New York: Schocken, 1981), 43.

금은 문제가 생길 때마다 자넷은 그 원인이 '스스로 비하하는 느낌' 때문이라고 생각하게 되었다.

'진짜 내게 필요한 건 나 자신을 자랑스러워하는 거야. 너무 오랜 시간동안 스스로를 증오해서 이젠 내 부정적인 태도에 이골이 날 지경이라니까.'

이렇게 그녀가 자기 자신에게 초점을 맞추는 것은 이해할 만도 하다. 자넷은 수치심으로 가득 찬 상태이고, 자기혐오란 수치심이 드러나는 방법 중의 하나일 수 있다. 하지만 성경적인 인도 없이 자아성찰만 계속한다면 상태는 더욱 악화될 것이다. 현재 자넷은 사람들을 기피하고 있으며 주님을 경외하는 신앙으로 성장하기가 쉽지 않다.

한 예로 지난 두 달 동안 자넷은 교회에 나가기를 꺼려했다. 그녀의 6살짜리 아들은 좀 지나치게 활발하고 요구하는 것도 이것저것 많아서 가끔 주일학교에서 말썽을 일으키곤 한다. 선생님은 그 아이를 위해 창의적인 방법을 모색해서 담당 도우미까지 붙여주었다. 덕분에 아들의 행동은 많이 좋아졌으나 선생님은 자넷에게 상황을 알려주는 것이 좋겠다고 생각하게 되었다.

그래서 선생님이 자넷에게 아들의 과거 행실에 대해 이야기하자 그녀는 일단 감사하며 받아들이긴 했지만 속으로는 굴욕감에 화까지 났다. 자기 아들 혼자만 지적당한 것이 부끄러웠고 선생님이 한 말들이 모두 그녀 자신의 가정교육에 대한 개인적인 신상공격이라고 생각한 것이다. 그리고 이렇게 결론을 내렸다.

'이젠 다들 내가 형편없는 엄마라고 생각하는구나.'

이제껏 자존감을 북돋아 보려고 노력에 노력을 더해 왔건만 결국 자넷의 인간에 대한 두려움의 문제는 도리어 악화되어가고만 있었다. 요즘 자넷은 아들의 주일학교 선생님을 피하고 있다. 거기다 또 증거도 없이 교회에 다니는 아줌마 성도들이 모두 자기에 대해 수군거리며 비난한다고까지 착각하기 시작했다. 다른 사람들이(최소한 그들에 대한 그녀의 인식이) 그녀를 점점 더 흔들며 지배해 가는 것이다.

이런 상황에서 그나마 교회에 가는 것은 오직 부목사님을 보려고 나가는 것이다. 요즘들어 자넷은 부목사님에게 완전히 반해버렸다. 부목사님은 성도인 자넷의 건강문제에 마땅히 관심을 보인 것뿐이었는데, 이를 특별하게 느낀 것이다. 자넷은 자꾸 목사님과 불륜의 관계로 발전하는 것을 상상한다. 거기다 목사님과 결혼까지 하게 되는 공상에 빠진다. 어떤 때는 남편이 교통사고로 죽게 되어 어쩔 수 없이 목사님과 결혼하는 것을 상상하며 잘못된 상상을 좀 정화시켜 보려고도 한다.

자넷은 자신의 이런 생각들을 남편에게 고백했고, 남편은 더할 나위 없이 잘 받아주었다. 상처를 입긴 했지만 자넷을 될 수 있는 한 돕고 싶어 했다. 또 그녀를 더 사랑해 주려고 애썼다. 그러나 뭘 어떻게 해 봐도 자넷이 계속하여 공상을 하는 것이 분명해지자 남편은 힘들어 했다. 아무리 남편이 은혜와 사랑으로 대해도 자넷의 마음을 변화시킬 수 없다는 것을 점차 깨닫게 된 것이다. 자넷은 자기 삶의 한복판에 사람을 우상으로 세웠고 이제는 그 우상에 조종당하고 있었다.

5. 인간에 대한 두려움의 자취

자넷의 인간관계에서는 대체 무슨 일이 벌어지고 있는 것일까?

그녀의 가해자들과 주일학교 선생님과 또 부목사님과의 관계들에서 그녀는 왜 그들에게 이리저리 조종당하고 있을까?

그것은 혹 수치심, 거절, 위협으로 인한 두려움이 초래한 결과가 아닐까?

그녀의 처지를 한번 유심히 살펴보자. 수치심은 자넷에게 뼛속까지 저미도록 깊숙이 자리 잡았고, 노출되고 부정해져 버린 듯한 느낌에 눌려 있다.

자넷은 자기가 아버지와 오빠와 사이가 좋아지면 좀 도움이 될 거라는 희망에 그들과의 친밀한 관계를 꿈꾼다. 그리고 자존감을 다루는 책자들을 읽으며 수치심의 대중적인 얼굴이라고 할 수 있는 무가치함에 대해서 논하는 부분이 나오면 꼭 자기 이야기인 듯 생각한다. 또 아들에 대한 낙담스러운 보고를 듣고는 자기가 더 무가치한 인간으로 판명된 것처럼 여긴다.

매일같이 그녀는 자기방어의 담벼락을 누군가가 확 끌어내려버리는 것같이 느낀다. 그녀는 점점 더 취약해져서 가면 갈수록 더 쉽게 상처받는 것 같다. 그녀의 수치심은 너무도 극심한 나머지 어떤 때는 자해라도 해서 잠시나마 고통을 잊고 아픔을 덜어볼까도 생각해 본다.

당신은 수치심으로 인한 두려움이 우리 죄의 결과일 때도 있고, 남이 우리에게 죄를 지어 초래되는 때도 있고, 둘 다일 수도 있다는 것을 기억하는가?

자넷의 수치심은 둘 다에서 비롯되었으며 그녀가 수치심에 대해 반응하는 태도를 보면 이 두 가지 원인이 혼란스럽게 얽히고 설켜 있음을 알 수 있다.

수치심을 치유하는 시작은 명확하고 성경적인 시각을 갖는 것이다. 자넷에게는 바로 이 성경적인 시각이 필요하다. 자넷의 삶에서 지금 뚜렷한 문제는 부목사님에 대한 성적 환상으로 인한 죄와 그에 수반하는 수치심이고, 그 죄가 남편에게 상처를 준 점이다. 하지만 자넷은 이를 비롯해서 다른 죄들도 수백 번이나 고백했음에도 불구하고 아직도 부정한 느낌에 시달린다.

부정한 느낌이 그렇게 집요하게 계속되는 데는 이유가 있다.

첫째, 자넷은 아직 환상을 완전하게 그리고 철저하게 절단해 버리고 싶어하지 않는다는 것이다. 왜냐면 그녀에게는 환상을 통해 얻는 이득이 잃는 것보다 더 많기 때문이다. 일단 자넷은 자신의 정욕대로 살고 싶고, 이 죄를 혐오하기보다는 좋아하고 있다. 그녀에게 있어 이런 환상은 남들의 죄 때문에(실제로 그들의 죄든지 그녀가 그렇게 보는 것이든지 간에) 생긴 아픔에 대처하는 간편한 수법으로 굳어져 버린 것이다.

둘째, 자넷이 죄를 용서받지 못한 느낌이 드는 것은 그녀가 본인의 죄로 인한 수치심과 희생자로서 당하는 수치심을 혼동하고 있기 때문인데, 이것은 좀 더 감지하기 힘든 것이다. 자넷은 아버지와 오빠가 저지른 죄가 사실은 자기 탓이라고 생각한다. 그리고 그런 생각은 그녀가 모든 인간관계에 접근하는 태도를 고정시켜 버렸다.

당신이라면 어떻게 자넷을 도와주겠는가?

자넷의 범죄의 수치심에 대한 성경적인 대답은 회개하고 죄를 혐오하도록 가르치는 것이다. 자넷에게 다른 사람들이 짓는 죄에 대한 책임은 없다. 그녀는 단지 자신이 짓는 죄에 대해서만 책임이 있는 것이다. 죄에 수반되는 수치심을 제거하려면 죄를 인정하고, 하나님의 용서하심을 신뢰하고, 죄에 맞서 싸워야 한다.

한편 자넷이 남의 죄로 희생당한 데서 오는 수치심은 더 해결하기가 어렵다. 본인의 죄로 인한 수치심은 영적으로 보면 더 깊은 문제이지만 그래도 여러모로 덮어주기가 더 쉽다. 우리가 보았듯 그런 수치심은 죄를 고백하고, 회개하며, 예수님이 완성하신 구속사역을 믿을 때 덮어진다.

그러나 희생당한 데서 오는 수치심은 더 완고하다. 죄를 고백해도 수치심에서 자동으로 해방되지 못하는 이유는 바로 희생자가 죄지은 자가 아니기 때문이다. 그러나 이 사실이 사람들로 하여금 헛수고하는 것을 멈추게 하지는 않는다. 오히려 사람들은, '내가 죄를 좀 더 제대로 고백하면 깨끗해지고 기분이 나아지겠지'라고 오해한다.

희생당한 사람들 중 어떤 이들은 깨끗해짐을 느끼고 싶어서 자기를 처벌해 보기도 했다. 마치 고행이 죄를 깨끗하게 하고 덮어주는 기적이라도 일으킬 수 있는 듯 그들은 스스로 몸을 베고 자해를 하는 것으로, 낙망해서 우울해 하는 것으로, 결혼생활을 망치는 것이 자기 주제에 맞다고 여기는 벌을 받음으로, 이 밖에 본인 특유의 자아 혐오법을 쓰는 것으로 하나님 앞에서 문제를 풀어보려고 노력한다.

물론 고행을 해서 죄를 깨끗하게 하거나 덮는다는 것은 불가능하다. 하지만 희생자들은 무지나 불신 때문에 대안이 없다고 믿고 자꾸만 고행에 의지한다.

이런 상황이 자넷에게도 어느 정도는 벌어지고 있는 것이다. 아버지와 오빠에게서 고통을 당한 이후로 자넷은 지금까지 평생 동안 마치 알몸인 것 같은 느낌이다. 그녀는 언제나 부정하고 불결하다는 기분에 시달린다. 무엇을 하든 항상 자신이 더럽게 여겨졌다.

그녀가 생각해 낸 단 하나의 대답은 바로 자신이 아버지와 오빠로 하여금 죄를 짓게 만들었다는 이론이었다. 그녀는 자기가 잘못했던 것이 분명하고 어떤 식으로든 자기가 유혹했던 것이 틀림없다고 믿었다. 부목사님과 연관된 성적 환상은 어떻게 보면 자넷이 '나는 죽으나 사나 이런 인간이지, 남을 유혹하고 인생을 말아먹는 그런 인간'이라고 생각하는 표시일 수도 있다.

그뿐 아니라 그녀는 자신이 이처럼 추악한 인간이라서 아무 축복도 받을 자격이 없다고 생각하며 좋은 남편을 만날 자격도 없다고 생각한다. 자넷은 '나는 이혼당해도 싸지. 그러면 남편이 더 좋은 여자와 결혼할 수 있을 테니까'라고 되뇌인다. 자넷은 차마 불륜을 저지를 배짱은 없지만 어쩌면 상상하는 것만으로도 남편이 자기를 버리는 데 필요한 구실은 충분하다고 생각한 것이다.

정말 황당한 생각들이다. 그렇지 않은가?

이것은 그녀의 과거로 더 악화된, 성경과는 거리가 먼 생각들이다. 좀 더 구체적으로 말하면 죄악된 생각들이다. 왜냐면 그녀 스스로 과거를 해석하는 방법이 하나님이 하시는 해석보다 우선이 되었기 때문이다. 그러나 이 같은 생각들도 명확한 성경적 체계가 잡히면 변화하게 된다.

6. 수치심과 위협을 극복하는 성경적 체계

성경적인 체계는 수치심에 젖은 사람에게 하나님을 경외하는 방법을 명확히 보여주는 데서 출발한다. 수치심은 우리가 자초하는 것이기도 하고 남들에 의해 생기는 것이기도 하다. 지금 자넷은 이 두 종류의 수치심을 분간해야 한다. 아마도 성경이 조명하는 피해자의 수치심의 실례들을 읽어보는 것이 좋을 것이다. 디나에게 벌어진 일(창 34:5)과 레위기에 기록된 율법에 관련된 예(레 11:24), 성전이 부정한 자들이 들어옴으로 인해 불결해지는 것 같은 예가 있다(시 79편).

무엇보다 가장 명백한 예는 예수님 자신이시다. 예수님은 벌거벗겨져서 십자가 위에 달려 처형되어야 하는 가장 치욕스러운 사형선고를 받으신 분이셨다. 그분 역시 수치심을 느끼셨지만 정작 그분은 무죄셨다. 예수님은 다른 사람들의 수치심을 대신 짊어지시고 고통 받으셨다. 바로 그분만이 자넷이 시선을 고정하고 바라보아야 할 분이다(히 12:2). 선행으로 자기 죄도 아닌 남의 죗값을 하나님께 갚아보려고 온통 집중하기보다 그녀 바깥의 다른 곳에 주의를 집중해야 한다. 하나님이 어떤 분이신지와 어떤 말씀을 하시는지에 대해서 집중해야 한다.

하나님은 그분을 신뢰하는 희생자들에게 어떻게 응답하실까?

첫째, 하나님은 그들의 수치심을 이해하신다. 단순히 초연하고 지적인 차원에서 이해하신다는 것이 아니다. 하나님은 사실 그분의 자녀들이 희생당하는 것에 대해 몹시 통탄해 하신다.

둘째, 비록 우리의 눈에는 천국의 수레바퀴들이 짜임새 있게 맞춰 돌아가고 있는 것이 보이지 않을지라도 하나님은 그 현실에 대해 구체적으로 역사하신다. 자넷 역시 평생 자신이 희생당한 일과 관련하여 어떻게 수레바퀴가 돌아가는지는 볼 수 없을지도 모른다. 하지만 믿음을 통해 우리는 하나님이 희생당한 자들을 저버리시지 않는다는 것을 안다(시 22편).

하나님은 긍휼히 여기시는 분이시고 전능한 구원의 팔로 우리의 수치심을 걷어 주신다. 예수님은 손수 수치심을 체험하셨고 우리의 수치심을 대신 짊어지셨다. 그러므로 이제 수치심은 우리를 가둘 수 없다. 사실상 믿음을 통한 하나님의 은혜로 수치심은 더 이상 우리 안에 존재하지 않는다. 여기서 한 발짝 더 나아가 하나님은 상상조차 하기 힘든 일을 하신다. 그분은 한때 치욕당했던 사람들과 혼인을 맺으시고 그들을 높여 주신다.

> 두려워하지 말라 네가 수치를 당하지 아니하리라
> 놀라지 말라 네가 부끄러움을 보지 아니하리라
> 네가 네 젊었을 때의 수치를 잊겠고
> 과부 때의 치욕을 다시 기억함이 없으리니
> 이는 너를 지으신 이가 네 남편이시라
> 그의 이름은 만군의 여호와이시며
> 네 구속자는 이스라엘의 거룩한 이시라(사 54:4-5).

이 말씀이 자넷에게는 희망과 기쁨을 안겨줄 것인가?
아마도 당장에 그렇지는 않을 것이다. 그녀에게 있어서 지극히 높으신 하나님과 결혼했다는 생각은 경이롭기보다는 공포스러울 수도 있다. 현재 그녀가 확실히 주님을 두려워하고 있다면 아무래도 그것은 하나님께 대한 견고한 숭배의 두려움이 아니라 하나님을 피하려는 극심한 무서움일 것이다. 자넷은 하나님의 은혜가 얼마나 대단한지를 믿기 힘들 것이다. 자꾸 자신을 돌아보고 얼마나 그녀가 가치 없고 불결한지를 되새기며 거룩하신 하나님으로부터 숨으려고만 할 것이다.

제1부　제3장 "사람들이 나를 해칠 것이다"

자넷은 믿음으로 전진해야만 한다. 예수님의 말씀을 다른 어떤 것보다도 신뢰해야 한다. 성경의 원칙대로 따라야 한다. 자신을 한 번 바라볼 때 예수님은 열 번씩 바라보아야 한다. 하나님이 손수 맺으신 깊으신 사랑의 언약들을 묵상해야 한다. 만약 본인은 은혜로도 어쩔 수 없는 인간이라는 생각이 든다면 그런 생각은 즉시 버려야 한다.

그런 생각은 우리의 행위가 하나님으로부터 우리를 멀거나 가깝게 만들 수 있다는 비성경적인 가정에 기초한 것이다. 간단히 말해 은혜 그 자체를 부정하는 생각이다. 그녀가 무슨 의로운 일을 해야만 하나님을 만날 수 있다고 믿는 셈인 것이다. 그러나 그런 생각은 예수님의 복음과는 거리가 멀다. 복음은 오로지 자신이 부정하다는 것을 아는 자들에게만 유효한 것이다.

자넷의 노출에 대한 두려움(수치심)은 그녀가 공격당할까 봐 두려워하는 것(위협)과 나란히 있다. 예측불허의 성폭행이 빈번하던 집에서 자란 자넷은 항상 무슨 일이 생길까 봐 불안해했다. 언제나 "무슨 사태라도 벌어질 것 같고 위험이 임박한 것 같다"고 느꼈다. 자신이 정말 조그맣게 느껴졌고, 크고 강력한 사람들의 틈바구니에 끼어 살아가는 것만 같았다. 분명히 신앙고백은 했지만 하루하루 자신의 삶에서 사랑이 많으시고 전능하신 하나님의 손길을 점점 더 신뢰해 가는 과정은 부재했다.

사람들이 커지면 하나님은 작아지는 법이다.

혹자는 하나님의 주권에 대해 깊이 있게 공부하는 것이 자넷이 이렇게 사람들을 두려워하는 문제를 해결하는 데 도움이 되지 않을까 생각할 수도 있다. 그러나 하나님이 보좌에 좌정하신 사실을 조명하는 것이 행여 공격당할까 봐 두려워하는 그녀의 조마조마한 마음에 깊숙이 와 닿을 리는 없다.

자넷은 지존하신 하나님이 선하신 분이라는 것을 알아야 한다. 물론 하나님이 만물을 통치하신다는 것을 믿고 있기는 할 것이다. 그러나 다른 한편으로 그녀를 향한 하나님의 사랑이 별로 대단치 않다고 믿고 있을 확률이 높다. 알고 보면 하나님은 자기 백성을 그다지 위하시지 않는다는 사탄의 거짓말에 넘어갔을 것이다.

오직 끈질기게 예수님의 십자가에 대해 곰곰이 묵상하는 것만이 이런 두려움을 다스릴 수 있는 길이다. 그러면 비로소 그녀를 위한 하나님의 선하신 목적은 아무도 훼방할 수 없다는 사실을 알게 될 것이다.

자넷에게는 다른 사람들이 너무 거대했다. 그리고 그런 상황에서 남에게 거부당하는 것에 대해 아무래도 예민할 수밖에 없었다. 자넷이 바로 남에게 용납받음으로 채워지길 간절히 소원하는 깨진 사랑의 잔일 것이다. 그녀는 자꾸만 남편이 한도 끝도 없이 인정해 주고 칭찬해 주어야만 된다고 여겼다. 또 아버지와 오빠로부터 그녀가 갖지 못했던 정상적인 가족 관계를 받아 내고 싶었다. 꼭 남들에게 이해를 받아야만 했다.

그리고 교회 자매들이 아니라 고작 책들이 자신을 더 잘 이해하고 있다는 사실에 분개했다. 그녀는 남의 눈에 좋은 엄마로 보여야만 했다. 또 다른 남자들과 친근한 사이여야만 했다. 하지만 이 어떤 것도 그녀를 채워주진 못했다. 자넷은 항상 더 많은 것을 찾아 헤맸다.

물론 자넷과 같은 일을 당한 사람이라면 누구나 어느 정도의 공허감은 있을 것이라는 점을 주지하기 바란다. 가족과의 좋은 관계를 상실하는 것은 비통한 일이고, 좋은 관계를 원하는 바람은 또한 그만큼 강렬한 법이다. 하지만 이 욕망 자체가 곧 인간에 대한 두려움인 것은 아니다. 어떤 욕망이든 높아져서 요구사항으로 돌변하면 그때가 곧 우리 삶에 사람 우상이 떠오르기 시작하는 때이다. 우리의 욕망이 요구사항으로 바뀔 때 하나님의 영광보다 우리의 욕망이 더 중요시되는 것이다.

자넷의 경우에는 욕망이 점점 커져서 그야말로 절대적 필요와도 같은 요구로 변해버리고 말았다. 하나님만이 자신의 삶을 맡길 수 있는 분이라고 믿지 못하고, 다른 사람들에게서 안전함과 보호를 받으려고 하는 것이다.

이런 오류로부터 벗어나기 위해서 자넷은 이제껏 다른 사람들로 자신의 부정한 목적을 이루기 위한 필요를 채우려 한 사실을 고백해야 한다. 그러면 자넷도 예수님 안에서 누리는 사랑과 보호를 토대로 다른 사람들을 사랑해줄 수 있게 된다. 예수님께 영광 돌리고 싶은 진심에서 그렇게 행할 때 자신을 필요만 있는 애정결핍자로 정의하는 대신 하나님이 우리를 부르신 대로 살아갈 수 있게 된다. 우리는 지존하신 하나님을 섬기는 종들로서 다른 사람을 필요로 하기보다 그들을 더 사랑하도록 부름 받은 것을 기억할 것이다.

내가 자넷에게 이렇게 말하는 것이 너무 심하다고 생각하는가?

그렇지 않길 바란다. 구약성경이 다루는 큰 주제는 하나님이 부당함과 탄압을 심판하신다는 것이다. 하나님은 희생자를 향한 긍휼한 마음이 가득하신 분이다. 시편의 절반이 바로 이것을 묵상하는 것들이다. 그러므로 모든 상담은 그녀에 대한 긍휼함과 그녀가 당한 부정의에 대한 분노로 가득한 것이어야 한다. 그렇지 않고는 성경적인 상담일 수 없다.

내가 자넷이 지은 죄에 핑계가 있다고 말하는 것처럼 들리는가?

그렇지 않길 바란다. 자넷의 삶이 너무도 비극적인 인생 여정이었기 때문에 우리가 그녀의 삶에 버젓이 존재하는 죄를 묵인할 수 있다는 말은 아니다. 그렇게 하는 것은 그녀가 희생당한 것이 그녀 자신의 죄 문제보다 더 심각한 문제라는 말이 된다. 그러나 사실 우리의 죄악성보다 더 깊고 심각한 것은 없다.

게다가 자넷의 죄를 묵인하는 것은 그녀를 더 희생시키는 것이다. 이는 죄책감으로부터의 진정한 자유, 용서의 기쁨, 하나님의 크나큰 사랑을 알지 못하도록 막는 길이다. 희생당하는 것을 주제로 다루는 많은 신앙서적들이 갖는 문제는 바로 그 책들이 우리가 자신에게 집착하는 데서 벗어나 오직 예수님 한분에게만 소망을 두도록 허용하지 않는다는 것이다. 그런 책들은 우리가 고통에 신음하는 채로 가두어 두려 한다.

그러나 희생당하는 것에 대한 기독교적 관점은 시종일관 하나님 중심적인 것이다. 그렇게 그 중심을 유지하는 것이 자넷을 상담하는 나의 목표였다. 성경적인 지도는 하나님의 한없는 긍휼하심에 대해 귀 기울여 듣는 데서 출발한다. 그리고는 우리의 마음을 점검하여 예수님께 점점 더 순종하도록 돕는다. 성경적인 지도는, 우리가 하나님은 전능하시며 정의로우시고 사랑이 넘치시는 분이라고 신뢰하게 될 때 마무리된다.

희생의 경험이 우리의 인간에 대한 두려움의 성향을 더 악화시킬 수 있을까?

두말할 것 없이 어떤 사람들은 더 연약해질 것이다. 그러나 인생사가 우리로 하여금 억지로 사람을 두려워하도록 강요하지는 못한다. 또한 우리가 인간에 대한 두려움의 버릇을 극복하지 못하게 막을 수도 없다.

7. 우리의 선택

예레미야 17장은 성경이 인간에 대한 두려움에 대해 다루는 잘 알려진 본문이다. 이 본문에 의하면 인생의 모든 선택들은 결국 다음 둘 중 하나를 고르는 것이다.

당신은 사람을 의지할 것인가 아니면 하나님을 의지할 것인가?

무릇 사람을 믿으며 육신으로 그의 힘을 삼고

마음이 여호와에게서 떠난 그 사람은

저주를 받을 것이라

그는 사막의 떨기나무 같아서

좋은 일이 오는 것을 보지 못하고

광야 간조한 곳, 건건한 땅, 사람이 살지 않는 땅에 살리라

그러나 무릇 여호와를 의지하며

여호와를 의뢰하는 그 사람은

복을 받을 것이라

그는 물 가에 심어진 나무가 그 뿌리를 강변에 뻗치고

더위가 올지라도 두려워하지 아니하며

그 잎이 청청하며 가무는 해에도 걱정이 없고

결실이 그치지 아니함 같으리라(렘 17:5-8).

구약은 우리가 '인간에 대한 두려움'과 '하나님을 향한 경외'로 나뉘는 갈림길에 서 있다고 말한다. 인간에 대한 두려움에 이르는 길은 사람을 차별하는 것, 남들이 당신을 좋게 생각하기를 바라는 것, 남들에게 폭로 당할까 두려워하는 것, 남이 강해 보여서 압도당하는 등의 모습으로 나타난다.

하나님을 경외함으로 이런 식의 두려움을 예방하지 않는다면 엄청나게 파괴적인 결과를 초래할 수 있다. 하지만 하나님을 우리 삶에서 올바른 자리에 모실 때 오래된 족쇄는 산산 조각날 수 있다.

더 생각해 보기

다른 성경 구절들도 묵상해 보라. 예수님은 제자들을 세상으로 보내시고 그들을 통해 다른 이들을 하나님의 나라로 부르기 원하셨다. 예수님은 제자들에게 그들이 여러 가지 문제에 직면하게 될 것이라고 말씀하셨다.

사람들은 제자들을 거부할 것이고, 그들은 지방 의회로 넘겨져 공공연히 채찍질을 당할 것이고, 게다가 그들의 사역 또한 잠잠할 틈 없이 분열되어서 가면 갈수록 더 많은 사람들이 화나게 될 것이었다. 다시 말하면 제자들이 인간에 대한 두려움의 시험에 들 것이라는 말이었다. 그래서 예수님은 그들을 보내시며 이렇게 당부하셨다.

> 몸은 죽여도 영혼은 능히 죽이지 못하는 자들을 두려워하지 말고 오직 몸과 영혼을 능히 지옥에 멸하실 수 있는 이를 두려워하라(마 10:28).

예수님은 각별히 신상의 위협에 관한 두려움에 대해 격려해 주신 것이셨다. 그것은 아브라함이 겪었던 것과 비슷한 종류의 두려움이다. 그러나 예수님은 제자들에게 죽임을 당하는 최악의 경우를 예로 들어 말씀하시며 심지어는 목숨의 위협조차도 다른 사람을 두려워하는 구실이 되어서는 안 된다고 하셨다.

만약 그토록 극심한 위협도 주님을 경외함으로 마주 대할 수 있는 것이라면 남들에게 거부당하는 정도의 위협은 치명타일 리가 없다. 예수님의 제자들도 우리와 하나 다를 바 없었다는 점을 잊지 말기 바란다. 그들도 다른 사람들이 좋아해 주기를 바랐다. 그랬기 때문에 그들의 친구들이나 같은 이스라엘 동족은 그들을 죽이고 싶어 하는 원수들만큼이나 위험한 존재였다. 예수님이 하셨던 권고를 생각해 보라.

몸은 죽여도 영혼은 능히 죽이지 못하는 자들을 두려워하지 말고 오직 몸과 영혼을 능히 지옥에 멸하실 수 있는 이를 두려워하라(마 10:28).

이 말씀에서 해방의 힘이 느껴지는가?
　하나님의 능력은 기이하게도(물론 지옥을 기억할 때도 당연히 그렇다) 인간에 대한 두려움을 수반하는 괴로운 자아성찰의 덫을 두 동강 내는 힘이 있다.

제4장

"세상은 내가 사람을 두려워하게 만든다"

처음에는 개인주의가 단순히 공공생활에 필요한 미덕을 해치는 정도로 출발하지만 결국에는 개인주의만 제외한 다른 모든 것들을 공격하고 파괴하기 시작하며 급기야는 노골적인 이기심에 맥없이 빨려 들어가 버리고 만다. 이기심은 이 세상 만큼이나 오래 된 악덕이다. 개인주의는 민주화가 빚어낸다.

알렉시스 드 토크빌(Alexis De Tocqueville)

우리가 하나님께보다 사람들에게 더 소망을 두는 것은 누가 우리를 설득하거나 조종해서 그런 것이 아니다. 어린아이가 울고불고 떼쓰는 법을 어디서 보고 배우지 않아도 저절로 알듯이 이 역시 배울 필요가 없는 사람의 습성이다. 인간에 대한 두려움은 우리가 저절로 하는 것이다. 인간이 죄로 타락한 이후 우리의 본능이 되어버린 것이다.

그러나 슬프게도 엎친 데 덮친 격으로 우리의 마음이 이런 상태일 뿐만 아니라, 우리에게는 공범자까지 있다. 이 세상과 그 비성경적인 전제들이 바로 그 공범자이다. 그리고 공범자는 우리가 인간을 두려워하는 성향을 더 부추긴다.

> STEP 3: 당신의 삶에서 이 세상의 가치로 인해 인간에 대한 두려움의 문제가 심화된 부분을 파악하라.

세 번째 단계는 전혀 예기치 못한 단계가 아닐 것이다. 이 세상에는 보이지 않아도 그 특유의 비성경적인 방식이 있고, 우리가 그 방식대로 따를 것을 간청한다고 성경은 경고한다.

주님은 구약시대 내내 이스라엘 백성에게 그들 주위의 세상과 우상숭배의 관습은 매우 위험한 것이라고 항상 경고하셨다. 그리고 구약시대에만 위험이 존재한 것이 아니었다. 초대교회 역시 세상의 영향을 받았다. 유대문화는 끊임없이 복음의 소식을 선행주의*와 율법주의로 변질시키려 했다(골 2장).

우리 시대 또한 역사상 하나님의 백성이 살았던 다른 시대들과 하나도 다를 것이 없다. 세상은 여전히 우리가 다른 사람들에게 인정받기 위해 살도록 유혹한다.

어떻게 우리 '공동의 육신'(corporate flesh)**이라고 할 수 있는 세상이 인간에 대한 두려움을 조장하는가? 몇 가지 예를 살펴보도록 하자.

---

* 역자주: 선행이 사람을 의롭게 한다는 잘못된 믿음.
** Richard Lovelace, *Renewal as a Way of Life* (Downers Grove, Ill.: InterVarsity Press, 1985), 86.

이 세상에 대한 공통된 견해가 하나 있다면 그것은 이 세상이 피해의식으로 팽배한 문화라는 점이다. 그것은 무슨 일이든 다 남의 잘못으로 돌리게 한다.

"내가 이렇게 행동하는 건 당신 책임이야."

우리는 이 피해의식의 문화 자체까지도 남의 탓으로 돌린다. 다 변호사들이 이 지경으로 만든 것이라고 여기며 "변호사들이 우리에게 피해를 끼쳐서 문화까지 피해의식에 사로잡혀 버린 것이다"라고 말한다.

그러나 이런 식으로 남의 탓을 하는 것이 무슨 의미를 갖는지 생각해 보라. 남의 탓을 한다는 것은, 곧 남들이 우리의 일거수일투족을 조종하고 있다고 생각한다는 것을 의미한다.

이것이 바로 인간에 대한 두려움이 아니고 무엇인가?

만약 우리가 만성 희생양이라고 믿는다면 그것은 우리의 행동을 조종하는 능력이 우리가 아닌 남들에게 있다고 본다는 것을 의미한다. 곧 남들이 그런 행동을 하게 만들었다고 주장하는 것이다. 물론 이 세상에는 정말로 희생당하는 경우가 당연히 있다. 그러나 너나할 것 없이 인정하는 것은 우리가 획기적이고 수상쩍은 부류의 희생자들을 개발해냈다는 점이다.

자존감을 강조하는 것은 인간에 대한 두려움의 문제를 더 부채질하는 길이다. 예컨대 자존감을 다루는 거의 모든 도서는 하나같이 자존감이 스스로 키워갈 수 있는 것이라고 말한다. 또한 자존감을 고양시키는 제일 좋은 방법은 특정 영역에서 성공하는 것이거나(그러나 이런 성공은 남들의 성공과 비교

될 수밖에 없다) 자신을 북돋워 주는 사람들에 둘러 싸여 사는 것(이것은 당신이 그들의 의견에 의존하게 만든다)이라고 말한다. 또 당신이 돈이 있다면 따뜻하고 이해심 많은 상담치료사를 고용해서 자존감을 부풀리는 방법도 있다고 말한다.

세상의 문화에는 암묵적인 비성경적 전제가 있다. 그 전제는 우리의 사고방식을 형성하고 우리가 어떤 질문을 할지도 지시한다. 우리는 이것을 '이 세상'이라고 부른다. '이 세상', '우리의 육신', '마귀'에서 쓰이는 것처럼 말이다. 이 세상의 전제는 성경을 해석하는 데도 영향을 미친다. 예를 들자면 우리의 문화는 공동체적이기보다는 개인적 사고를 하도록 가르친다. 따라서 우리보다는 나 위주로 생각하는 경향이 우리에게는 다분하다.

흔히 우리가 "마귀에게 틈을 주지 말라"(엡 6:27)를 해석하는 법이 그 대표적인 실례라고 할 수 있겠다. 이 본문을 대다수가 개인에게 적용되는 말씀으로 이해한다. 다시 말하자면 대개 '당신이 죄를 지을 정도까지 화가 나면 사탄이 당신의 삶을 지배하게 되는 틈을 주는 것이다'는 식으로 해석한다는 것이다.

물론 그런 해석이 맞는 말일지는 몰라도 본문 자체의 문맥을 보면, 성경은 지금 개인이 아닌 교회를 가리키고 말하고 있다. 그리고 에베소서는 그 내용 자체가 교회 내부의 연합에 대한 것이다. 틈이라는 것은 사탄이 그리스도의 몸에 분쟁을 일으키는 영향을 뜻하는 것이지 개인이 사탄에 씌운다는 것이 아니다. 그러므로 이 '틈'을 치료하는 법은 교회가 하나 되도록 힘쓰고 갈망하는 것이다.

아무리 자신이 성경적이라고 생각하더라도 이런 전제로부터 조금의 영향도 받지 않는다는 것은 불가능하다. 세상적인 전제들은 마치 우리가 들여 마시는 공기처럼 우리를 온통 둘러싸고 있기 때문이다.

당신은 대도시의 스모그를 경험해 본 적이 있는가?

처음 로스앤젤레스로 운전을 하며 간 때가 생각난다. 로스앤젤레스는 둥그런 스모그 안에 말 그대로 감싸져 있었다. 그러나 일단 내가 로스앤젤레스 시내 안으로 들어서자 마치 스모그가 사라진 것만 같았다. 하늘을 올려다보아도 온통 푸르게만 보이는 것이었다. 뒤에 무슨 산 같은 배경이 없는 한 공기는 투명하기 그지없이 맑아 보였다. 이것이 바로 세상적인 전제의 본성이다. 당신이 전제에 둘러싸여 있는 한 그 전제는 보이지 않는다.

본 장의 목표는 잠시 시간을 내어 우리를 에워싼 스모그를 알아차리는 것이다. 우리가 남에게 조종당하지 않으려고 분투하는 데 있어 싸워야 할 대상은 우리 마음뿐만이 아니다. 우리가 속한 문화의 동향도 마찬가지로 싸움의 대상이라는 것을 우리는 깨달아야 한다.

1. 몇 가지 현대적인 전제

우리가 주목할 만한 문화적 변화는 18세기 후반에서 19세기 초반 사이에 일어나기 시작했다.

이러한 변화가 일어나기 이전에는 모두들 세상에 신성한 체계가 있고 이미 예정된 것이라고 믿었다. 모든 사람과 사물에게 다 마땅한 자기만의 자리가 있다고 보았던 것이다. 실제로 당신이 가지고 태어나는 계급, 가문, 직업에 따라서 미래는 처음부터 끝까지 훤히 정해져 있었다.

'나는 영국인이다. 나는 세인트앤 지역에 속한 성도이고, 농부이며, 찰스의 둘째 아들이다.'

자아의 정체는 모두 이런 식이었다. 그래서 직업이나 종교는 선택할 필요가 없었다. 이미 당신을 위해 정해져 있었기 때문이다. 모든 사람이 자기가 누구이며 무슨 일을 해야 하는지 이미 알고 있었기 때문에 자아정체성에 혼란이라는 것은 거의 없었다. 따라서 자존감이라는 것이 문제가 되는 경우도 드물었다(그렇다고 당시 문화에 아무런 문제가 없었다는 말은 아니다. 단지 자아정체성 및 개인과 관련한 질문 자체가 다르게 설정되어 있었다).

그러나 중산층이 부상하면서 이런 사고방식은 획기적으로 변하게 되었다. 인생에서 주어지는 역할은 더 이상 영구적인 것이 아니게 되었다. 프랑스 대혁명(1789)기에 중산층이 위력을 발휘하면서 개인의 삶과 정체성에 대한 급진적인 개념들도 떠오르기 시작했고 예전에는 누리지 못했던 기회들도 주어졌다.

프랑스 대혁명은 훨씬 더 근본적인 차원에서 일어나고 있는 변화를 그저 정치적으로 표명한 것이었다. 아버지와 아들을, 평민과 귀족을 구분 짓는 차이는 희미해져 버린 반면, 새로운 사회구조를 명료하고 성경적인 사고로 잡아주는 영향은 없었다. 그 틈새에서 새로운 세계관이 등장하게 되었다.

그 세계관은 개인의 성장과 개인적인 정체성에 가치를 두고, 하나님의 주권에 복종하는 것과는 상관없이 그저 개인의 무한한 가능성에 어마어마한 가치를 둔다. 이것이 우리가 잘 아는 현 서구문화의 시발점이 되었고, 이 변화는 적합하게도 자기숭배의 기원이라고 일컬어졌다.

1) 하나님에 관한 전제들

그전까지는 하나님이 문화의 일부였다. 따지고 보면 그때나 지금이나 대부분의 사람들은 여전히 하나님이 존재하시고 영혼은 죽지 않는다고 말한다. 그렇게 믿는 것이 제법 괜찮다는 말인 것이다. 좀 초보같이 들리긴 해도 예수님이 이렇다 저렇다 할 필요 없이 꽤 그리스도인답게 들리는 말인 것이다.

그렇지만 잠시 현대로 돌아와서 생각해 보자. 최근의 여론조사에 의하면 대다수의 미국인들이 하나님과 사후세계와 천사의 존재를 믿는다고 대답했다.

당신은 이런 결과에 어떤 생각이 드는가?

당신은 이에 힘입어 미국은 정녕 기독교 국가라고 말하겠는가?

아니면 미심쩍은 몇 가지 질문을 더 하고 싶은가?

내 반응은 어떨지 대강 짐작이 갈 것이다. 우리는 하나님을 왈가왈부하고 영적인 정신세계를 거론하는 것이 다시 부활한 시대에 살고 있다. 그러나 보통 대화 중에, 다음과 같이 성경이 지적하는 가장 중요한 것에 대해 이야기하는 일은 드물다.

> 이는 성경대로 그리스도께서 우리 죄를 위하여 죽으시고 장사 지낸 바 되셨다가 성경대로 사흘 만에 다시 살아나사 게바에게 보이시고 후에 열두 제자에게와…(고전 15:3-5).

19세기부터 퍼지게 된 사상은 그냥 듣기에는 괜찮을지 몰라도 내용은 성경과 전혀 상관없는 신에 대한 논란이었다. 예를 들자면 프랑스 철학자 루소(Rousseau)는 신에 대해 이야기했지만 그는 자신의 신을 자연에서 찾았다. 루소의 신은 오직 평화롭고 좋은 신이었고 사람들을 예배하는 느낌으로 인도했다. 루소는 초점을 객관적인 계시(성경)로부터 주관적인 체험(느낌)으로, 다른 사람들로부터 개인의 내면세계로 그리고 하나님과 이웃을 사랑하는 것으로부터 자신을 사랑하는 것으로 바꾸어 버렸다.

여기에서 현대 문화의 흐름을 감지할 수 있는가?

우리의 문제도 역시 보이는가?

감정이 최고의 권위이고 내용도 없으면서 영적인 언어를 써대는 것, 이 모두 우리 문화가 당연히 받아들이는 전제들이다. 물론 이런 전제들은 하나님에 관해 함축하는 진정한 의미를 감춘 채 오래 지속될 수는 없다. 우리 자신을 떠받들어 드높이고 거룩하신 만군의 주 하나님을 하락시키는 고요한 혁명을 저지른 것이다.

랄프 왈도 에머슨(Ralph Waldo Emerson)의 담화는 이 사실을 확증한다.

> 예수의 삶이 신성하긴 했지만 그의 삶이 우주 전체만큼이나 되는 양 말하는 것은 얼마나 기가 막힌 일인가! 우연히 지구상 한 곳의 한 세대에 존재했던, 어쩌다 선했던 한 인간을 들어서 갓 태어난 영혼에게 '너의 본보기를 보라…이 옛날 사람의 자세로, 그의 태도대로 살며 그가 입에 담았던 말들을 하라'고 하는 꼴이다. 그것이 바로 전 세계 기독교인들의 광기다…나는 그런 도적놈들에게는 등을 돌린다. 영혼은 언제나 자기 스스로를 믿는 법이다.*

즉 일대 최고의 관심사가 자기 자신이 되어버렸다. 하나님도 아니고 상대방도 아닌, 바로 자기 자신이다.

이 과거와 현재 사이의 연관성이 보이는가?

---

* Ralph Waldo Emerson, *The Journals and Miscellaneous Notebooks*, VII: 1838-42, ed. A.W. Plumstead and H. Hayford (Cambridge, Mass.: Harvard University Press, 1969), 254.

현대 문화는 내면 성찰로 발견하는 '우리 맘대로 이해하는 하나님'을 믿고 있다.

> 하나님을 의지한다는 것은…사랑의 하나님이 누구이며 당신에게 무엇을 해 주는 존재인지 당신이 생각해내고 그 생각에 의지하는 것이다.*
>
> 기도와 명상을 하는 방법은 헤아릴 수 없이 다양하다. 옳은 방법이란 없다…하나님을 몸소 체험하는 것만이 진짜다… 영적 성장은 스스로의 존재에 대한 통찰력이 깊어지면서 생기는 것이다.**

이런 사상들은 다원적인 '넌 네 맘대로 난 내 맘대로 문화'의 열매다. '나에게 내 방식의 하나님이 있듯이 너도 네 방식의 하나님이 있지'라는 믿음인 것이다. 이런 사회에서 비도덕적인 행동이 한 가지 있다면 그것은 바로 자기 방식의 하나님이 남의 방식 하나님보다 우월하다고 말하는 것밖에 없다.

이런 전제는 점차 진리로 수용되었다. 그 결과 우울증이 도발되는 사례가 전에 없이 많아졌고 하나님께 분노를 품고 있다고 고백하는 사람들도 기가 막히게 많아졌다. 거기다 이젠 하나님께 해명과 '권리'를 청구해 대는 폭넓은 대중적 항

---

* Lynne Bundesen, *God Dependency* (New York: Crossway, 1989), 59.
** John Bradshaw, *Bradshaw On: The Family* (Deerfield Beach, Fla.: Health Communications, 1988), 234, 236.

의까지도 생기게 된 것이다. 또한 자기숭배의 극치를 보여주듯이 몇몇 성직자들과 상담사들은 성난 이들에게 "네가 하나님을 용서하라"고 격려하기까지 하는 상황이다.

당신은 이 전제들이 인간에 대한 두려움에 어떤 영향을 미치는지 알겠는가?

무언가가 하나님에 대한 경외를 좀먹는다면 그것은 다른 한편 인간에 대한 두려움을 심화시키게 되어 있다.

2) 우리 자신에 대한 전제들

현대 문화가 하나님을 잘못 이해하고 있다면 당연히 하나님의 형상대로 지어진 사람들 역시 왜곡된 눈으로 판단하고 있을 것이다. 이 사실은 우리 세대가 보편적으로 인간의 본성에 대해 생각하는 바를 보면 알 수 있다. 몇 가지 예를 들어보자.

우리는 꽤 좋은 사람들이다. 우리는 사람이 본래 악한 존재가 아니라는 생각을 당연시한다. 악은 우리 속이 아니라 바깥에만 존재한다고 믿는 것이다. 19세기에 팽배했던 사상은 어린아이처럼 문명에 의해 타락하지 않은 사람들에게서 순결과 선천적인 도덕성을 찾을 수 있다고 믿었다. 알고 보면 사람들은 모두 선하다는 생각은 이런 사상으로 인해 현재의 위세를 얻게 된 것이다. 예를 들어 슐레겔(Schlegel)은 어린아이를 "신성한 사랑의 비밀을 들여다볼 수 있는 깨끗한 거울"

이라고 했다.*

당신은 '내면의 아이'라는 표현을 들어본 적이 있는가?

이것은 우리 모두에게 있는 본질적인 순결을 가리킨다. 사람들이 그렇게 영적인 내면이 있다고 믿기 시작하면 당연히 자신의 내면으로부터 신성과 계시를 얻을 수 있다고 믿기 나름이다. 사무엘 콜리지(Samuel Coleridge)는 『문학인 전기』(*Biographia Literaria*, 1817)에서 다음과 같이 저술했다.

> 우리는 '절대 지존자'로 군림하는 결과에 도달하기 위해 '나는 내 자신을 안다'고 여기는 데서 출발한다. 우리는 자신을 잠시 잃었다가 온전히 '신'으로 변화한 것을 찾기 위해 '자아'라는 출발점에서 시작한다.

더 이상 진실을 찾기 위해 자신의 바깥을(그것이 하나님이든 다른 사람들이든) 내다볼 필요가 없어진 것이다. 진리는 인간의 내면에서 발견할 수 있다고 믿는 것이다.

얼마나 현대적인 생각인가! 이 같은 전제는 상담실에서 흔히 들을 수 있다. 그리스도인들은 죄 사함 받을 필요에 대해서는 아랑곳하지 않으면서, 자기가 필요하다고 여기는 것들에는 열광한다. 이런 모습은 자아실현을 있는 대로 미화하고 한껏 탐닉하는 토크쇼에서도 쉽게 찾아볼 수 있다.

---

* *An Anthology of Modern Philosophy*, comp. D. S. Robinson (New York: Thomas Crowell, 1931), 508.

멜로디 비티(Melody Beattie)가 자신의 베스트셀러『동반의 존에서 벗어나기』(*Codependent No More*)에서 칭찬을 아끼지 않은 나다니엘 브랜든(Nathaniel Branden)의『자신을 존경하기』(*Honoring the Self*)에서 발췌한 그의 주장을 한번 들어보라.

> 자신을 존경한다는 것은 자신의 인생과 사랑에 빠지는 것이다. 우리 자신의 성장 가능성과 사랑에 빠지고, 기쁨을 맛볼 가능성과 사랑에 빠지고, 우리 인간 특유의 잠재력을 발견하고 탐험하는 것과 사랑에 빠지는 것이다. 그러면서 우리는 자신을 존경한다는 것은 사실 이기심을 추구하는 것이라는 것을 알게 된다. 그것은 가장 드높고 존귀하며 가장 알려지지 않은 종류의 이기심이다. 그리고 나는 이런 이기심을 추구하는 데는 굉장한 자립심과 용기와 고결성이 있어야 한다고 주장하는 바이다.*

이런 식의 생각은 19세기 이전에는 감히 누가 언급할 수도 없는 말이었다. 혹 어쩌다 누가 썼다 하더라도 이단자의 말로 간주되어 즉시 매도당했을 것이다. 그러나 오늘날에는 누구나 이런 생각을 진리로 받아들인다. 이런 식의 사고는 현대 문화 전제의 토대라고 할 수 있다. 그것은 "우리는 좋은 사람들이고 우리의 건강을 위해서는 자신을 사랑해야 한다"

---

* Nathaniel Branden, *Honoring the Self: Personal Integrity and the Heroic Potentials of Human Nature* (Boston: Houghton Mifflin, 1983), 4.

는 믿음이다.

이 믿음을 뒷받침하는 성경적 증거로서 필요에 따라 제시되는 구절은 "네 이웃을 네 자신과 같이 사랑하라"(마 19:19)이다. 현대 문화의 색안경을 쓰고 해석하면 이 구절은 "우리가 자신을 먼저 사랑해야만 다른 사람들도 사랑할 수 있다"는 뜻으로 둔갑해 버린다. 하지만 이 말씀은 그렇게 해석할 수 있는 근거조차도 용납하지 않는다.

이는 예수님이 부유한 청년에게 하신 말씀이다. 그는 자기 자신과 자기 재물을 지나치게 사랑하는 청년이었다. 이 본문에서 찾을 수 있는 명령은 단 하나다. 그리고 그 명령은 "네 이웃을 사랑하라"는 것이다. 성경을 쓴 저자들을 포함해서 그 누구도 이 구절이 자기애를 가르치는 것으로 해석되리라고는 상상도 하지 못했다. 문화적인 이변이 생긴 후에야 사람들은 이 본문을 재해석하기 시작했고 우리의 초점을 자신의 내면에 맞추게 된 것이다.

성경은 우리가 자기 자신에 대해 과도하게 집중한다고 말한다. 우리는 옷을 잘 챙겨 입는다. 우리는 자기 뜻대로 일이 잘 풀리지 않으면 낙심한다. 그리고 남들이 우리를 어떻게 생각할까에 온 정신을 빼앗기는 경우가 허다하다.

그러나 이는 문화적 전제들이 우리의 눈을 가린 것이다. 그것은 우리를 덮고 있는 스모그를 더 이상 알아차리지 못하게 했다. 그래서인지 성도 머릿수가 늘어나는 대다수 교회의 목회자은 꼭 성경 한장 한장이 전부 자존감에 관한 내용인 듯이 거의 매주 건전한 자존감에 대해 설교한다.

제1부 제4장 "세상은 내가 사람을 두려워하게 만든다"

자기애는 개인을 공동체보다 중시하는 문화의 산물이지만 너무도 많은 그리스도인들이 이 사실을 모르고 있다. 그들은 도리어 성경을 자기애라는 이론에 억지로 끼워 맞추려고 노력한다. 그러나 올바르게 이해한다면 성경이 던지는 질문은 "왜 너는 스스로에 대한 염려가 그렇게도 많으냐?"라는 것을 깨달을 것이다.

더 나아가서 성경은, 우리 문화가 제공하는 처방전인 '자신을 더욱 사랑하기'는 알고 보면 그 자체가 질병이라고 선언하는 것을 깨닫게 된다. 얼마나 자신의 죄가 심각하고 뿌리 깊은 것인지를 직시하지 못한다면 우리에게 하나님은 덜 중요해지는 반면 사람들은 더 중요해질 수밖에 없다.

(1) 감정이 진리에 이르는 길이다

만약 내가 어쩌다가 가끔 나쁜 짓은 해도, 기본적으로 선한 사람이라면 당연히 내 기분은 대체로 좋을 것이다. 파우스트(Faust)는 "느낌이 전부다"라는 말을 했다. 우리에게 느낌이란 마치 신성한 영혼이 우리에게 뭐라고 지시하는 것 정도로 여긴다. 도덕적으로 빈틈이 없으려면 그냥 영감을 받는 대로 따라하면 된다는 식의 생각이다. 이 전제는 곧 내면의 충동을 따라 행동하면 잘못할 수가 없다고 큰소리친다.

"하나님이 존(John)과 결혼하라고 하셨어요"라고 메리(Mary)는 말했다. 그녀는 황홀경에 빠져 있었고 목사님도 함께 그 행복을 나누었으면 했다.

"존에 대해서 좀 더 얘기해 주세요."

"글쎄, 아직 그리스도인은 아니에요. 실은 교회문턱에도 오고 싶어 하지 않지만 전 언젠간 존이 교회에 나갈 것을 알아요."

"자매님, 어떻게 그분과 결혼해야 된다는 것을 알죠? 하나님이 어떻게 말씀하셨다는 건가요?"

"목사님, 전 그냥 느낌이 와요. 이게 옳다는 것을 안다고요."

대화는 이것으로 끝이 나게 된다. 메리는 지금 최상의 권위인 그녀의 느낌에 호소해 이야기를 종결지은 것이다. 2년이 지난 후 메리는 또 한 번 이 권위를 빌어 자기 이야기를 하게 되었다.

"목사님, 전 하나님이 이 불행한 결혼생활을 계속 견디라고 하시는 것 같진 않아요. 지난 한 해 존과 함께 사는 건 너무 불행했어요. 그 사람은 어떤 교회도 나가지 않으려 하고 일과 스포츠에 온 정신이 다 뺏긴 데다 우리는 잠자리도 거의 없다시피 해요. 더 이상 그를 사랑하는 느낌이 안 들어요. 그래서 이혼하기로 마음먹었어요."

심지어는 예배 중에도 많은 사람들의 목표가 그저 느낌을 중요시하는 것이 되어 버렸다. 19세기 독일 신학자인 슐라이어마허(Schleiermacher)는 느낌이야말로 종교의 본질이라고 믿었다. 그에게 있어 신학이란 종교적인 느낌을 조리 있게 표현한 것일 뿐이다. 그는 "종교는 절대의존의 감정"이라고 말했다.*

---

* *On Religion: Speeches to Its Cultured Despisers* (New York: Harper & Row, 1965), 106.

슐라이어마허가 극단적이었던 것은 사실이지만 오늘날 그와 비슷한 생각을 가진 사람을 찾는 것은 그리 어렵지 않다. 믿음만 있으면 만병이 다 낫는다고 주장하는 사람들을 본 적이 있는가? 성도들에게서 심미적인 반응만을 자아내려고 노력하는 목사들의 설교를 들어본 적이 있는가? 교회가 이렇듯 감정을 강조하는 것은 성경보다는 문화적인 전통에 더 의존한 것일 수 있다.

우리의 관심사가 오직 행복한 감정에만 국한된 것은 아니다. 일반적으로 감정 자체가 진리의 주요 근원인 양 여겨지는 실정이기 때문에 우리는 역시 고통에도 각별한 관심을 갖는 성향이 짙다. 정통 기독교 사상은 언제나 고통에 관해 논해 왔고, 그런 토론은 자기계발이 아닌 성화라는 맥락에서 이루어졌다.

목표는 처음부터 끝까지 예수님의 영광이었던 것이다. 그 관점은 감정이 우리의 필요를 알게 해주는 도구라는 생각과는 전혀 다르다. 또한 감정을 억누르는 것은 우리 사회에서 가장 흉악한 죄들 중 하나라는 생각, 감정을 있는 대로 수용하는 것만이 우리의 복지를 증진할 거라는 생각과는 정반대다.

물론 시편은 우리의 비통한 심정을 진솔히 하나님께 털어놓으라고 한다. 그러나 오늘날 우리는 "마땅한 고통을 부둥켜안으라"든지 "당신의 비통함에 깊이 빠져 들어가 보라"는 식의 충고를 듣게 된다. 이런 식으로 개인적인 아픔에 대해 지나치게 관심을 쏟는 것은 결국 우리로 하여금 자신의 바깥을 내다봄으로써 하나님과 그분의 비통함과 하늘의 것들을 성경적으로 이해하도록 돕는 것이 아니라 반대로 땅의 것들과 우리 자신만을 파고들게 만들 뿐이다.

"네 자신의 느낌에 충실하라"는 말은 19세기에 이미 쟁쟁했던 소리였다. 단지 유행이 되기까지 좀 시간이 걸렸을 뿐이다.

이렇듯 느낌을 찬미하는 태도는 우리의 사고방식을 변화시켰다. 예를 들어 나는 근래에 한 목회자가 설교하는 가운데 기도의 목적을 새롭게 바꾸어 낭만적으로 말하는 것을 들었다. "기도의 목적은 하나님이 임재하심을 깨닫는 것입니다"라고 그는 설명했다. 그 설교에 몇 가지 도움이 되는 적용 사항들이 있긴 했으나 그 주제 자체는 오류를 범하는 것이었다.

기도의 목적은 하나님의 임재를 깨닫는 것이 아니다. 그 목회자는 단지 예배와 설교 그리고 기도를 통해서 감성적으로 몸보신하려는 체험광들의 흥미를 끌고 싶었던 것이다.

나도 한 때는 '하나님의 임재 연습'을 했었던 적이 있다. 하나님의 임재를 기다리다가 그 느낌이 오는 대로 기도를 시작하곤 했다. 그러나 한참 그렇게 잘 나가다가 어느 날 갑자기 나는 하나님의 임재하심을 느낄 수가 없었다. 몇 시간이고 눈물까지 글썽이며 기다렸지만 하나님의 임재하심은 도통 느껴지지 않았다. 기도해 보려고 애를 썼지만 마치 나 자신과 심지어는 내 기도까지도 은둔자처럼 골방에 갇혀 버린 것 같은 느낌이었다.

하나님의 임재하심은 마침내 그 다음날 친한 친구에게 조언을 얻는 가운데 찾아왔다. 친구가 해준 말은 이것 하나뿐이었다.

"왜 그냥 믿음으로 기도하지 않았나?"

그러나 그는 내게 기도에 대한 가장 중요한 교훈의 하나를 가르쳐 주었다. 그것은 바로 기도가 하나님과 그분이 하신 약속에 의존하는 것이지 나 자신의 들쑥날쑥한 감정 상태에 달린 것이 아니라는 점이었다.

주위를 한번 둘러보라. 느낌을 찬미하는 태도는 어디에서든지 찾을 수 있다. 한 예로 우리가 수치심이라는 개념을 교정해 버리는 것을 들 수 있다. 수치심은 원래 하나님과 우리 사이의 문제 때문에 생겨나는 것으로 여겨졌었다. 그러나 지금은 우리가 자신에 대해 자랑스럽게 느끼는 것을 방해하는 것은 다 수치심이라고 받아들여지고 있다.

성경공부 시간에 사람들이 흔하게 던지는 질문을 생각해 보자.

"당신은 이 본문에 대해 어떻게 느끼십니까?"

즉 우리에게 믿음보다는 느낌이 대체로 더 중요하다는 이야기가 아니겠는가?

흔히 우리는 믿음이 쇠약한 것은 심각한 문제로 취급하지 않는다. 그리고 꼭 기분이 비참해져야만 남들에게 기도와 도움을 요청하기 시작하는 것이 다반사다.

감정이라는 것은 격렬한 동요를 일으킬 수 있기 때문에 교회사에서 감정은 항상 수상쩍은 것으로 여겨져 왔다. 그런데 지금 이 감정이 갑자기 칭송을 받고 있는 것이다.

우리는 너무 자주 감정에 의존한 결정을 내린다. 그리고 믿음보다 느낌이 앞서게 될 때, 우리에게 사람은 더 중요한 존재가 되고 하나님은 덜 중요한 존재가 된다.

(2) 모든 사람은 영적이다

이 느낌을 칭송하는 현실을 배경으로 우리는 영성이 더 필요하다고 주장하는 또 하나의 문화적 전제와 마주한다. 그러나 이 시대의 영성은 그냥 무한함에 대한 어떤 느낌 정도로 전락되어 버렸다. 그것은 경이로운 자아나 자연에 대한 황홀감, 언어로 표현하기 힘든 무언가를 경험하는 것에 대한 황홀한 느낌 같은 것이다. 현대의 영성에는 지옥도 교리도 실질적인 내용도 없다. 그냥 느낌이 전부일 따름이다.

안무가인 토드 윌리엄스(Todd Williams)는 최근 작품에서 "무한함과 하나가 되는 것. 당신의 영혼은 신이나 우주의 정신을 완벽하게 반영하는 것이라는 점을 깨달음으로써 당신의 영혼이 그 정신과 연합할 수 있다"고 시사했다.*

150년 전, 덴마크 철학자 키에르케고르(Kierkegaard, 1813-55)도 이와 동일한 점을 관찰했다. 그는 많은 사람이 교회는 다니지만 "그리스도인이 되는 것과 그리스도인으로서 살아가는 것은 하찮은 일이 되어버렸다"고 말했다.

---

* *Los Angeles Times*, July 29, 1995, F2.

수천 명이나 되는 사람들이 너무도 당연하다는 듯이 자신은 그리스도인이라고 말하는 것이 무슨 의미가 있을까? 나는 누가 보아도 기독교와는 전반적으로 동떨어진 삶을 사는 수많은 사람들에 대해 말하는 것이다. 조금만 살펴보아도 이것이 사실이라는 것을 확인할 수 있다. 교회에는 발도 디디지 않는 사람들, 하나님에 대한 생각이라고는 전혀 없는 사람들, 맹세할 때를 제외하고는 단 한 번도 하나님을 부르지 않는 사람들 말이다! 하나님께 자신들이 빚을 졌다는 생각은 꿈에도 하지 못하는 사람들…틀림없이 이런 현상은 대단한 혼돈과 경악을 금치 못할 착각에서 기인할 것이다.*

키에르케고르의 말은 마치 우리 시대를 예언하는 선지자의 말처럼 들린다.

요즘들어 베이비붐 세대가 교회로 다시 돌아오고 있는 추세이긴 하지만, 가끔은 주님의 나라가 힘 있게 전진하고 있는 것 같지 않을 때가 있다. 알콜중독방지회**(Alcoholics Anonymous)가 또 하나의 예라고 할 수 있겠다. 이 모임의 창설자인 빌 윌슨(Bill Wilson)은 과음으로 병원에 입원했다가 병실에 누워 있던 중에 밝은 빛을 보았고, 이를 종교적인 체험으로 여겼다.

---

* Søren Kierkegaard, *The Point of View for My Work as an Author: A Report to History* (New York: Harper & Row, 1962), 74.
** 약자로 AA라고도 부른다. 알콜중독자들이 지역별로 모여 서로 술 끊기를 권장하고 돕는 미국의 단체이다.

후에 그는 이 체험이 그가 금주하는 데 있어 필수적인 요소였다고 했다. 하지만 그의 종교적 체험은 인격적이신 하나님과는 상관이 없는 것이었다. 그에게 '영적'이라는 것은 그저 설명할 수 없는 경이로운 느낌을 의미했다.

오늘날 우리는 누가 자기의 왼쪽 신발짝 따위를 믿는다고 해도 영적이라는 소리를 할 판이다.

- "나는 성경과 교회에서 내가 좋은 것은 받아들이고 나머지는 신경쓰지 않는다."
- "AA 모임은 영적인 능력을 발견하는 데 관한 것이다."
- "나는 아직도 기독교가 말하는 하늘에 계시는 하나님이라는 개념 자체가 불편하다…나는 하나님이란 선이 무엇인지 스스로 정의하는 천지 만물이라고 생각한다."

이런 말들이 증명하듯 영성은 요즘 인기 만점이다. 과학기술이 폭발적으로 발전하는 시대이지만 아직도 우리는 인생에 수수께끼가 존재한다는 것을 안다. 사람들은 삶이 경이롭다는 느낌을 간직하고 싶어 한다. 좀 더 성경적으로 말하자면 사람이 하나님을 아는 지식은 부인할 수 없지만 다만 왜곡할 줄은 안다는 것이다.

하나님과 영성을 우리의 잣대로 재려 하거나 우리의 느낌 수준으로 축소시키려고 한다면, 우리에게 하나님은 결코 경배의 대상인 이스라엘의 거룩하신 주님일 수 없다. 하나님이 우리 눈에 작아 보이게 될 때 인간에 대한 두려움은 번영하기 마련이다.

2. 심리학: 문화적 전제의 수호자

미국의 심리학은 이런 문화적 전제의 공식적인 보호자가 되어버린 것이 현실이다. 심리학은 사람이 선하다는 믿음, 감정을 강조하는 관점, 영성을 중요시하는 태도 등을 모두 다 가꾸고 양육해 낸 장본인이다. 그리고 또 하나의 관련된 주제도 발달시켰는데, 바로 사람은 심리적으로 무언가를 항상 필요로 하는 욕구불만의 존재라는 전제이다.

이에 대한 프로이드(Freud)의 영향을 살펴보자. 그가 딱히 '욕구'라는 단어를 쓴 것은 아니지만 그는 '성적 표현에 대한 욕구'와 '자유방임적 부모에 대한 욕구' 같은 개념들의 아버지로 여겨지는 인물이다. 그는 표출되기 위한 아우성인 '본능'(욕구)에 관해 논했고, 이 본능이 충족되지 않으면 결과적으로 신경증(노이로제)이 생긴다고 주장했다.

하지만 정작 심리적인 욕구라는 개념을 대중화시킨 인물은 아브라함 매슬로우(Abraham Maslow)였다. 그의 자아실현 이론은 우리가 태어날 때부터 단계별로 욕구가 있다고 제시했다. 매슬로우에 의하면 가장 기본적인 욕구는 생리적 욕구와 안전 욕구이다. 이 욕구들이 충족되고 나면 우리는 기본적인 심리적 욕구들도 채울 수 있는 단계에 이르는 것이다. 곧 소속 욕구와 애정 욕구, 내적 성취(자존) 욕구, 외적 성취

(타인으로부터의 인정과 존경) 욕구 같은 심리적 욕구들이다.

> 무엇이 사람들로 하여금 신경증에 시달리게 할까? 간단히 대답하자면…신경증은 근본적으로 또한 그 시발점부터 하나의 결핍증인 듯이 보인다. 나는 우리 몸에 수분이나 아미노산이나 칼슘이 꼭 필요하듯이, 우리에게 충족되어야만 하는 것들을 욕구라고 일컫고 싶다. 그 몸에 필요한 요소들이 부재하면 병이 생기는 것처럼 신경증은 욕구들이 충족되지 못하고 결핍되면 생기게 되는 것이다. 거의 모든 신경증은…안전하기를 바라는 욕구나 소속감이나 정체성에 대한 욕구 또는 애정 욕구나 존경과 명성에 대한 욕구가 만족되지 못했을 때 생긴다.*

프로이드와 매슬로우는 각각 욕구(충동)에 대해 다르게 생각했지만 세 가지 기본적인 점들에 대해서는 동의했다. 그것은 심리적 욕구가 존재한다는 것과 그 욕구가 인간에게 본질적인 요소라는 것 또 그 욕구가 충족되지 않으면 어떤 병이든 꼭 병이 나고야 만다는 것이다.

이러한 심리적 욕구이론 혹은 심리적 결핍이론의 필수적인 요소에 한 가지를 더 추가하자면, 바로 그 이론이 미국산이라는 점이다. 욕구를 운운하는 이론은 오직 개인이 공동체

---

* Abraham Maslow, *Toward a Psychology of Being* (New York: Van Nostrand, 1968), 21.

보다 더 중시되고 소비가 삶의 방식인 환경에서나 번창할 수 있는 법이다. 대다수의 아시아인이나 아프리카인들에게 그들의 심리적인 욕구가 무엇인지 물으면 그들은 그런 질문 자체를 이해하기가 힘들 것이다.

이 심리적 욕구라는 개념이 생겨나게 된 것은 불가피한 일이었다. 만약 우리가 개인을 떠받들고 감정이 곧 진리에 도달하는 길이라고 믿는다면, 자연히 어떤 선택을 할 때 더 느낌이 강렬하게 오는 쪽일수록 성장에 더 도움이 되고 필요한 것이리라고 여길 것이다. 즉 무엇에 대해서든 강렬한 느낌이 들면 그것은 바로 하나님이 주신 욕구라고 단정한다는 것이다.

이것이 바로 감정을 '절제'하거나 억누르는 것이 오늘날 우리 문화에서 용서받지 못할 죄로 대접받는 이유다. 감정이 있다는 것은 욕구가 있다는 것을 말하고, 욕구를 부정한다는 것은 하나님이 주신 것을 부정하고 신성한 것을 부정한다는 뜻이라고 줄줄이 믿는 것이다.

당신은 우리 문화가 어떤 식으로 인간에 대한 두려움을 부추기는지 이해하는가?

'욕구'나 '권리'라는 개념은 어쩔 수 없이 인간에 대한 두려움에 이르게 되어 있다. 우리는 무엇이든 꼭 필요하다고(욕구) 생각하는 것을 두려워하게 되어 있기 때문이다. 가령 당신이 자신은 썩 괜찮은 사람이라고 느끼기 위해 남의 사랑이 꼭 '필요하다면'(애정 욕구) 당신은 그 사랑을 제공해 주는 사람에게 즉각 지배되고 말 것이다. 그리고 당신이 그 사람의 사랑이 없이는 다른 사람을 사랑해 줄 수 없는 영적인 불구자라고 믿게 될 것이다. 이렇게 영적으로 해로운 논리가 여기저기 할 것 없이 나쁜 열매를 맺는 형편이다 보니, 심지어는 심리학자들이 스스로 나서서 우리 문화의 근본적인 전제에 개혁이 필요하다고 말하는 것도 놀랄 일이 아니다.

그러나 심리학자들은 분명히 이 문화적 전제에 공헌한 바가 있다. 그들은 자존감이 낮은 이들이 다른 사람들에게 지나친 희망을 두고 두려워한다는 것을 정확하게 파악하긴 했다. 그런 반면 그들의 치료법은 사람들을 해방시키는 것이 아니었다. 그들이 어떤 약속을 하는지 주목해 보라.

그것은 수용해 주는 치료법, 무조건적인 사랑 그리고 끊임없는 지지와 같은 접근법이다. 한 마디로 그런 치료법은 "다른 사람들이 이때까지 당신에 대해서 했었던 말들은 모두 다 믿지 마세요. 그리고 당신 스스로가 자신을 부정적으로 평가하는 것도 믿지 마세요. 그 대신에 내가 하는 말만 믿어요"라고 말한다.

이러한 치료법은 인간에 대한 두려움을 소멸시키는 것이 아니라 오히려 부흥하게 한다. 상담받는 사람은 그저 비난조인 사람 대신에 수용해 주는 사람에게 희망을 두게 되므로 기분만 살짝 나아지는 것뿐이다.

3. 기독교 심리학의 영향

한편 교회는 세상에서 일어나는 일에 귀를 기울이고 있었다. 많은 목회자와 교회 지도자는 문화적 전제들이 비성경적인 것을 감지하고 그것을 들추어내려고 했다. 그러나 교계에서의 대중적인 반응은 세상의 이런 사상들을 약간만 변형시켜 자기 것으로 흡수하는 경향을 보였다.

예를 들어 기독교 출판계에서 베스트셀러 1위를 차지한 한 도서는 '욕구'라는 개념을 사람을 이해하는 데 있어 핵심적인 요소로 취급했다. 그 도서는 사람을 잔과 유사한 존재로 보았다. 그 잔은 속이 텅 비어서 수동적으로 채워지기만 기다리는 그릇이다. 저자는 다음과 같이 말했다.

> 모든 신생아는 하나님이 주신 대로 사랑받아야 하는 욕구를 가지고 태어난다. 그것은 요람에서 무덤까지 채워져야 하는 정당한 욕구인 것이다. 어린아이가 사랑을 받지 못하면, 다시 말해 그 근본적인 욕구가 채워지지 않으면, 그들은 평생 상처를 안고 살게 된다.*

즉 우리의 욕구의 잔이 남들의 사랑으로 가득 채워져 있으면 우리는 행복하며 잔이 텅 비어있거나 반 정도밖에 채워져

---

* Robert Hemfelt, Frank Minirth, and Paul Meier, *Love Is a Choice* (Nashville: Nelson, 1989), 34.

있지 않으면 우리는 필연적으로 기분이 나빠진다는 뜻이다.

여기서 인용된 저자의 말을 곰곰이 다시 생각해 보라. 이 말에는 수많은 다른 그리스도인 작가들이 적용하는 전제도 반영되어 있다. 그리고 이것이 바로 우리가 별생각 없이 붙들고 사는 신학이다. 언뜻 들으면 맞는 말 같다. 나 역시 예전에 내가 사랑받고 싶은 대로(내 '욕구'에 따라) 사랑받지 못하면 궁핍하고 허전한 느낌에 시달렸다고 이미 고백했다.

그러나 단지 내가 사랑받고 싶은 욕구를 느낀다고 해서 그것이 자동으로 '하나님이 주신 욕구'나 '정당한 욕구'나 '근본적인 욕구'가 되는 것은 아니다. 내가 '욕구'라고 일컫는 것이 사실은 낙심이나 슬픔일 수도 있고, 아니면 갈취하려는 태도나 정욕일 수도 있다는 것이다.

하나님이 주시는 욕구도 물론 있긴 하다. 그러나 그것들을 골라내기 위해서는 성경적인 탐구가 좀 더 필요하다(이는 제9장에서 다루기로 하겠다). 지금으로선 그저 욕구에 관한 토론은 보기보다 훨씬 더 복잡한 일이라고 말하는 데서 멈추도록 하자. 현재로는 성경보다 세속적인 심리학의 이론들이 욕구에 대한 토론의 틀을 형성하는 실정이라 해도 과언이 아니다.

만약 그것이 사실이라면 우리는 "예수님이 우리의 모든 필요(욕구)를 채워주신다"고 말하는 것을 조심해야 한다. 이런 말은 처음 접하면 성경적인 듯 들리는 것이 사실이다. 그리스도는 친구이시고, 하나님은 사랑이 넘치는 아버지이시며, 그리스도인들은 실제로 하나님의 사랑을 확신하며, 그 사랑을 앎으로 인생의 의미를 찾는 것이 모두 사실이다.

그러므로 그리스도께서는 우리가 가진 문제의 해답이 되신다. 그렇지만 우리가 욕구라는 단어를 애매모호하게 사용하면(그래서 그 의미가 이기적인 욕망까지도 포함하는 것이 되면) 당연히 예수님은 우리의 욕구를 채우시기보다는 그 욕구를 변화시키려고 한다고 말해야 하는 상황이 되는 것이다.*

4. 반발의 출현

이 심리적 욕구의 짧은 역사를 두고 한 가지 더 거론해야 할 것이 있다. 욕구이론은 사람을 해석하는 견해 중에 인기 있고 또 널리 알려진 것이다. 그러나 현재 세속 학계는 이 이론에 대해 심각하게 의문을 제기하고 있다. 욕구불만과 허전함에 집착하는 것이 개인적으로나 사회적으로나 '건강하지 못하다'는 점을 사람들이 깨달은 것이다.

예를 들어 대중언론인 몇몇은 이 욕구이론이 우리 문화에 난무하는 자아주의(selfism)와 고질적인 피해의식을 정당화하기 위한 방책이라고 비판했다. 그들은 욕구이론이 무슨 의미를 함축하고 있는지 아는 것이다. 만약 사람들이 정말 잔과도 같은 존재라면 우리는 세상에서 수동적으로 받기만 하는

---

* Welch, "Who Are We? Needs, Longings, and the Image of God in Man," *The Journal of Biblical Counseling*, 13 (1994): 25-38.

존재이지 능동적으로 해석하고 책임 있게 행동하는 인물들이 아니다.

이 이론 대로라면 우리는 무슨 일을 저질러도 책임이 없는 것이다. 왜냐하면 모든 병적인 행동이 다 과거의 결핍된 인간관계의 열매일 뿐이기 때문이다. 언론매체에서 어떤 이들은 이런 사고방식이 사법체계에 대혼란을 초래한다고 시사했다. 한 언론인은 이렇게 말했다.

"이대로 가다가는 얼마 지나지 않아 폭력 범죄에 대한 선고형량이 한 번 부둥켜안고 속 시원히 우는 것이 되고 말 것이다."*

또한 학계에서도 현대인을 텅 빈 잔으로 정의하는 데에 이의를 제기하고 있다. 「미국 심리학자」(*American Psychologist*)라는 학술간행지에 실린 한 기사에서 필립 커시먼(Philip Cushman)은 텅 빈 자아라는 개념은 심리적, 물질적으로 채워지기 원하는 문화의 위험한 소산이라고 주장했다.**

심리학자 커시먼에 따르면 이 개념의 범인은 바로 심리학자들과 광고산업이라고 했다. 이 두 분야는 모두 자신들의 제품을 팔기 위해 소비자들이 무엇인가 필요한 것 같은 느낌(욕구)이 들게 하려고 애를 쓴다는 것이다. 더 나아가서 심리적 욕구를 파는 영업 행위는 공허하고 빈약하며 우울한 세대를 양산해냈다고 주장했다.

---

* *The Economist*, February 26, 1994, 15.
** Philip Cushman, "Why the Self Is Empty," *American Psychologist* (May 1990), 599.

역사학자이자 철학자인 크리스토퍼 래쉬(Christopher Lasch) 역시 이와 동일한 염려를 하고 있다는 것을 다음과 같은 그의 말에서 알 수 있다.

> 현대 사회의 분위기는 종교적인 것이 아니라 치료적이다. 요즘 사람들은 옛 황금시대를 재건하기를 원하기는커녕 자신의 구원조차도 갈망하지 않는다. 사람들은 단지 개인적인 행복, 건강, 심리적 안정감 같은 것들을 느끼는 것 또는 그것들이 실제라고 잠시 착각이라도 하는 것을 갈망할 뿐이다.*

우리는 흥미진진한 시대에 산다. 기독교계 한편은 세상의 전제에 매료되어 있고, 그 전제는 교회 내의 인간에 대한 두려움의 문제를 더 악화시켰다.

그에 반해 세상은 오히려 그 전제를 공격하고 있다. 세상은 깨진 사랑의 잔의 종말을 보기 원하고, 세상이 만들어낸 욕구이론을 재고하려 한다. 그러나 세상에게 현재 만족스러운 대안은 없다.

다시 말해 지금은 우리가 명확하고 뜻깊은 성경적 가르침을 발전시켜야 할 때이다. 우리가 누구인지에 대해 그리고 어떻게 하면 우리에게 필요한 것같이 느껴지는 것들에게 지배당하지 않을 수 있는지에 대해서 성경을 통해 배워야 한다.

---

* Christopher Lasch, *The Culture of Narcissism* (New York: Norton, 1978), 7.

더 생각해 보기

이 장에서는 현대 문화의 일부 전제들이 등장하게 된 역사를 간단히 정리해 보았다. 그리고 이 전제들이 다음과 같은 면에서 현재 교회까지 물들여 버렸다고 제의했다. 자아가 공동체보다 더 중요하다고 여기는 점, 자아가 선하다고 여기는 점, 느낌과 욕구를 떠받드는 점, 예수님이 돌아가시고 부활하심 그리고 그에 따른 믿음과 순종의 생활 방식과는 전혀 상관없는 영성 등. 여유를 가지고 혹시 이 전제들이 당신의 삶에도 말없이 영향을 미치고 있지는 않은지 생각해 보라.

1. 당신은 어디에서 세상의 전제들을 찾을 수 있는가(문학, 예술, 영화, 대화 등)? 동네 책방에서 자기계발 파트와 심리학 파트도 둘러보라.

2. 이런 전제들을 당신의 어떤 점에서 찾을 수 있는가? 전제들이 당신의 공식적인 신학적 신념과는 다를 수 있지만 당신의 생활 방식에서 쉽게 드러날 수 있음을 기억하라.

3. 교회에 속한 선교사들에게 그들의 눈에 비친 외국 교회뿐만 아니라 당신의 교회의 모습이 어떤지 물어보라.

제2부

인간에 대한 두려움 극복하기

제2부에서는 인간에 대한 두려움을 극복하기 위한 아래의 단계들을 밟아 나갈 수 있도록 몇 가지 성경적 개념을 살펴볼 것이다

STEP 4: 주님을 경외함을 배우고 성장하라. 하나님을 경외하는 자는 다른 어떤 것도 두려워하지 않는다.

STEP 5: 당신은 무엇에 대해 과한 욕구를 가지는 편인지 점검해 보라. 우리가 인간을 두려워하면 인간이 커 보이고 우리 자신의 욕구는 더 커지기 마련이며 하나님은 작아진다.

STEP 6: 하나님이 당신의 수치심을 덮어주시고 위험으로부터 보호하시고 환영하시며 받아주신 것을 기뻐하라. 그분은 당신을 사랑으로 채워주셨다.

STEP 7: 다른 사람들을 덜 필요로 하고 더 사랑하라. 예수님께 순종하는 마음으로, 예수님이 당신을 사랑하시는 것에 대한 응답으로 남들을 먼저 사랑하라.

제5장

주를 경외함을 이해하라

네 시대에 평안함이 있으며 구원과 지혜와 지식이 풍성할 것이니 여호와를 경외함이 네 보배니라(사 33:6).

종류에 관계없이 모든 인간에 대한 두려움이 가진 공통점은 바로 사람을 위대한 존재로 인식한다는 점이다. 사람들이 우리 삶에서 우상화되고 어마어마하게 위대해지며 우리를 조종하게 된다는 것이다. 우리의 마음은 하나님과 사람들을 동시에 경배할 수 없기 때문에 언제든지 사람들이 우리 눈에 위대해지면 하나님은 별것 아닌 존재가 된다. 따라서 인간에 대한 두려움의 올가미를 탈출하기 위해 제일 먼저 해야 할 일은 하나님이 얼마나 위대하시고 영광스러우신 분인지를 인식함과 동시에 사람들은 그렇지 못함을 이해하는 것이다.

어느 주일이었다. 나는 교회 예배당에 앉아 있던 중, 불현듯 한가지 사실을 깨닫게 되었다. 때는 마침 가정의 달이었다. 2월 매 주일마다 여러 가족이 번갈아 가며 전교인 말씀 묵상을 인도하는 시간이 있었다. 모든 가정이 여러모로 유익하고 양심을 자극하는 내용들을 전달했다. 그러던 중 슈머(Schmurr)의 가정은 내게 청천벽력 같은 깨달음을 주었다. 슈머는 자기 집에서 가정예배 때 하나님에 대해 이야기하기를 시도해 보려고 한다고 말했다.

바로 그것이었다. 내가 깨닫게 된 것은 바로 그것이었다.

설명을 하자면 이렇다. 나는 상담사이기 때문에 나의 세계는 곧 '뭘 어떻게 할까'에 관심을 쏟는 것이 일이라고 할 수 있다. 우울한 사람이 나에게 이야기하는 이유는 그 사람이 어떻게 하면 우울증에서 벗어날 수 있는지 알고 싶기 때문이다. 나를 찾는 부부들은 결혼생활에 어떤 낭만도 느낄 수가 없을 때 어떻게 하면 다시 활력을 찾을 수 있을지를 알고 싶어 한다. 솔직히 말하면 나는 어떤 때는 상담하면서 하나님에 대해서보다도 '뭘 어떻게 할까'에 대해 더 많이 이야기하는 것 같다.

나의 두 아이가 어렸을 때의 일이었다. 성경학교에서 아이들은 참 유익한 자료들을 자주 가지고 오곤 했다. 그리고 나는 그 자료들을 주로 주일 오후에 읽곤 했다. 자료들은 한결같이 성경적 원리와 그것을 적용하는 방법들로 가득해서 유용했다. 한마디로 '뭘 어떻게 할까'로 넘치는 것들이었다.

예를 들어 거기에는 친구들에게 따돌림당하는 아이들이 어떻게 예수님의 도움으로 자신을 따돌린 고약한 아이들을 사랑할 수 있는지에 대한 유익한 이야기들이 있었다. 그리고 거짓말하는 것에 관한 정말 좋은 이야기도 기억난다. 하지만 그 자료들은 정작 하나님에 대해서는 좀처럼 얘기하지 않았다.

내가 하는 말을 오해 없이 듣기 바란다. 성경을 우리 삶의 구석구석에 적용하는 것은 정말 멋진 일이다. 그러나 내가 관찰한 것은 이런 원리들이 주님을 경외함에서 기원하는 것이 아닐 때가 많다는 사실이다. 그래서 결과적으로 우리의 목표는 거룩하신 하나님의 영광이 아닌 자기계발에 그치고 마는 것이다.

우리에게는 하나님을 경외하며 떨게 만드는 설교말씀이 더욱 필요하다.

> STEP 4: 주님을 경외함을 배우고 성장하라. 하나님을 경외하는 자는 다른 어떤 것도 두려워하지 않는다.

1. 주님을 경외한다는 것은 무슨 뜻인가?

주님을 경외한다는 말은 단순히 새하얗게 겁에 질리는 식의 공포를 의미하는 것이 아니다. 인간에 대한 두려움이 그렇듯이 주님을 경외하는 것 역시 파노라마로 펼쳐지는 온갖 태도를 모두 광범위하게 포함한다. 한편으로는 주님을 경외하는 것이 하나님에 대한 공포(위협으로 인한 두려움)를 의미하는 것도 사실이다. 우리는 부정한 사람들이다. 그런 우리가 도덕적으로 고결하신 하나님 앞에 서 있는 것이다.

그러므로 그분 앞에서 우리는 수치스러울 수밖에 없고 또 우리가 처벌받는 것은 지극히 당연한 일이다. 따라서 우리가 공포에 떠는 것은 자연스럽고 마땅한 반응이다. 그러나 그런 공포는 하나님 앞에서 주눅 들어 뒷걸음질치며 될 수 있는 한 하나님을 피하려는 상태이다.

그리스도인이든 아니든 간에 이런 공포에 해당 사항이 없다고 말할 수 있는 사람은 없다. 그리스도인은 하나님의 크신 사랑에 눈이 뜨인 사람들이기 때문에 이런 공포를 점점 덜 경험하게 된다. 그러나 그리스도인이 아닌 사람들에게는 이런 공포가 자나 깨나 존재한다.

사람들이 이에 대해 공공연히 이야기하는 것을 볼 수 없는 이유는 이 공포가 주로 하나님과 관련된 정체성은 무시된 채로 단지 막연한 불안과 낮은 자존감 따위의 현대적 증상으로만 표출되기 때문이다. 하지만 이 두려움은 그런 식으로 영원히 위장되어 있을 수 없다. 이 세상의 모든 사람이 하나같이 하나님 앞에 경외함으로 무릎 꿇을 그날은 꼭 온다.

표 1. 주님을 경외함: 지속적 과정

경외의 연속체	공포 ➡ 무서움 ➡ 떨림 ➡ 경이 ➡ 경외 ➡ 경건 ➡ 헌신 ➡ 신뢰 ➡ 경배
하나님으로부터 숨음 ·········	하나님을 찾고, 그분께 다가가고, 순종함
하나님의 거룩한 정의를 앎 ······	하나님의 거룩한 정의와 거룩한 사랑을 앎

그러나 공포는 주님을 두려워하는 하나의 극단적인 모습일 뿐이다. 그 스펙트럼의 반대쪽 끝에서 볼 수 있는 두려움은 예수님을 신뢰하는 자들만이 가질 수 있는 종류의 두려움이다. 곧 하나님께 경건하게 복종함으로 순종에 이르는 길을 말하며 하나님을 '경배하는 것', '의지하는 것', '신뢰하는 것', 하나님께 '소망을 두는 것'이라고도 할 수 있다. 이런 두려움이 공포와 흡사한 점은 이 두려움 역시 우리의 죄악과 하나님의 정결하심, 하나님의 정의와 죄를 향한 분노하심을 다 철저히 이해한다는 사실이다.

그러나 이 두려움은 경외다. 그리고 하나님의 크나큰 용서하심과 긍휼하심과 사랑 또한 이해한다는 점이 다르다. 하나님의 영원하신 계획에 따라 예수님은 십자가에서 돌아가시기까지 자신을 낮추시어 그분의 원수들을 종살이와 사망에서 구원하셨다. 이 경외하는 두려움은 하나님과 우리 중에 "사랑해"라고 먼저 말하는 쪽은 언제나 하나님이신 것을 안다.

이 사실을 알게 되면 사람은 하나님으로부터 도망가는 것이 아니라 그분께 더 가까이 다가가고 싶어진다. 우리로 하여금 하나님의 주권에 기꺼이 복종하게 하고 순종하기를 즐거워하도록 변화시키는 것이다. 이렇게 강건하고 풍요로운 경외는 하나님의 은혜에 대해 우리가 할 수 있는 응답의 절정이라고 할 수 있다.

이 두 가지 두려움의 차이점을 알면 왜 도대체 성경은 "사랑 안에 두려움이 없고"(요일 4:18)라고 하면서 동시에 우리가 주님을 두려워 할 것을 요구하는지를 깨닫게 된다. 성경은 하나님의 백성이 더 이상 공포와 처벌을 걱정하는 두려움에 쫓기지 않는다고 가르친다. 대신 하나님을 사랑하고 그분께 마땅한 영광을 돌리고자 하는 경건한 숭배의 자세인 경외의 복을 받는다.

왜 성경은 두려움이라는 하나의 단어로 이 두 가지의 다른 자세를 묘사할까?

성경 말씀의 배경을 살펴보면 언제나 본문이 말하는 두려움이 어떤 종류인지 명확히 가르쳐준다. 그러나 우리는 이 두 가지의 서로 다른 두려움에 중요한 공통분모가 있다는 것을 주시해야 한다. 이 두려움은 둘 다 거룩하신 이스라엘의 하나님이 온 세상을 다스리시는 분이라는 사실에 대한 응답이다. 이것이 바로 성경의 내용이고 주님을 경외하는 것의 본질인 것이다.

이 사실이 얼마나 어마어마한 파장을 미치는지 알려면 성경이 말하는 '거룩함'의 의미를 먼저 알아야 한다. 거룩함이란 '분리된', '구별된', '별개의', '오염되지 않은' 등의 뜻을 갖고 있다. 하나님께 '거룩하다'는 말을 사용하면 그분이 우리와는 다르신 분이라는 의미다.

하나님의 성품이 포함하는 그 어떤 속성도 감히 피조물의 특징과 비교해서 설명할 수 없다. 하나님의 사랑과 정의는 우리가 상상할 수 있는 수준을 능가하는 것이다. 그분의 사랑과 정의는 거룩하다. 하나님의 권세는 다른 누구의 것과도 비교할 수 없는 전능한 것이다. 그의 도덕적 성품 역시 비할 데가 없는 것이다. 오직 하나님만이 의로우시다.

거룩하심은 하나님의 수많은 속성 중 하나가 아니라 그분의 필수적인 본질이며 그분의 모든 속성에서 완연히 찾아 볼 수 있는 특징이다. 따라서 그분의 지혜는 거룩하신 지혜다. 그분의 아름다움은 거룩하신 아름다움이다. 그분의 위엄은 거룩하신 위엄이다. 그분의 거룩하심은 "그 모든 완벽하신 속성에 영광과 빛남과 조화를 더한다."*

> 거룩하신 이가 이르시되 그런즉 너희가 나를 누구에게 비교하여 나를 그와 동등하게 하겠느냐 하시니라(사 40:25).

> 하나님이여 주의 도는 극히 거룩하시오니 하나님과 같이 위대하신 신이 누구오니까(시 77:13).

> 이는 내가 하나님이요 사람이 아님이라 네 가운데 있는 거룩한 이니(호 11:9).

어떤 이들은 이러한 하나님의 구별되심 혹은 거룩하심을 초월이라고 일컫는다. 하나님은 그분의 백성을 초월하시는 존귀하고 높으신 분이다. 하나님은 높고 거룩한 곳에 있으신 분이다(사 57:15). 그분의 판단과 자비하심은 우리를 초월하

---

* John M'Clintock and James Strong, "Holiness," *Cyclopedia of Biblical, Theological and Ecclesiastical Literature* (New York: Harper, 1872), 4:298.

며 궁극적으로 우리가 이해할 수 없는 것이다. 그렇기 때문에 이 세상의 왕이나 여왕을 기준으로 삼아 하나님을 이해하려는 시도는 부질없는 일이다.

거룩하신 하나님이 다스리신다는 사실은 이 세상의 왕을 예로 삼을 수 없게 만든다. 거룩하신 하나님은 유일무이한 분이시고 가장 위대하시며 세상의 왕들과는 비교도 되지 않는 분이시다. 거룩하신 하나님은 그분 자체이시고 아무리 휘황찬란한 세상의 왕들도 고작 하나님의 흐릿한 그림자에 지나지 않는다.

우리를 초월하시는 하나님이 친히 우리에게 다가오셨다는 사실은 그분의 거룩하심을 더 경이롭게 만든다. 가령 하나님이 영광스러우시며 우리를 초월하는 존재이시고 피조물과는 전혀 다르시다는 것을 우리가 안다고 하자. 그렇다면 우리는 그런 하나님을 인간 세상에서 벌어지는 일들과는 동떨어진 분으로 생각하기가 쉽고 그래서 실제적으로는 마치 우리가 하나님인 양 일상생활을 할 것이다. 그러나 우리 하나님은 또한 우리 안에 내재하시는 분으로 자신을 드러내셨다. 그리고 하나님은 우리의 형상까지 직접 입고 오신 분이다.

하나님은 "나는 너희 중에 행하여 너희의 하나님이 되고 너희는 내 백성이 될 것이니라"고 말씀하셨다(레 26:12). 그분은 우리 가까이 계신다. 그분은 우리를 결코 버리지도 떠나지도 않으신다(히 13:5). 그분은 우리와 너무도 가까우신 나머지 우리를 '친구'라고 부르셨다(요 15:14).

그분이 그렇게도 가까우신 것은 또한 성경이 우리 안에

계시는 예수님에 대해 이야기하는 것을 통해 알 수 있다(골 1:27). 그분의 거룩하신 본성을 기억한다면 우리에게 하나님이 가까우시다는 사실은 이해하는 것조차 불가능해 보인다. 그러나 주님의 은혜로 우리는 그분의 거룩하심을 점점 더 알아 갈 수 있다. 그리고 그 앎은 우리 삶에서 사람 우상들을 몰아내고 우리가 자신에 대해 덜 집착하도록 할 것이다.

2. 무엇이 주님을 경외하는 것을 방해하는가?

우리가 아무런 문제 없이 하나님을 마땅히 알고 경외할 수 있는 것은 아니다. 세상, 우리 자신의 욕구, 사탄은 우리를 대적하는 세 가지 세력이다. 이 세력들은 우리가 사람들을 (혹은 사람들로 부터 얻을 수 있는 것들을) 하나님보다 더 떠받들도록 공모한다.

주님을 경외하는 것을 반대하는 세력은 사실 우리의 마음(욕구)이고 세상과 사탄은 우리의 마음에 영향을 끼치는 것들이다. 우리의 마음은 온통 주님을 경외하지 않으려고 기피하는 작전들 투성이다. 그런 작전의 한 예는, 우리가 하나님께 순종하는 것이 마치 겉치레인 것처럼 뒤틀리게 바라보는 태도이다. 사실 순종이라는 것은 주님을 경외하는 마음의 구체적인 표현이다.

우리는 쉽게 볼 수 있는 행동에 집중하고 마음의 자세는 간과한다. 죄인인 우리는 그렇게 하면 마치 우리가 잘하고 있는 것만 같은 느낌에 빠지기 일쑤다. 우리는 오늘 아무도 죽이지 않았고, 아무하고도 간통하지 않았고, 가게에서 물건을 훔치지도 않았으니 만사가 다 괜찮고 참 좋은 하루를 보냈다고 생각하는 것이다. 거기다 한 술 더 떠서 스스로가 참 좋은 사람이라고 뿌듯해 한다. 물론 어쩌다 좋지 못한 행동을 할 때도 있긴 하다.

가끔 목소리를 높이거나 핏대를 세운다든지 음란물을 슬쩍 사서 본다든지 할 때도 있다(이런 일이 있을 때는 하나님께 용서를 구해야 하는 것이 옳다). 하지만 우리의 삶을 전반적으로 보았을 때 우리는 꽤 괜찮은 사람이라고 착각하기 일쑤다. 그리고 이렇게 생각하기 시작할 때 하나님은 아무 쓸모없는 존재처럼 여겨진다.

물론 이런 식의 사고방식을 누군가 훌륭한 신학으로 광고하는 것은 아니다.

하지만 이것이 대다수 그리스도인들의 실천신학이 아닌가?

엄연한 사실로 물론 나도 그럴 때가 있다. 나는 내가 이따금 좋지 않은 행동을 하긴 해도 전반적으로는 괜찮은 사람이라고 생각할 때가 있다. 하지만 이는 내 마음속의 죄가 얼마나 한없이 깊은지를 무시할 뿐 아니라 결정적으로 내 일거수일투족이 하나님의 은혜에 맡겨진 의존적 존재라는 것을 망각하는 것이다. 의존은커녕 흠은 좀 있어도 괜찮은 하나님의 모조품쯤으로 자신을 승격시키는 꼴이다. 그리고 이런 모습으로 주님을 경외하기란 불가능해 진다.

죄를 알아차리기 더 어려워지도록 만드는 이유는, 바로 죄는 보통 좋은 것들에 덤으로 딸려서 슬그머니 감춰져 있기가 십상이기 때문이다. 예를 들자면 일이라는 것 자체는 좋은 것이다. 그러나 죄는 일이라는 좋은 것을 가지고 그것이 우리를 사로잡고 다스리도록 만들어버릴 수도 있다. 그래서 우리는 일에 미친 사람들이 되어 버리는 것이다. 말로는 아이들을 위해 일을 한다고 하지만 사실 알고 보면 우리 자신을 위해 하는 것이다.

재정적으로 계획을 세우는 것은 또 어떤가?

미래를 위해 저금하면서 준비하는 것은 지혜로운 일이 아닌가?

하지만 저금하려는 욕심이 자라면서 남을 관대하게 배려하는 마음은 잃어버릴 수 있다. 대부분의 죄는 하나님을 안중에 두지 않은 채 좋은 것을 과대평가하는 것이다. 이미 우상숭배를 한지 오래면서도 자신의 그런 행동을 정당화하는 성경 구절을 찾아 끼워맞추는 형편이다.

세상은 우리의 이런 성향을 합리화한다. 세상은 우리 죄와 결점에 상관없이 어쨌거나 우리는 그저 인간일 뿐이라고, 모두 다 그렇고 그런 거라고 안심시킨다. 다른 사람들도 다 마찬가지니까 괜찮다고, 옳고 그른 것은 여론이 결정하는 일이라고 말한다. "정말로 하나님이 옳고 그름에 신경을 쓰는지 알게 뭔가?"라고 하면서 말이다.

세상에 하나님이 실제로 있긴 있을지라도 그분은 머나먼 곳에 덩그러니 존재하는 분이라고 말한다. 하나님이 세상을 창조함으로써 이 모든 것을 시작한 장본인이긴 하지만 지금은 뒷짐이나 지고 일어나는 일들을 관람하고 있다고 말한다. 세상은 우리가 사는 우주가 설사 하나님이 있다 하더라도 "하늘은 스스로 돕는 자를 돕는다"고 가르치는 자연신교나 통하는 그런 세상이라고 가르친다.

사탄은 참 하나님을 드높일 수 있는 것이라면 무엇이든 다 대적한다. 우리가 어떤 것을 두려워한다고 치자. 그것은 우상, 사람, 아니면 다른 어떤 피조물일 수도 있다. 우리가 그런 대상을 두려워할 때 우리가 만들어낸 어둠 속에서 쾌감을 만끽하고 있는 존재는 바로 사탄이다. 사탄은 거짓말과 다른 속임수를 동원해서 우리 눈에 죄를 최대한 축소시키고, 하나님은 우리와 상관없고 그분의 말씀은 믿을 수가 없다고 속삭인다. 사탄은 하나님이 사실 우리에게 좋은 것은 감추고 주기 싫어하시는 분이라고 말한다.

이런 대적하는 세력들이 있기 때문에 우리가 주님을 경외하는 데까지 성장하는 것은 쉬울 수가 없다. 반대로 성장의 길은, 곧 투쟁의 길이다. 우리는 악을 증오해야 한다. 세상적 전제들을 증오해야 한다. 우리의 죄성을 증오해야 한다. 사탄을 증오해야 한다. 이렇게 하기 위해서는 우리가 가진 최고로 강력한 자원, 즉 하나님의 말씀, 성령, 믿음의 공동체를 동원해야 한다.

3. 주님을 경외하는 법을 배우기

이 대적하는 세력들로 인해 우리는 낙담해서는 안 된다. 왜냐하면 주님을 경외하는 법을 배워갈 수 있기 때문이다.

> 여호와께서 내게 이르시기를 나에게 백성을 모으라 내가 그들에게 내 말을 들려주어 그들이 세상에 사는 날 동안 나를 경외함을 배우게 하며 그 자녀에게 가르치게 하리라 하시매 (신 4:10).

다윗 왕 역시 이스라엘 백성이 주님을 경외하는 것을 배우도록 권고했다.

> 너희 성도들아 여호와를 경외하라 그를 경외하는 자에게는 부족함이 없도다…너희 자녀들아 와서 내 말을 들으라 내가 여호와를 경외하는 법을 너희에게 가르치리로다(시 34:9, 11).

어떻게 주님을 경외하는 법을 배울 수 있을까?
하나님의 말씀을 읽고 묵상하며, 하나님이 가르쳐 주시기를 간구할 때 배우게 된다.

> 그가 왕위에 오르거든 이 율법서의 등사본을 레위 사람 제사장 앞에서 책에 기록하여 평생에 자기 옆에 두고 읽어 그의 하나님 여호와 경외하기를 배우며 이 율법의 모든 말과

이 규례를 지켜 행할 것이라(신 17:18-9).

이 말씀을 알지 못하는 그들의 자녀에게 듣고 네 하나님 여호와 경외하기를 배우게 할지니라(신 31:13).

성경을 꾸준히 읽는 것은 쉬운 일이 아니다. 우리는 이미 바쁠 대로 바쁜 사람들이고, 대적하는 세력들은 이를 영적 전투로 만들어 갈 것이다. 하지만 주님을 경외하는 일이 성경이 말하는 것처럼 정말 중요하다면 하나님은 우리가 헤쳐 나가며 말씀을 붙들 힘을 주실 것이 확실하다.

하나님이 주신 자원들을 어떻게 사용할 수 있을지 생각해 보라. 배우자, 자녀들, 목사님, 장로님께 기도를 요청하라. 형제나 자매와 만나라. 어떻게 그들이 하나님의 위대하심을 경험했는지 물어보라. 세상이 어떤 면에서 하나님을 시원찮은 분으로 탈바꿈시키는지 찾아내라. 하나님께 당신이 "자유롭게 하는 온전한 율법을 들여다보고 있는 자"(약 1:25)처럼 지혜롭게 성경을 읽을 수 있도록 간구하라.

이제 주님을 경외하는 법에 대해 가르치는 몇 가지 성경 말씀에 주목해 보자. 알고 보면 성경은 그 전체가 다 이스라엘의 거룩하신 주님이 모든 것을 다스리신다고 가르친다. 그러므로 꼭 꼬집어서 말하지 않더라도 성경은 전부 다 주님을 경외하는 것을 주제로 하는 교과서나 마찬가지다. 그러나 주님을 경외하는 것을 다루는 본문 중에 특별히 중요한 데도 불구하고 우리가 곧잘 간과하는 것들이 있다. 이제 그 본문들을 차근히 살펴보도록 하자.

하나님의 거룩하신 사랑과 정의, 인자하심과 준엄하심을 동시에 보여주는 하나님의 놀라운 기적들을 눈여겨보아라(롬 11:22). 시편 기자는 주님을 경외하는 이들은 "그의 인자하심이 영원하다"(시 118:4)라고 찬양한다고 상기시켜 준다. 그런 한편 주님을 경외하는 이들은 "주께서 한 번 노하실 때에 누가 주의 목전에 서리이까"라고 묻기도 한다(시 76:7).

성경은 하나님의 상상조차 할 수 없는 사랑과 거룩한 진노를 함께 이야기한다. 하나님은 자비로우시고 은혜가 풍성하시며 노하기를 더디하시고 사랑이 흘러넘치시는 분이다. 그러나 하나님은 유죄를 묵과하시는 분이 아니고 "아버지의 악행을 자손 삼사 대까지 보응하리라"고 말씀하신다(출 34:6, 7).

그러므로 우리가 "내 하나님은 진노하는 심판의 하나님이 아니시고 다만 사랑의 하나님이시다"라고 말하는 것은 옳지 않다. 그런 식의 사고는 사실 주님을 경외하는 데까지 자라는 것을 불가능하게 한다. 또한 우리의 죄악이 하나님을 그저 슬퍼하시게 만들 뿐 노하시게 만드는 것은 아니라고 착각한다.

공의와 사랑 두 가지 다 하나님의 거룩함이 나타나는 모습이기 때문에, 우리는 두 가지를 다 알아야 주님을 경외하는 것을 배울 수 있다. 만약 오로지 하나님의 사랑만을 바라본다고 하자. 그러면 우리에게 하나님은 궁극적으로 필요가 없는 존재가 되고 예수님의 십자가도 별로 다급하지 않게 된다. 또 하나님의 공의에만 비좁게 초점을 맞추면, 우리는 그분을 회피하고 싶어질 것이다. 그리고 항상 자책감에 시달리고 벌 받을 날만 조마조마하게 기다리며 공포에 질려 살 것이다.

1) 창조주 하나님을 경외하는 법을 배우기

성경이 하나님이 그분을 경외하는 법을 가르치시는 학교라고 생각해 보자. 수업은 단도직입적으로 시작한다. 성경을 펼치자마자 그 책은 "거룩하신 주님이 다스리신다"고 가르친다.

> 온 땅은 여호와를 두려워하며
> 세상의 모든 거민들은 그를 경외할지어다
> 그가 말씀하시매 이루어졌으며
> 명령하시매 견고히 섰도다(시 33:8-9).

하나님이 창조하신 세계는 하나님의 종이다. 하나님은 말 한마디로 이 모든 것이 그분의 뜻대로 이루어지게 만드셨다. 우리를 둘러싼 이 모든 세계는 하나님조차도 보시기에 좋다고 하신 훌륭한 작품이다. 하나님이 좋다고 하셨으면 정말 대단한 명작임에 분명하다. 비록 지금은 손상된 상태일지라도 말이다.

좀 더 구체적으로 미국 서부의 그랜드캐니언을 예로 들어보자. 전통적으로 웅장한 명소로 알려진 곳이며 참으로 감탄할 만한 사막의 한 부분이다. 그랜드캐니언은 실로 하나님의 웅대하심을 생각나게 하지 않을 수 없다. 그러나 그런 생각이 드는 한편 조심해야 할 점도 있다. 왜냐면 하나님은 거룩한 분이시기 때문이다. 그분은 우리의 눈으로 볼 수 있고 생각이 미칠 수 있는 모든 것들을 초월하는 분이시다. 그랜드캐니언은 이해할 수 없을 만큼 장엄하신 그분을 가리키는 하나의 창조물일 뿐이다(시 93:3-4).

사실 나는 개인적으로 그랜드캐니언보다 바다가 더 그렇다고 생각한다. 예전에 5년 동안 여름마다 수상인명구조원으로 해변에서 일한 적이 있었는데, 대양의 망망함에 싫증이 났던 적은 단 한 번도 없었다. 바다를 통해 하나님의 신선하신 은혜가 되새겨지면서 가슴이 후련해지곤 했었다. 또한 바다를 보며 하나님의 위대하신 능력을 혹독하게 다시 깨닫기도 했다. 하나님이 만드신 바다는 그분이 누구보다도 더 크신 분이심을 상기시켰다.

주위를 둘러보고 하나님의 창조물이 어떻게 그분의 영광을 반영하고 있는지 주의해서 보라. 푸른 하늘은 하나님의 존귀한 의복을 반영한다. 구름들은 하나님의 임재하심을 기억하게 한다(출 19:9). 또한 하나님은 창조물을 돌보시는 가운데 구름으로 수레를 삼으신다(시 104:3).

하나님은 바람을 자기 사신으로 삼으신다(시 104:4). 하나님은 바람을 그분의 곳간에서 내오신다(시 135:7). 해는 그분의 신방에서 나오는 신랑과 같고 예수님이 교회를 위해 다시 돌아오신다는 것을 상기시켜 준다(시 19:5). 하늘은 진정으로 주의 기이한 일을 찬양한다(시 89:5). 또 하늘은 하나님의 영광을 선포한다(시 19:1).

들에서 풀을 뜯고 물을 마시는 모든 동물은 다 여호와 하나님이 때를 따라 돌보아 주시는 것들이다(시 104편). 곡식을 자라게 하는 사람은 농부가 아니다. 땅에서 곡식이 나는 것은 우리를 향한 하나님의 선물이다. 비는 하나님이 우리를 돌보시는 마음을 보여주고, 번개는 그분의 능력을 보여준다. 하나님은 모든 창조된 세계의 주인이시다.

> 땅의 깊은 곳이 그의 손 안에 있으며 산들의 높은 곳도 그의 것이로다(시 95:4).

우리는 하나님이 소유하신 땅위를 걷고 있다. 엘리자베스 브라우닝(Elizabeth B. Browning)의 표현을 보자.

> 지구는 하늘나라로 가득 차있고
> 떨기나무 하나하나가 모두 다 하나님으로 불붙어 있지만
> 오직 이것이 눈에 보이는 자들만이 신을 벗으며
> 나머지는 떨기나무에 둘러 앉아 검은 딸기나 따고 있다.*

시편 기자는 엘리자베스 바렛 브라우닝보다 먼저 신을 벗었다. 창조세계의 장엄함은 시편 기자를 겸비하게 했으며 예

---

* Elizabeth Barrett Browning, "Aurora Leigh" Book VII.

배로 이끌었다.

> 주의 손가락으로 만드신 주의 하늘과
> 주께서 베풀어 두신 달과 별들을 내가 보오니
> 사람이 무엇이기에 주께서 그를 생각하시며
> 인자가 무엇이기에 주께서 그를 돌보시나이까(시 8:3-4).

우리를 둘러싼 창조세계의 아름다움을 생각해 보라. 다양한 모습으로 우리의 아름다움을 뛰어넘는 그 탁월함을 생각해 보라. 그럼에도 불구하고 하나님은 사람을 만물의 위에 서도록 정하셨다.

나는 시편 기자가 그랬듯 이 사실 앞에서 두 가지의 반응을 보이게 된다. 둘 다 내 자존감을 높여줄 만한 반응은 아니다.

첫째, 일단 나는 놀라움을 금할 수 없다. 그리고 질문이 끊임없이 샘솟는다.

"하나님은 왜 저희를, 도대체 왜 그렇게도 다정히 보살피시나요? 이렇게도 한없이 아름다운 만물을 두고 왜 굳이 사람을 당신의 형상을 특별히 입은 자들로 창조하셨나요?"

두말할 필요 없이 나는 감사하다. 하나님이 우리로 하여금 그분의 창조물을 다스리게 하신 것은 믿을 수 없이 놀라운 일이다.

둘째, 나는 겸허한 마음을 갖게 된다. 그랜드캐니언과 바다는 모두 나보다 한참 더 아름답기 때문이다. 나의 자존감을 세워 주는 것이 아니라 송두리째 앗아가는 것이다. 나는 삶을 아름답게 살아가는 존재가 아니다. 나는 하나님의 영광보다는 내 자신의 영광을 위해 너무도 자주 염려한다. 그러나 이렇게 겸손해지는 것이 바로 내게 필요한 일이다. 결국은 일시적으로 자존심을 세워 주는 그 어떤 것보다도 이런 겸허함이 훨씬 상쾌하다.

2) 야곱과 모세의 주님 경외하기

주님을 경외하는 눈으로 창세기를 읽으면 일어났던 사건 하나하나가 모두 다 극적이라는 것을 볼 수 있다. 노아의 홍수는 하나님의 공의가 얼마나 경외로운지를 보여준다. 노아는 하나님이 얼마나 우리를 사랑하시는지를 보여주는 경이로운 증거다. 바벨탑은 하나님의 위대하신 능력과 공의를 보여준다.

하나님은 사람들이 자신들에게 스스로 영광을 돌리도록 허용하지 않으시는 분이다. 그러나 바벨탑은 또한 한 지도자의 죄로 인해 모두가 고통당하게 되는 결과가 생기지 않도록 막아주신 하나님의 크신 사랑의 증거이기도 하다. 바벨탑 덕분에 사람들은 세상 곳곳에 흩어지게 되었고 부족끼리 모여 살게 되었기 때문에 한 개인이 나머지 다수의 사람들을 억압하고 착취할 가능성이 줄어든 것이다.

하나님이 아브라함을 부르신 것은 포기할 줄 모르는 사랑을 보여주는 두려운(아름답고도 경이로운) 그림과도 같다. 세상을 초월하시는 하나님이 한 사람에게 다가오셔서 그 사람이 많은 나라, 곧 하나님 백성의 아버지가 되도록 부르신 것이다. 이 각각의 이야기는 모두 하나님의 공의와 사랑에 대한 우리의 제한된 이해를 넓혀 주고 우리가 하나님을 경외하도록 이끌어 준다. 그러나 하나님을 '경외'라는 이름으로 표현하는 이야기는 야곱의 이야기밖에 없다(창 31:53).

야곱은 그의 형 에서로부터 도주하는 중에 하나님을, 즉 그가 이삭이 경외하던 이라고 일컫던 분을 처음 만나게 된다. 형의 장자권을 속임수로 빼앗아 도망가는 중이었기 때문에 야곱은 사람을 두려워 할 만한 이유가 있었다. 에서는 야곱보다 몸집도 크고, 힘도 세고, 아마 성격도 더 나빴을 법한 사람이다. 그런 상황에서 야곱에게 사람은 크게 보이고 하나님은 작아 보였을 것이 불을 보듯 뻔한 일이다.

그럼에도 불구하고 야곱의 꿈(창 28:10-22)은 그런 상황을 역전시켜 버렸다. '거룩'이라는 말은 성경 전체에 걸쳐 나오지만 하나님의 처소를 묘사하는 데 가장 많이 사용된다. 야곱은 바로 그 하나님의 처소를 경험하게 된 것이다.

그는 꿈에서 하늘의 장막이 걷히며 주님이 말씀하시는 것을 들었다. 그분의 말씀은 다정한 위로가 되면서도 여전히 거룩하였다. 야곱은 그래서 두려웠다. 그가 꿈에서 깼을 때는 자신이 살아있다는 사실에 감사했다. 야곱은 "두렵도다 이곳이여"라고 감탄하며 "여호와께서 나의 하나님이 되실 것이오"(창 28:21)라고 맹세했다. 그리고 그곳을 하나님의 집이라는 의미로 벧엘이라 이름 지었다.

야곱이 하나님을 "이삭이 경외하던 이"라고 불렀을 때 그는 아마도 이 사건을 마음에 두고 있었을 것이다. 그러나 야곱이 하나님을 만난 것은 이때만이 아니었다. 이 다음에 야곱이 하나님을 만났을 때도 에서의 위협은 여전했다. 달라진 점이 있다면 그때는 야곱이 에서로부터 도망가는 길이 아니라 에서를 만나러 가는 길이었다는 것이다.

당시 야곱에게 주어진 질문은 확실했다. 그것은 "과연 누구를 두려워 할 것인가?"였다. "에서를, 아니면 참 하나님을?"이었다. 하나님은 야곱이 결정하기가 수월하도록 벧엘에서의 꿈보다도 더 친밀한 방문으로 그를 축복해 주셨다. 하나님은 야곱에게 사람의 모습으로 나타나시어 그와 씨름하시고 그를 축복해 주셨다.

상상이나 되는가? 하나님이 꿈으로 나타나시는 것은 그렇다고 쳐도, 실제로 사람들과 직접 얼굴을 마주하셔서 관여하시는 것은 완전히 다른 차원의 이야기다. 하지만 그것이 바로 하나님이 기뻐하시며 우리에게 다가오시는 방법인 것이다.

그분은 가까우신 하나님이다. 그분은 우리와 함께 하시는 하나님이다. 야곱에게는 하나님의 이런 성품이 감당하기 힘든 것이었다. 그래서 하나님은 그분의 존귀함을 드러내지 않으셨다. 그러나 지금 우리에게는 그 비밀이 밝혀져 있다. 우리는 야곱과 씨름하셨던 분을 가장 경배와 경외를 불러일으키는 이름, 곧 "모두 무릎을 꿇을 예수라는 이름"(빌 2:10)으로 알고 있다.

이제 어떻게 주님을 경외하는 것이 다른 것들을 몰아내는 능력이 있는지 조금씩 이해가 되는가?

하나님을 점점 더 알아감에 따라 인간에 대한 두려움은 뿌리 뽑히게 된다. 또 우리가 비밀리에 죄짓는 것을 아무렇지도 않게 여기는 태도 또한 자연스럽게 추방된다.

하나님을 우리가 알아갈 수 있다는 것은 좋은 소식이다. 하나님은 그분에 대한 지식으로 우리를 축복해 주시길 기뻐하신다. 그러므로 당신은 무슨 이스라엘 지파의 우두머리가 아니어도 괜찮다. 당신은 그저 기도하며, 이 귀중한 선물을 구하는 사람이면 된다(엡 1:17).

당신은 또한 주님을 경외하는 법을 먼저 배운 다른 이들에게서도 배울 수 있다.

야곱과 마찬가지로 모세 역시 주님 경외하기에 대해 타고난 인물은 아니었지만 결국 배우게 되었다. 모세가 처음으로 벧엘 같은 체험을 한 것도 역시 그가 도주하는 중이었다. 하나님이 모세에게 불꽃 가운데 나타나셨을 때, 그는 바로의 눈을 피해 광야에서 숨어 지내는 중이었다. 다시 말해 하나님은 모세가 선 곳으로 가까이 다가오셔서 그곳이 하나님이 계신 처소이므로 거룩한 땅이라고 이르셨다. 하나님은 모세가 신을 벗도록 명하셨고 모세는 두려움에 그의 얼굴을 가렸다.

야곱과 모세는 둘 다 하나님께 축복과 약속을 받았다. 하나님의 사랑을 아는 것은 주님을 경외하는 데 필수적인 요소다. 그러나 야곱과 모세는 둘 다 지존하신 하나님이 그들 가까이에 계신다는 사실에 두려워했다.

야곱과 모세를 공포에서 경배에 이르는 경외의 연속선상에 놓고 보면 그들의 반응은 한쪽 끝에서 반대편 다른 쪽까지 모두 아우르는 것이었다. 그들이 주님을 경외했던 것은 경배로 뿐만 아니라 공포로도 볼 수 있다. 야곱과 모세가 바로 이런 현상의 좋은 예라고 할 수 있다.

그리스도인의 일생을 보면 주님을 경외하는 데로 나아가는 여정은 심판에 대한 무서움으로부터 출발하여 사랑으로 인한 경배로 변화되어 간다. 그러나 이런 성경의 예를 보면 두려움에 떠는 것 역시 그리스도인에게 적합한 반응이라는 것을 짐작할 수 있다.

우리가 하나님 앞에서 불편할 때가 있는 것이 우리에게 좋다는 이야기다. 그것은 처벌을 두려워하는 것은 아니라도 하나님이 기뻐하시지 않으시는 일을 저지를까봐 조심하는 두려움일 수 있다. 아니면 그냥 하나님의 영광을 볼 때 금할 수 없는 두려움, 곧 경외일 수도 있다. 우리가 그분의 거룩하심을 올바르게 이해하면 우리도 모세와 야곱과 시편 기자와 더불어 "내 육체가 주를 두려워함으로 떨며"(시 119:120)라고 고백하게 된다. 하나님의 이름 중의 하나는 '경외'다.

3) 출애굽기의 교훈

우리는 조물주이신 하나님을 앎으로써 그분을 경외하는 법을 배운다. 천지만물에는 하나님의 권능과 사랑이 표현되어 있기 때문이다. 우리는 또한 하나님이 구속자이신 것을 경험함으로써 그분을 경외하기를 배운다. 구약의 출애굽기에서 우리는 이를 가장 확연하게 볼 수 있다.

출애굽과 시내 산에서 받은 계명은 하나님의 경외를 가르치는 최초의 대형 수업시간의 일부였다고 할 수 있다. 그 사건들을 통해 하나님은 오직 자신 한 분만이 하나님이심을 증명해 보이셨다. 그 어떤 것도 하나님과 감히 비교할 수 없다. 권능과 심판, 사랑과 신실하심에 있어 하나님과 비교할 자는 어디에도 없다.

이스라엘 백성이 애굽을 떠난 후 마침내 그들은 하나님의 산으로 인도되었다. 그곳은 하나님이 거하시는 장소와 가까웠기 때문에 하나님은 백성에게 상징적으로나마 정결하게 할 것과 구별될 것을 명하셨다. 그들이 거룩한 땅과 가까운 곳에 있기 위해서는 준비를 해야만 했다. 산기슭과 접촉해서는 안 되었고, 의복을 빨아야 했으며, 산 주위로 모이게 될 때는 성관계를 피해야 했다.

그들이 목격한 것은 기가 막히는 광경이었다. 불이 산에 강림하였고, 그 연기는 주변을 온통 뒤덮었다. 산이 진동하였고 하나님이 곧 강림하심을 알리는 나팔 소리는 점점 커졌다. 사람들의 오감은 극한으로 치달았을 것이다.

실은 나도 예전에 거의 그만큼 소리가 크고 감당하기 힘든 체험을 한 적이 있었다. 대학 동창들과 플로리다 남부를 향해 한 20여 시간을 차로 여행하던 중에 벌어진 일이었다. 우리가 도착한 시간은 새벽 1시 반 정도였다. 밤이 깊었던 까닭에 모텔에 돈을 주고 묵기는 좀 아까운 생각이 들어 텐트를 칠 곳을 찾아보기로 했다.

그렇게 찾는 동안 운전하는 친구를 제외하고 우리는 모두 꾸벅꾸벅 졸며 자다 깼다를 반복하고 있었다. 운전하던 친구가 드디어 차를 멈추자 우리는 거기에 텐트를 치고 본격적으로 잠을 자기 시작했다. 그런데 임시 캠프장을 찾겠다고 급히 서두르던 그 운전하던 친구가 '출입 금지' 푯말을 보지 못한 채 그 장소로 운전해 들어갔다는 사실을 우리는 꿈에도 몰랐다.

그 다음으로 기억나는 것은 천지가 흔들리고 격동했던 것과 마치 산들이 무너져 내리는 것 같은 소리였다. 그 동요 가운데 눈에 보였던 거라곤 네 친구들이 모두 목에 핏대가 선 채 입들이 떡하니 벌어져 있었던 광경이었다. 친구들은 하나같이 비명을 지르고 있었지만 텐트 바깥의 굉음이 너무도 귀청 터지게 커서 비명은 들리지도 않는 상황이었다.

혼비백산이 되어 이리저리 좌충우돌하던 우리는 결국 텐트에서 비틀거리며 빠져나와 비로소 왜 캠프장이 공짜였는가를 깨닫게 되었다. 알고 보니 우리는 군용 활주로 끝부분의 바로 옆에 텐트를 치고 자고 있었던 것이다. 우리가 들었던 굉음은 어마어마한 대형 군용 항공 운송기가 우리 머리에서 9미터도 채 안 되는 높이에서 이륙하는 소리였다.

분명 이스라엘 백성도 나팔 소리가 나는 동안에는 이웃의 비명을 듣지 못했었을 것이다. 그리고 산에 정신이 팔려서 다른 사람들이 입이 벌어졌건 핏대가 섰건 알아 볼 겨를도 없었을 것이다.

그 모든 일의 결과는 두 개의 돌판에 쓰인 열 가지의 말, 즉 십계명이었다.

두 돌판이라는 말에 실망스러운가?

그 휘황찬란한 서론을 보고 사람들은 돌판 두 개보다는 좀 더 특별한 것을 기대했었을 수도 있다.

최소한 돌판 대신에 금판이었을 수도 있지 않았을까?

하지만 그들이 좀 더 굉장한 무언가를 바랐다면 그것은 그들이 십계명의 본질을 모른다는 증거다.

하나님의 계명은 그분의 거룩하신 성품을 드러낸다는 면에서 경이로운 것이다. 십계명과 그것을 적용하는 수많은 방법은 율법을 내려주신 분에 대해 가르쳐 준다. 하나님의 방법이 주위 나라들의 방법과는 비교할 수 없게 심오하고 높다는 것을 보여준다.

우리가 언뜻 보면 하나님의 율법이 쓸데없이 꼬치꼬치 따지는 것처럼 보일지 몰라도 실제로는 아름다운 하나님의 성품을 나타내는 것이다. 그분은 억압당하고 가난한 자들을 보호하시며 불의를 혐오하시고 자비를 사랑하시며 용서를 베푸시고 정결케 하시며 도덕적으로 정결하신 분이다. 하나님은 그분의 율법으로 세상이 알지 못했던 거룩함의 새로운 표준을 규정하셨다.

또한 율법은 하나님의 거룩한 사랑을 문서화한 것이라고 볼 수도 있겠다. 하나님은 율법을 통해 다음과 같이 말씀하신다.

"방금 보여준 것처럼 나는 너희가 가장 힘없는 나라들 중의 하나지만 그런 너희를 구원하고 나의 사랑하는 소중한 자녀들로 삼아 돌보아 주었다. 그리고 너희를 향한 나의 영원한 사랑을 한층 더 많이 보여주었다. 이제 나의 사랑을 보았고 또 너희가 내 자녀인 것을 알게 되었으니 나를 사랑하는 법을 배우고 거룩한 자녀들로서 살아가는 법을 배워야 한다. 이를 위해 너희에게 주는 것이 계명이다. 계명은 너희가 어떻게 하면 하늘에 계신 아버지와 같을 수 있는지 가르쳐 주는 것이다."

나는 여호와 너희의 하나님이라 내가 거룩하니 너희도 몸을 구별하여 거룩하게 하고(레 11:44).

너는 이스라엘 자손의 온 회중에게 말하여 이르라 너희는 거룩하라 이는 나 여호와 너희 하나님이 거룩함이니라(레 19:2).

너희는 스스로 깨끗하게 하여 거룩할지어다 나는 너희의 하나님 여호와이니라(레 20:7).

너희는 나에게 거룩할지어다 이는 나 여호와가 거룩하고 내가 또 너희를 나의 소유로 삼으려고 너희를 만민 중에서 구별하였음이니라(레 20:26).

과연 어떻게 이스라엘 자손이 거룩해질 수 있다는 것일까? 어떻게 그들이 하나님께 영광을 돌리고 사랑할 수 있다는 말일까?

그것은 그들이 하나님을 경외함으로 그분의 권위에 복종하고 말씀을 준수할 것이라는 뜻이다. 이것이 바로 주님을 경외하는 모습이다. 이것이 곧 계명이 가르치는 것이다.

이보다 더 위대한 선물이 있을까?

따라서 시편 기자가 "내 육체가 주를 두려워함으로 떨며 내가 또 주의 심판을 두려워하나이다"(시 119:120)라고 말한 것도 지당한 일이다.

이것은 주님을 경외하는 것에 대해 가르치는 세 번째 수업이다. 이즈음에서는 거룩하신 하나님만 바라볼 것을 절대로 잊으면 안 된다. 그랜드캐니언이든 십계명이든 이런 것들이 경외심을 불러일으키는 이유는 이 모두가 하나님의 거룩하신 성품을 반영하기 때문이다.

제6장

주를 더욱 경외하라

무엇이 문제인지는 뻔하다. 우리 눈에는 사람들이 위대하고 하나님은 보잘것 없이 작은 것이다. 이 문제에 대한 해결책 역시 뻔하다. 하나님은 우리가 상상하는 것보다 훨씬 더 사랑이 많으시고 권능이 있으신 분이라는 것을 우리는 배워야 한다.

그러나 그것을 배우는 것이 쉬운 일은 아니다. 아무리 우리가 경치가 장관인 국립공원에서 일을 해도, 아니면 우리 뒤뜰의 떨기나무가 불에 타지 않으면서 불붙어 있어도, 아니면 예수님이 불현듯 나타나셔서 우리와 레슬링을 몇 판이고 하셔도, 그런 어떤 경험도 우리가 하나님을 끊임없이 경외하도록 보장해줄 수는 없다.

우리가 황홀한 신앙의 체험을 한다고 해도 그런 체험은 그때그때 바쁜 일상에 휩쓸려 잊히게 마련이다. 그리고 또다시 우리의 마음속에서 하나님은 작아지게 된다. 그러므로 우리의 목표는 매일같이 하나님을 아는 데 성장해 갈 수 있는 습관을 탄탄히 세우는 것이다.

1. 주님을 경외함: 그 아름다움

거룩하신 하나님을 아는 데 성장하려면 그 하나님을 아는 지식이 우리에게 아름답고 매력적인 것이어야 한다. 잠언은 그런 면에서 우리를 도와 줄 수 있다. 잠언의 핵심은 주님을 경외하는 것이다. 주님을 경외함은 지혜에 이르는 출입구이고 행로이며 도착지라고 할 수 있다.

> 여호와를 경외하는 것이 지혜의 근본이요 거룩하신 자를 아는 것이 명철이니라(잠 9:10).

주님을 경외하는 것이 삶에서 가장 귀중한 보물이기 때문에 잠언은 우리가 꼭 그 보물을 소유하도록 유도한다. 그래서 잠언은 할 수 있는 한 주님을 경외하는 일을 매력적으로 표현하려 애쓴다.

여호와를 경외하는 자는 그 어떤 것이나 그 누구도 두려워하지 않을 것이다(잠 19:23). 여호와를 경외하면 장수한다(잠 10:27). 여호와를 경외하는 것은 그 경외하는 자 그리고 그 자녀들에게 견고한 피난처이다(잠 14:26). 여호와를 경외하는 것은 생명 샘이다(잠 15:16). 여호와를 경외하는 것은 영광을 불러온다(잠 22:4). 그리고 여호와를 경외하는 것은 칭찬받을 일이다(잠 31:30).

주님을 경외한다는 것이 실제로 어떤 모습인가?

실질적으로 주님을 경외하는 것은 선을 사랑하고 악을 혐오함으로 드러난다. "여호와를 경외하는 것은 악을 미워하는 것이라"(잠 8:13). 그것은 하나님을 신뢰하고(경건) 그분에게 순종함으로 드러난다.

여호와를 경외하는 것이 축복이라는 사실을 알겠는가?

진심으로 죄를 혐오한다는 것이 과연 어떤 모습일지 상상이 가는가?

그것은 우리 자신의 죄를 먼저 혐오하고 다음으로 남의 죄 역시 혐오하는 것이다(마 7:3-5).

부부 싸움은 어떻게 될까?

부부 싸움이라는 것 자체가 불가능해 질 것이다. 부부들은 서로 상대방에게 귀 기울이고 자신의 이기심을 놓고 용서를 구하느라 바쁠 것이다.

학교에서 끼리끼리 모여 다른 애들을 헐뜯는 행동은 어떻게 될까?

그런 애들은 남의 장점에 대해 이야기하게 될 것이다. 다른 사람이 우리에게 죄를 지을 때는 또 어떨까?

더 이상 그 사람을 마음속으로 살해할 필요가 없을 것이다. 그 대신에 우리는 겸허함과 사랑으로 죄를 덮어 주고 아니면 겸허함과 사랑으로 그 사람을 대면할 수 있을 것이다.

다음에 등장하는 이야기들을 읽으며 당신의 삶에서 사람들이 하나님보다 더 위대하게 여겨졌던 때를 떠올려 보라. 그리고 그렇게 당신을 조종했던 사람들도 유다의 사자이신 하나님에 비하면 빈약한 새끼 고양이에 지나지 않는다는 것을 기억하라.

2. 주님을 경외함: 하나님의 질문들

여호와께서는 사탄에게 "네가 내 종 욥을 주의하여 보았느냐?"라고 물으셨다. 욥이라는 인물은 여호와를 거의 완벽하게 경외한 실례라고 할 수 있다. 당신이 하나님을 진정으로 경외하는지를 알고 싶다면 당신이 소중한 것들을 잃을 때 어떻게 반응하는지를 주목해 보라.

당신은 재정손실이나 가족의 죽음 혹은 사랑하는 사람을 잃는 것에 어떤 식으로 반응하는가?

과연 우리 중에 몇 명이나 그런 심한 고통을 겪고도 하나님은 우리의 고통보다 더 크신 분이라고 여전히 굳게 믿을까?

그러나 욥은 분명히 하나님이 더 위대하시다고 믿었다. 가진 모든 것을 몽땅 잃은 후에도 욥은 여전히 "주신 이도 여호와시요 거두신 이도 여호와시오니 여호와의 이름이 찬송을 받으실지니이다"(욥 1:21)라고 고백했다.

그리고나서 그의 육체마저 병으로 극심하게 앓게 된 지경에서도 그는 "우리가 하나님께 복을 받았은즉 화도 받지 아니하겠느냐?"(욥 2:10)라고 했다. 욥은 지혜와 여호와를 경외함에 대해 처음으로 다음과 같이 구체적으로 거론한 사람이다.

주를 경외함이 지혜요 악을 떠남이 명철이니라(욥 28:28).

그런 욥의 말이 진실이긴 하지만 정작 우리에게 제일 유익한 부분은 욥이 한 말들이 아니라 다른 곳에 있다.

성경에서 하나님이 제일 길게 하신 연설은 율법에 관해 말씀하시는 부분을 제외하면 욥기의 마지막 4장에 걸쳐서 기록된 것이다. 그 연설의 목적은 욥이 하나님의 위대하심을 앎에 있어 더욱 성장하도록 하기 위한 것이었다. 이 욥기 끝의 4장들을 한 달 동안 매일같이 읽어 보라. 당신은 그 내용이 만병통치약이나 다름없다는 것을 알게 될 것이다.

당신은 사람을 두려워하는가?
당신은 고통 중에 있는가?
당신은 불안한가?
절망스러운가?
분노가 터지는가?
마음이 단단히 굳어 있는가?
하나님이 욥에게 하시는 다음과 같은 질문들을 들어보라.

네가 너의 날에 아침에게 명령하였느냐?(욥 38:12).

사망의 그늘진 문을 네가 보았느냐? 땅의 너비를 네가 측량할 수 있느냐?(욥 38:17-18).

네가 번개를 보내어 가게 하되 번개가 네게 우리가 여기 있나이다 하게 하겠느냐?(욥 38:35).

하나님의 질문들은 쉼 없이 빗발친다. 그분의 질문들은 당신이 할 말을 잃게 한다. 그러나 이 질문들은 여호와를 경외하는 것을 최고로 삼았던 의인에게 은혜롭게 던져진 것이었다.

하나님의 질문들은 정확히 그분이 의도하신 효과를 이루었다. 욥의 반응을 보면 그가 하나님의 거룩하심과 지극히 높으심을 이해하게 되었음을 알 수 있다. 욥은 하나님의 지식이 "헤아리기도 어려운 일"이라고 고백했다. 하나님은 욥과 다르신 분이셨다. 그분은 오라 가라 할 수 있는 사람 같은 존재가 아니셨다. 하나님을 경외하는 데 있어 욥이 성장했다는 것은 또 그가 전능자 앞에 자신을 낮춘 데에서 확인할 수 있다.

> 그러므로 내가 스스로 거두어들이고 티끌과 재 가운데에서 회개하나이다(욥 42:6).

이런 겸허함과 참회는 우리가 여호와를 경외하는 것을 배워가고 있다는 확실한 증거이다.

"하나님은 하나님이시다. 그러므로 나는 그분의 뜻에 순복한다"라고 말해본 적이 있는가?

당신이 그런 태도일 때는 다른 사람들이 당신을 이용하거나 짓누르거나 조종할 힘이 없게 된다.

3. 주님을 경외함: 마주하기

욥이 여호와를 경외하는 법을 배운 수업은 특별히 인간에 대한 두려움만 다룬 것은 아니었다. 하지만 선지자 이사야에게는 하나님이 직접 인간에 대한 두려움의 문제에 대해 가르치신 것이 분명하다. 이사야는 남들에게 거부당하고 그의 신상이 위협당할 것이라는 하나님의 말씀과 함께 부름을 받은 사람이다(사 6:9-13).

곧 이사야에게는 하나님 대신 인간을 경외하라는 유혹이 매일같이 찾아올 거라는 얘기다. 따라서 이사야에게는 여호와만 경외한다는 생각이 철저하게 마음속 깊이 각인되어 있어야만 했다. 하나님을 경외하는 사람은 그 어느 것도 또 그 누구도 두려워하지 않기 때문이다.

한번 이런 상황을 고려해 보라. 하나님이 당신에게 어떤 중대 국가 정책을 공공연히 반대하라고 하셨다고 가정해 보자. 또 그런 행위는 반역으로 취급된다고 하자. 혹은 당신이 대규모의 연회에 초대받아 참석하게 되었다고 하자. 그 자리에서 흥청거리는 취객들을 상대로 그들의 죄악과 심판에 관해 설교해야 한다고 상상해 보라. 당신은 보나마나 이스라엘과 유다를 통틀어 제일 미움 받는 사람이 될 것이다.

왕들은 당신의 목을 노릴 것이다. 그러나 하나님은 그런 가운데 그분의 백성에게 특별한 은혜를 내려 주신다. 이사야에게 하나님이 주신 은혜는 일종의 안수기념 설교였다. 그것은 이사야 본문의 전체적인 윤곽을 잡아 주는 결과를 낳았다. 그리고 이사야가 하나님을 이스라엘의 거룩하신 분이라고 부르기를 선호하는 것도 바로 그 때문이었다.

이사야는 "웃시야 왕이 죽던 해에"(사 6:1)라고 서두를 연다. 이사야는 그렇게 시작함으로써 우리가 역사적인 사건들을 알아보는 데 필요한 표지판을 주려는 것이 아니다. 이사야는 듣는 이들이 여호와를 경외하도록 인도하려는 것이다.

웃시야는 훌륭한 왕이었다. 그는 스가랴에게 여호와를 경외하는 법을 배웠으며(대하 26:5) 여호와는 그로 하여금 성공을 거듭하고 형통하게 하셨다. 그러나 그는 강성한 날에 특별히 더 깨어있으라는 율법의 지시를 무시했다. 그 대신에 강성하게 되자 그는 교만한 마음에 제사장만이 수행할 수 있도록 하나님이 지정하신 직무를 자기 몫으로 낚아챘다. 그래서 주께서는 그를 즉시 나병에 걸리게 하셨다.

그 사건은 모세에게 일어났던 일을 떠올리게 한다. 정말 훌륭한 지도자가 한 번 실족하고 그로 인해 심하게 징계를 받게 되는 그런 경우이다. 모세의 경우는 약속의 땅에 입성하는 것을 하나님으로부터 금지 당했고 웃시야는 눈을 감는 순간까지 나병으로 고생하게 되었다. 그러므로 웃시야 왕의 죽음은 국가전체가 애도하는 시기이기도 했지만 동시에 여호와를 경외하는 데까지 자랄 수 있는 기회이기도 했다.

여호와는 그분의 백성이 죄짓는 것을 묵인하시지 않는 거룩하신 하나님이시다. 그래서 이사야는 하나님이 환상을 보여주시기 전부터 이미 두려움에 떨고 있었다.

하나님이 이사야를 천국의 신성한 실재에 대해 눈뜨게 하셨을 때 이사야는 성전 안에 있었고 아마도 그는 십중팔구 웃시야 왕에 대해 생각하고 있는 중이었을 것이다.

> 내가 본즉 주께서 높이 들린 보좌에 앉으셨는데 그의 옷자락은 성전에 가득하였고 스랍들이 모시고 섰는데 각기 여섯 날개가 있어 그 둘로는 자기의 얼굴을 가리었고 그 둘로는 자기의 발을 가리었고 그 둘로는 날며 (사 6:1-2).

이사야는 주님이 그분의 관복을 입으시고 보좌에 앉으신 것을 보았다. 그분의 거룩한 임재는 성전을 압도적으로 가득 채웠다. 주님의 임재가 너무도 압도적이라서 스랍들은 보좌 위에서 공중을 맴돌아야만 했다. 보좌의 주변에는 그들이 들어설 자리가 없었기 때문이다.

이 스랍들은 이사야에서만 등장하며 성경의 다른 어떤 곳에서도 찾아볼 수 없는 존재들이다. 이사야도 그들이 누군지 몰랐기 때문에 그가 목격한 장면은 한층 더 기가 막히게 놀라운 것이었다. 이사야가 알아볼 만한 친근한 천사였더라면 그 장면이 좀 더 감당하기 수월했을 것이다. 그리고 이사야는 "그들이 하나님 앞에 서는 것이 가능하다면 나도 그분 앞에 설 수 있겠지" 따위로 생각했을 것이다. 그러나 이사야는 스랍이라는 존재에 대하여 대비가 전혀 안 되어 있었다. 이사야는 그들에 대해 들어본 적도 없었다. 그들하고 가장 비슷한 것들이 있다면 언약궤 위에 있는 그룹들이었지만 그들마저도 오직 지성소에서나 찾아볼 수 있었다.

스랍들이 하는 일은 단 하나인 것처럼 보였다. 바로 하나님의 거룩하심을 선포하는 것이었다. 그들의 장엄함은 대단해서 그들의 음성은 성전의 문턱을 진동하게 했다. 그러나 그토록 숭고한 신분임에도 불구하고 스랍들은 하나님의 거룩하신 눈길로부터 가리워져야만 했다.

그들은 서로 불러 외치기를 "거룩하다 거룩하다 거룩하다 만군의 여호와여 그의 영광이 온 땅에 충만하도다"라고 했다. "거룩하다"를 세 번 반복해 외치는 것은 하나님의 거룩하심을 극도로 찬미하는 표현이다. "거룩하다"는 외침은 매번 반복될 때마다 거룩하다는 의미가 배로 증폭되는 것이다.

나는 딸로부터 반복이 가진 위력을 배우게 되었다. 어느 날 오후 내가 서재에서 업무를 보는 중에 일어난 일이다. 서재에서 일할 때 나는 방해받지 않길 바란다. 내가 굳이 그것을 말로 하거나 써 붙인 것은 아니지만 과거에 내가 퉁명스럽게 대한 경험 때문인지 딸들은 보통 내가 일하도록 내버려 두는 편이다. 그런데 그날 오후만큼은 리사(Lisa)가 나와 간절히 놀고 싶어 하는 것이었다. 리사는 언제 내 일이 끝나느냐고 물어보고는 주변에서 어슬렁거리다가 내 어깨너머로 빼꼼히 쳐다보며 일이 끝나기만을 소원하고 기다리는 것이었다. 그런 딸을 그냥 내버려 두기에는 유혹이 너무 강렬해서 나는 그날 일을 접고 리사와 놀기로 작정했다. 그것은 내가 저녁 내내 일해야만 한다는 의미였다. 하지만 그러고도 남을 가치가 있는 일이었기에 나는 리사와 즐겁게 놀았다.

그리고 나서 리사는 잠자리에 들기 전 내 손에 쪽지 하나를 슬그머니 건네주고 갔다.

> 사랑하는 아빠,
> 나는 아빠를 너무 너무 너무 너무 너무 너무…너무 사랑해요.
> 사랑하는 리사 씀.
> 꽉 껴안고 또 껴안고 또 껴안고 또 껴안고 또 껴안고 또 껴안고
> 뽀뽀 뽀뽀 뽀뽀 뽀뽀 뽀뽀 뽀뽀 뽀뽀 뽀뽀 뽀뽀 뽀뽀 뽀뽀 뽀뽀.

리사는 그 쪽지에 '너무'를 두 장에 걸쳐 되풀이해 써놓았었다.

어린 리사는 '엄청나게' 같은 단어를 아는 것도 아니었고 그렇다고 시적으로 심오한 은유를 할 줄 아는 것도 아니었다. 리사가 그런 능력이 있어서 적절한 단어나 은유법을 썼더라면 도리어 편지의 효과는 덜 했을 것이다. 대신에 리사는 '너무'를 수없이 반복했고 그렇게 반복될 때마다 리사가 쓴 '너무'의 뜻은 배로 강화되는 것이었다. 한마디로 리사는 자기가 날 지독히도 사랑해서 그 이상 더 사랑할래야 할 수가 없다는 말을 하고 싶은 것이었다.

나는 이런 경험에 힘입어 "거룩하다 거룩하다 거룩하다"의 의미를 분명히 깨달을 수 있게 된 것이다. 누구라도 이사야가 목격한 장면을 보았더라면 그처럼 반응했을 것이다. 이

사야는 "화로다 나여 망하게 되었도다"라고 외쳤다. 그는 죽게 될 것이라고 확신했다. 그는 부정한 자였다. 그리고 그는 웃시야 왕을 나병으로 징계하신 거룩하신 이스라엘의 하나님 앞에 선 것이었다.

하지만 하나님은 이사야와 볼 일을 다 보신 것이 아니셨다. 이 모든 것은 다 여호와를 경외함을 배우는 교과 과정이었고 수업의 극치는 하나님의 권능과 심판을 그분의 온유하심과 사랑으로 죄사하심과 혼합한 것이었다. 그러므로 스랍은 죽은 자나 다름없는 이사야에게 솔선해 다가왔다. 이 장면은 성경에서 예수님의 사역에 대해 암시하는 분명한 상황들 중 하나였다. 스랍은 하나님의 제단에서 집은 뜨거운 숯을 이사야의 입술에 댐으로 그를 불의에서 깨끗하게 했다(요일 1:9).

그러자 이사야는 자기 자신에 대해 잊어버리고 자신을 살아계신 하나님의 종으로 바쳤다. 그 누가 이사야 같은 입장에서 그렇게 하지 않겠는가? 이사야가 여호와를 경외하게 되자 그는 경건하게 순종하는 자세를 보였다. 이것이 바로 여호와를 경외할 때 체험하는 귀한 축복 중의 하나다. 우리가 자기에 대한 생각을 덜 하게 되는 것이다. 우리의 마음이 하나님의 위대하심으로 가득 차게 되면 '저 사람들은 날 어떻게 생각할까?' 같은 생각은 할 새가 없어지는 것이다.

당신은 거대한 아메리카 삼나무들의 사이를 거닐어 본 적이 있는가? 그렇다면 당신은 층층나무 정도의 높이를 가진 나무때문에 압도당할 일은 없을 것이다. 아니면 허리케인을 겪어 본 적이 있는가? 그렇다면 봄비 정도를 무서워할 리가 없을 것이다. 당신이 전능하신 하나님의 면전에 서고 나면 당신을 조종하던 그 모든 것들이 순식간에 무력해지는 것이다.

내가 전에 속했던 소그룹의 한 친구가 생각난다. 그는 누구라도 혹시 기분 나쁘게 할까봐 말 한마디 하는 것을 그렇게 두려워하던 사람이었다. 그래서 자기 아내 앞에서는 항상 우물쭈물했고 자녀들도 지적해서 가르쳐 주는 법이 없었으며 상사 앞에서는 벌벌 떨었다. 우리는 그가 예측불능으로 화내는 아버지 아래에서 자란 것을 알게 되었지만 그 과거에 대한 우리의 통찰력이 그를 해방시켜 주지는 못하였다. 그래서 우리 소그룹은 몇 주 동안이고 도와주기 위해 애를 쓰다가 결국 다른 곳에 집중하기 시작했다.

우리는 이사야에 담겨 있는 하나님의 모습들을 같이 살펴보기 시작했다. 그렇게 네 번 정도 모임을 가졌는데 난데없이 이 겁 많은 사람이 우리에게 기도를 요청하는 것이었다. 그는 자기의 상사를 대면해서 회사의 부당 행위에 대해 이야기를 꺼낼 계획이라고 말했다. 그렇게 하나님을 아는 지식은 그가 인간에 대한 두려움에서 해방되는 첫 걸음이었다.

하나님의 모습들을 묘사한 성경의 본문은 이사야 6장을 비롯해서 여러 가지가 있다. 이사야 곳곳에서 우리는 하나님의 거룩하신 공의와 그분의 백성을 향하신 지극하신 긍휼을 찾아볼 수 있다. 이사야 40장에 이르면 이 두 주제들이 왔다 갔다 바톤을 주고받기 시작하다가 53장에 이르러서는 급기야 융합하게 된다.

이사야 40장은 "너희의 하나님이 이르시되 너희는 위로하라 내 백성을 위로하라"고 시작하여 예언들은 십자가의 소식으로 절정에 달하게 된다. 주님은 그냥 "위로하라"고 말씀하지 않으셨다. 그분은 "위로하라 내 백성을 위로하라"고 하셨다. 주님은 사로잡힌 이스라엘 백성을 향한 그분의 어머니와도 같은 마음을 강조하시고 싶으셨던 것이다. 하나님이 주실 수 있는 가장 큰 위로는 그분의 백성과 직접 함께 하시는 것이었다. 이스라엘 백성이 사로잡힌 이유는 그들이 거룩하신 하나님의 면전을 떠났기 때문이었다. 그리고 거룩하신 하나님은 지금 그분의 백성을 되찾기 위해 돌아오시는 것이었다. 그분은 가까이 다가오시는 것이었다.

그분이 도래하심을 알리는 목소리들 중 하나는 "모든 육체는 풀이요 그의 모든 아름다움은 들의 꽃과 같으니"(사 40:6)라고 외쳤다. 이것만 들으면 비관적이라고 생각하겠지만 사실 이 목소리는 위로의 말이었다. 하나님의 백성을 억압하는 앗수르의 왕도 들꽃같이 시들어 죽을 것이라는 위안이다. 비록 백성이 그들의 죄 때문에 사로잡혀 가야 하는 형편이라도 그런 굴욕은 영원히 지속되지 않을 것이라는 이야기였다. 앗수르의 왕은 한낱 사람일 뿐 하나님이 아니기 때문이다.

왕의 권력도 하나님이 그분의 백성에게 주신 영원한 약속을 전복시킬 수는 없었다.

하나님은 그분의 백성을 위협과 공격과 속박에서 구하기 위해 돌아오시는 것이었다. 그분의 백성을 때마다 구원하시고 이스라엘을 심판하신 그 막강하신 팔로 하나님은 이제 어린 양들을 가슴에 끌어안으실 것이다.

> 그는 목자 같이 양 떼를 먹이시며어린 양을 그 팔로 모아 품에 안으시며젖먹이는 암컷들을 온순히 인도하시리로다 (사 40:11).

우리가다른 사람들에게(우리의 적, 상사, 배우자 할 것 없이) 억압당할 때 이것이 바로 하나님이 우리에게 그려 주시는 거룩한 그림들 중의 하나다. 하나님은 "압박은 영원할 수 없으나 너희를 향한 나의 자비는 영원하다"라고 말씀하신다. 하나님의 자비는 다른 사람들의 위협보다 큰 것이다. 물론 이 사실을 항상 기억하기가 쉬운 것은 아니다. 믿음의 눈이 있어야만 하나님의 자비로우시고 강한 팔을 알아 볼 수 있고 환란 중에서도 구원을 기대할 수 있는 법이다. 그러나 하나님의 선하심은 우리에게 언제나 가까이 있고 우리는 그것을 알아보는 연습을 해야 한다.

이렇게 하나님이 그분의 백성을 목자처럼 보살피시는 귀한 그림을 보여주신 후 하나님은 욥에게 하셨듯 다시 질문을 연달아 하시기 시작하신다. 당신은 그런 질문들이 그분의 한없는 자비로우심과 무슨 상관이 있냐고 묻는가? 그분의 자비와 질문들은 둘 다 우리가 주님을 경외하게 만드는 것이다. 만물을 다스리시는 지존하신 하나님, 그분의 백성을 향해 자비와 용서하심으로 가까이 다가오시는 하나님은 경배

사람이 커 보일 때 하나님이 작아 보일 때

받으셔야 마땅한 분이시다.

> 누가 손바닥으로 바닷물을 헤아렸으며 뼘으로 하늘을 쟀으며…그의 앞에는 모든 열방이 아무것도 아니라 그는 그들을 없는 것 같이 빈 것 같이 여기시느니라(사 40:12, 17).

이 예언에 다음과 같이 두 번 되풀이된 후렴은 주님에 대한 경외를 요약한다.

> 그런즉 너희가 하나님을 누구와 같다 하겠으며 무슨 형상을 그에게 비기겠느냐(사 40:18).

이 후렴은 흡사 욥기에서 따온 것처럼 들리지만 사실 이 본문과 욥기에는 매우 중요한 차이가 있다. 욥에게는 하나님이 개인적으로 그리고 사적으로 말씀하신 것이었다. 반면에 여기서는 주님이 온 세상을 향해 말씀하시는 것이다. 하나님은 심지어 먼 곳의 섬들에게도 말씀하시고 계신 것이었다(사 41:1). 하나님은 이스라엘 백성에게만 한정된 부족적인 하나님으로 군림하시고자 하시는 것이 아니다. 하나님의 영광은 어느 한 족속에게만 종속시키기에는 너무도 큰 것이다. 하나님의 영광은 온 인류의 주목을 받아야 마땅한 것이다(사 40:5). 그분은 정녕 광대하신 하나님이시다.

이전 세계에 미치는 영광의 이야기는 이사야 52장과 53장에 이르러 최고조에 달한다. 그러나 언뜻 보면 이 절정은 우리가 희망할 만한 결말은 아니다. 그 대신에 이야기는 흠모할 것 없는 고난 받는 종의 모습을 보여줌으로 막을 내린다. 이사야 52장의 시작은 그럴싸하다. 백성은 기쁨에 넘치고 사로잡힌 자들은 해방되며 예루살렘을 둘러싼 산들은 아름답고 열방과 땅 끝까지도 모두 주님의 구원을 목격할 것이라고 말하고 있다. 그리고 이 모든 축하의 분위기는 이스라엘의 부족들을 회복시킬 주님의 종 때문에 가능한 것이었다.

> 보라 내 종이 형통하리니 받들어 높이 들려서 지극히 존귀하게 되리라(사 52:13).

그러나 갑자기 분위기는 섬뜩해진다.

> 전에는 그의 모양이 타인보다 상하였고 그의 모습이 사람들보다 상하였으므로 많은 사람들이 그에 대하여 놀랐거니와 그가 나라들을 놀라게 할 것이며 왕들은 그로 말미암아 그들의 입을 봉하리니(사 52:14-15).

영광은 고난과 죽음을 통해서 실현될 것이다. 그러나 그것은 우리의 고난과 죽음을 말하는 것이 아니다. 성경은 분명히 하나님의 종이 우리를 대표할 것이라고 밝히기 때문이다. 존귀함은 하나님이 그분의 종을 '상하게' 하심으로 얻어질 것이다. 그리고 이 모든 것은 우리를 위해 행해질 것이다.

그가 많은 사람의 죄를 담당하며 범죄자를 위하여 기도하였느니라(사 53:12).

이것이 바로 구약에서 볼 수 있는 하나님의 거룩하심의 극치이다. 만약 당신의 입이 놀라움에 저절로 벌어지지 않는다면 이 부분을 또 한 번 읽어보라. 다시 읽고 놀라움에 전율하라.

이런 놀라움이 가져오는 경외심은 당신으로 하여금 하나님께 매료되게 한다. 이런 경외심은 당신을 불쾌하게 하지도 수치스럽게 만들지도 않는다. 오히려 당신이 하나님께 다가가고 싶고 그분을 더 알고 싶어 하게 만든다. 당신이 주님을 경외하는 데 자라감에 따라 그리스도는 저항하기 불가능한 극히 사랑스러운 분이 되어만 간다.

당신은 주님을 경외함으로 나아가는 신앙의 노정에서 하나님으로부터 숨고 싶어하는 극단과 더 가까운 편인가? 아니면 아직 신앙의 여정을 시작하지도 않은 것은 아닌가? 예수님은 당신에게 "오라…오라…오라"고 하신다(사 55:1). 그분은 가까이 나아오라고 초청하신다. 당신이 그분을 영광스러운 분으로 알기를 초청하신다. 예수님의 초대가 별로 입맛에 당기지 않는다면 그분이 단순히 "오라"고 한번 말씀해 보시는 것이 아니라는 것을 잊지 말라. 예수님은 당신에게 오라고 자꾸 되풀이해 말씀하신다. 예수님의 초청은 더할 나위 없이 사랑으로 가득 찬 것이다.

4. 주님을 경외함: 하나님의 진노

이사야가 말하던 종이신 예수님은 우리를 위해 부서졌다. 그러므로 우리는 예수님을 믿고 회개함으로 죄를 떠나면 부서지지 않아도 되는 것이다.

우리는 지옥에 떨어질 위협과 끝없는 고통에서 구원받았다. 그러나 우리는 구원 받은 날에서 멀어져 가면 갈수록 도대체 우리가 무엇으로부터 구원을 받았는지 기억이나 할까? 우리가 하나님의 진노로 인해 멸망되어야 마땅한 처지였다는 것을 기억할까? 우리의 관점에서 볼 때 예수님의 십자가는 지상 최대의 부당한 사건이었음을 과연 이해하는가?

완벽하시고 흠 없으신 분이 죄인들 대신에 부서지셨다. 그리고 우리는 "진노의 날 곧 하나님의 의로우신 심판이 나타나는 그 날"(롬 2:5)이 온다는 것을 기억하는가? 지옥은 우리에게 주님을 경외하기를 가르친다. 오늘날 대다수의 미국인들은 하나님, 천국, 천사들 등의 존재는 믿지만 점점 지옥을 믿는 이들은 줄어들고 있다. 지옥은 보수적인 성경학자들 사이에서조차 인기가 없는 것이 현실이다. 그러나 나는 요즘 지옥이 꼭 인기가 없는 것만은 아니라고 생각한다. 오히려 지나치게 인기가 좋을 수도 있다.

설명하자면 이렇다. 우리는 하나님이 계시다는 것을 안다. 그리고 우리는 옳고 그름을 가릴 수 있는 양심이 있다. 우리가 하나님의 영광에 미치지 못하는 삶을 산다는 것도 알고 우리가 하나님의 진노를 받아야 마땅하다는 것도 안다. 그렇지만 지옥이라는 곳에 대해 생각한다는 것은 너무 끔찍한 것이다. 이미 살펴본 것처럼 우리는 하나님 앞에 벌거벗었다고 여기기보다는 스스로를 비하하는 것으로 만족하려 한다. 우리는 하나님의 거룩하심을 회피하는 데는 선수들이다. 또한 그와 같이 세상에는 우리가 지옥의 공포를 극소화시키도록 이끄는 권세 있는 영적인 세력들도 있다.

우리를 지옥으로부터 구원해 주시는 예수님은 곧 지옥에 대해 가장 많이 말씀하셨던 장본인이시다. 예수님이야말로 사람들을 겁주는 설교자이셨고 위협하시는 하나님이셨다. 여기서 그분이 하신 말씀들의 예를 한번 보라.

> 형제를 대하여…미련한 놈이라 하는 자는 지옥불에 들어가게 되리라(마 5:22).

> 아름다운 열매를 맺지 아니하는 나무마다 찍혀 불에 던져지느리라(마 7:19).

> 만약 네 손이 너를 범죄하게 하거든 찍어버리라 장애인으로 영생에 들어가는 것이 두 손을 가지고 지옥 곧 꺼지지 않는 불에 들어가는 것보다 나으니라(막 9:43-44).

> 그를(예수님을) 믿는 자는 심판을 받지 아니하는 것이요 믿지 아니하는 자는 하나님의 독생자의 이름을 믿지 아니하므로 벌써 심판을 받은 것이니라(요 3:18).

또 왼편에 있는 자들에게 이르시되 저주를 받은 자들아 나를 떠나 마귀와 그 사자들을 위하여 예비된 영원한 불에 들어가라(마 25:41).

마태복음 10:28을 곰곰이 생각해 보라. "몸은 죽여도 영혼은 능히 죽이지 못하는 자들을 두려워하지 말고 오직 몸과 영혼을 능히 지옥에 멸하실 수 있는 이를 두려워하라."

존 칼빈(John Calvin)은 이 본문이 사람의 머리끝을 쭈뼛 곤두서게 만든다고 했다. 조나단 에드워즈(Jonathan Edwards)는 예수님을 본받으려고 노력한 목회자였다. 그랬기 때문에 자연적으로 그는 지옥에 관한 설교도 여러 차례 했었다. 그의 가장 유명한 설교는 듣는 이들이 너무도 깊은 감화를 받고 떨게 된 나머지 영적 대각성 운동(the Great Awakening)이라는 대대적인 부흥으로 이어지는 계기가 되었다.

조나단 에드워즈는 이 설교를 자신의 메사추세츠주 노스햄프턴교회에서 처음으로 했었는데 당시 성도들의 반응이 어땠었는지는 기록된 자료가 없다. 그러나 우리는 코네티컷 주에 자리한 엔필드의 한 예배당에서 1741년 7월 8일에 일어난 일들을 통해 그의 설교 "성난 하나님의 손에 떨어진 죄인들"(Sinners in the Hands of an Angry God)이 얼마나 충격적인 영향을 미쳤는지 익히 알고 있다. 그 설교는 에드워즈가 했던 설교들 중 제일 끔찍하게 무서운 것도 절대 아니었다. "죄인들을 저주하시는 하나님의 공의"(The Justice of God in the Damnation of Sinners)와 로마서 2:4에 관한 설교가 훨씬 더 무서운 것들이었다. 그러나 하나님은 "성난 하나님의 손에 떨어진 죄인들"을 통해 그분에 대한 경외를 불러일으키셨다. 여기 발췌한 본문만 보더라도 그 이유는 확연해진다.

> 사악한 우리 인간들이 어느 한 순간이라도 지옥에 떨어지지 않고 남아있는 이유는 단 한가지다. 그것은 하나님의 의향일 뿐이다…하나님의 분노는 망망한 대양을 댐으로 잠시 막아놓은 것과도 같아서 그 물의 부피는 커져만 가고 높이도 역시 그 물이 터져 나올 길이 생길 때까지 치솟아만 간다. 그리고 물이 오래 갇혀 있으면 있을수록 댐이 터지는 대로 수력은 한층 더 급속하고 강력하기 마련이다.
>
> 거미나 징그러운 벌레 따위를 불꽃 위에서 잡아 쥐고 있는 것과 같이 하나님은 당신을 지옥구덩이 위에서 잡고 계신다…당신을 향한 그분의 분노는 불길처럼 타오르고 있다…그분의 눈은 당신이 그분의 시야에 있는 것조차 견디지 못할 정도로 정결하시다…당신은 발칙한 역적이 군주를 진노하게 만드는 것과는 비교도 안 되게 무한히 하나님을 성나게 한 사람이다.
>
> 오, 죄인이여! 당신이 처한 무시무시하고도 위험한 지경을 헤아려 보라. 거대한 격노의 용광로와도 같고 광대하고 바닥도 보이지 않는 구덩이 같은 당신의 위험한 처지를. 당신은 신성한 분노의 불꽃이 번뜩이는 위에 가느다란 실 한 올

로 간신히 매달려 있다.*

에드워즈의 설교를 들은 사람들은 성경적으로 합당한 반응을 보였다. 그들은 에드워즈가 설교를 계속 진행하기 힘들 만큼 대성통곡을 해대기 시작했다. 하나님의 거룩하심에 극심히 압도된 나머지 그들이 앉았던 자리에서 통로로 굴러 떨어지는 일도 있었다. 그런 식의 반응이 주님을 경외하는 성숙한 모습이랄 수는 없지만 어쨌거나 주님을 경외하는 좋은 시발점이었다.

지옥에 대한 진리는 바로 이것이다. 누구든지 예수님을 믿지 않고 죽으면 영원한 지옥에서 구조될 방법은 없다(마 25:46). 그 지옥의 고통은 조금도 나아지지 않는다(롬 2:4). 그리고 무엇보다도 더한 것은 바로 죄인들에게 쏟아지는 것이 다름이 아닌 거룩하신 하나님의 진노라는 점이다(요 3:36). 이 사실은 사도 바울로 하여금 "우리는 주의 두려우심을 알므로 사람들을 권면하거니와"(고후 5:11)라고 말하게 했다.**

이것이 바로 우리가 받을 합당한 대우이다. 그런데 바로 예수님이 우리 대신에 손수 이 분노와 상함(부서짐)을 당하신 것이다. 우리는 그 사실을 생각만 해도 떨려야 한다. 우리가 떨리는 것이 당연한 이유는 죄 지은 우리가 부서졌을 수

---

* *The Works of Jonathan Edwards* (New York: Leavitt and Allen, 1855), 4:313-21.
** Robert A. Peterson, *Hell on Trial: The Case for Eternal Punishment* (Phillipsburg, N.J.: Presbyterian and Reformed, 1995)가 도움이 될 것이다.

도 있기 때문이다. 우리가 떨리는 것이 당연한 이유는 우리가 그지없는 신성한 사랑 안에 거하고 있기 때문이다.

그리고 지옥을 염두에 둔다면 우리는 천국에 대한 생각 자체만으로도 떨려야 한다. 어떻게 이런 일이 가능하단 말인가? 하나님 앞에서 벌거벗고 영원한 분노를 사야 마땅했던 우리가 믿음을 통해 하늘 아버지로부터 축복을 받고 있다. 죄수를 감옥에서 풀어주는 것은 그렇다 치자. 그 죄수를 상상을 초월하는 부귀영화로 헤어 나올 수 없게 에워싸는 것은 완전히 다른 차원의 얘기다. 그러나 우리 하나님이 하신 일이 바로 그것이다. 우리는 어마어마한 유산을 상속받은 것이다. 그것은 "창세로부터 너희를 위하여 예비된 나라를 상속받으라"(마 25:34)고 하신 말씀에 의한 것이다. 어떻게 그럴 수가 있단 말인가?

주님, 사람이 무엇이기에 그를 생각하시나이까? 우리는 당신의 자비와 사랑에 응답합니다. 비굴한 두려움이나 억울한 서러움 때문에 마지못해 응답하는 것이 아니라 경건한 자세로 응답합니다. 회개에 이르는 경건함, 당신을 믿고 순종하기를 몹시 기뻐하는 경건함으로 말입니다.

5. 주님을 경외함: 경탄

여호와를 경외함으로 우리를 이끄는 성경 본문들과 성경적 주제들은 이 밖에도 여러 가지가 있다. 그중에서도 마가복음은 실로 경탄할 만한 책이라고 할 수 있다. 그것을 보면 끊임없이 예수님의 사역을 목격한 자들이 경탄을 금치 못했다고 기록하고 있다.

그런 경탄이 언제나 경건한 복종으로 이어졌다는 말은 아니다. 그러나 마가가 군중들의 놀라워하는 반응을 기록한 것은 곧 예수님이 거룩하신 분이시고 육을 입으신 하나님이시라고 가르치려는 의도에서다.

마가복음의 기본적인 주제는 예수님의 가르침과 이적이 사람들을 경탄하게 만들었다는 것이다. 그는 단도직입적으로 "뭇 사람이 그의 교훈에 놀라니"(막 1:22)라고 처음부터 이 주제를 도입한다. 마가복음은 또 예수님이 더러운 귀신들도 권위로 다스리셨음을 보여준다(막 1:27). 그리고 예수님이 중풍병자의 죄를 사하시고 그가 걸어갈 수 있다고 말씀하시자 모두 다 놀라 하나님께 영광을 돌린 것도 보여준다(막 2:12).

이 다음에 일어난 놀라운 이야기는 예수님이 제자들에게 하나님의 능력 있는 말씀에 대해 보여주신 것이었다. 예수님께는 군중들이 항상 따라다녔다. 그래서 예수님께서는 작은 배가 그나마 쉴 수 있는 곳들 중 하나였다. 예수님은 제자들에게 "우리가 저편으로 건너가자"라고 말씀하셨고 제자들이 노를 저어 해안이 보이지 않게 되었다. 그때 폭풍이 사납게 일기 시작했고 배는 전복될 위기에 처했다.

파도는 난폭하게 쳐대고 배도 물에 잠기기 시작했다. 어떻게 그런 상황에서 예수님은 주무실 수 있었는지는 그 사실만으로도 초인적이지만 정작 경탄을 자아낸 것은 다른 일이었다. 제자들이 그분을 흔들어 깨우자 예수님은 그분이 직접 지으신 자연을 향하여 말씀하셨다.

"잠잠하라! 고요하라!"

그리고 그 말씀이 떨어지자마자 수면은 마치 유리의 표면과도 같이 평평해졌다.

이 일이 있기 전에도 제자들은 수많은 것들을 보고 들었다. 그들은 병자들이 기적적으로 고침을 받는 것을 보았고 이적 만큼이나 군중을 경탄하게 만든 가르침들도 들었었다. 그러나 마가가 제자들의 반응에 대해 거론하는 것은 여기가 최초다.

당신이 만약 창조주 하나님 곁에 서서 그분이 손수 지으신 세계를 향하여 말씀하시는 것을 들었다면 어떻게 반응했을까? 스랍이 하는 말만으로도 성전은 진동했다는 것을 잊지 말라.

마가는 제자들이 "심히 두려워하더라"고 기록했다. 그들은 목숨을 건지고 배까지 잃어버리지 않게 되었다고 안도하거나 행복감을 느낀 것이 아니었다. 그들은 두려움에 떨었다.

이 얼마나 훌륭한 반응인가?

주님을 경외하는 것을 배워가는 사람들로서는 참으로 이

상적인 모습이었다. 그러나 이는 시작에 불과했다. 마가는 예수님이 하신 사역 모두가 총괄적으로 경탄할 수밖에 없는 것임을 우리가 깨닫기 원한다. 사람들은 그분이 더러운 귀신들을 돼지 떼에 들어가게 하신 것을 보고 놀라 두려워했다(막 5:20). 회당장 야이로의 딸이 죽었다가 다시 살아 일어나게 되자 그 부모들은 완전히 놀라움에 압도되고 말았다(막 5:42).

예수님이 회당에서 가르치실 때도 많은 사람들은 듣고 놀라움을 금치 못했다(막 6:2). 바리새인들은 예수님의 말씀을 꼬투리잡고 그분을 궁지에 몰려고 했었다. 그러나 오히려 예수님이 그 기회에 그분의 깊은 지혜를 증명해 보이시자 그것을 본 사람들은 역시 매우 놀랐다(막 12:17). 예수님이 물 위를 걸으시자 제자들은 심히 놀랐다(막 6:51). 예수님이 귀먹고 벙어리인 사람을 고쳐주시자 사람들은 심히 놀라고 압도되었다(막 7:37). 사람들은 예수님을 단지 보는 것만으로도 압도되어 매우 놀라워했다(막 9:15).

그러나 이 모든 사건을 살펴보아도 경탄이 곧 믿음으로 전환되었다는 뚜렷한 증거는 없다. 단 한명의 여인만 예외였다(막 5:25-34). 혈루증을 앓던 이 여인의 사건에는 여러 알지 못할 수수께끼들이 있다.

예수님은 어떻게 그 능력이 자기에게서 나간 줄을 아셨을까?(막 5:30).

그리고 그 여인은 또 어떻게 예수님을 만지기만 해도 나을 것이라는 생각을 하게 되었을까?

예수님의 치유하심은 보통 어떤 말씀이나 구체적인 행하심을 동반했었다. 왜 그럼에도 불구하고 그 여인은 몰래 예수님의 옷자락에 손대는 정도로 치유가 가능할 것이라고 믿었을까?

그녀는 "내가 그의 옷에만 손을 대어도 구원을 받으리라"(막 5:28)고 생각했다. 그녀의 믿음은 그녀를 색다르게 만들었다. 예수님은 수천 명의 사람들과 접촉하신 분이셨다. 그러나 이제껏 예수님과 몸이 닿았던 사람들 중에 믿음이 있다고 손꼽힌 사람은 이 여인 하나뿐이었다. 그녀는 전 재산을 의료비에 탕진했지만 병세는 더 악화되기만 했을 뿐이었다. 그럼에도 예수님이 오신다는 소리를 듣자 그분만은 치유해 주실 수 있을 것이라고 믿은 것이다. 실로 대단한 믿음이라고 할 수 있다.

수십 가지의 치료법을 동원해본 그녀이기에 진작 희망을 잃었을 법도 하다. 물론 최신 치료법이 나올 때마다 시도는 해볼지 모르지만 치료가 될 거라는 자신은 없었을 것이다. 지금쯤은 벌써 그녀를 도와줄 수 있는 것은 아무것도 없다고 그녀는 믿게 되어버렸을 것이다. 그러나 예수님이 오신다는 소문을 듣자 "내가 그의 옷에만 손을 대어도 구원을 받으리라"고 생각했던 것이다. 그녀는 "이번에는 혹시 나을 수도 있겠지"라고 생각한 것이 아니었다. 이 여인은 예수님을 알았기 때문에 확신했던 것이다.

우리에게는 이름도 알려지지 않은 이 여인은 주님을 경외하는 법을 가르쳐 주는 스승이다. 그녀는 먼저 예수님의 말씀을 경청했고 그분이 행하시는 일들을 보았다. 의심할 여지없이 그녀는 보고 들은 것들로 인해 놀라움을 금치 못했던 것이다. 그러나 그녀의 경탄은 곧 예수님이 하나님의 독생자이신 구세주라는 확신으로 이어졌다.

당신의 경우는 어떤가?

당신은 성경에 있는 이런 사건들을 읽을 때 놀라워하는가?

아니면 그저 성경학교에서 다루는 또 하나의 교훈쯤으로 치부하는가?

이 여인을 통해 하나님의 독생자를 새로운 시각으로 보는 법을 배우라. 그분을 훨씬 더 크게 보는 법을 배우라. 그녀가 "입만 헤 벌리고 서 있지 말고 믿으세요!"라고 가르치는 것을 받아 들이라. 경외심은 좋은 것이다. 그러나 경외심은 믿음으로 이어져야 하고 믿음은 행함으로 이어져야 한다.

6. 주님을 경외함: "두려워 말라"

경탄의 책이라고 할 수 있는 마가복음은 여기서 그치지 않고 또 하나의 놀라운 이야기를 기록한다. 매우 놀라 두려워할 만할 그런 이야기이지만 여기에서 놀라움은 그야말로 목격자들이 입이 떡 벌어진 채 아무것도 못 하고 서있을 수밖에 없는 그런 종류의 놀라움이었다. 바로 변화산상에서 예수님이 잠깐이나마 그분의 신성하신 광휘를 시각적으로 보여 주신 사건이었다.

베드로는 입을 벌리고 그저 서 있을 수밖에 없었다. 예수님은 베드로의 삶에 자리한 믿음의 씨앗들이 자라 큰 열매를 곧 맺게 될 것을 아셨기에 베드로가 그저 놀라움에 젖어 있도록 놔두셨다.

성경에서 변용이 일어난 사건은 이뿐만이 아니다. 삼손의 부모들도 비슷한 광경을 목격했었다(삿 13장). 그들은 "우리가 하나님을 보았으니 반드시 죽으리로다"라고 겁에 질려 외치는 통상적인 반응을 보였다. 그러나 베드로의 반응은 독특한 것이었다.

왜 당시에 예수님이 베드로, 야고보, 요한만 데리고 가셨는지는 알 수 없다. 그러나 예수님이 그들이 사역하는 내내 기억할 만한 선물을 주셨다는 사실은 확실하다. 그 제자들은 함께 거하시는 분이 바로 육신이 되신 하나님이시라는 것을 상기하게 된 것이다. 그 선물은 주님을 경외함으로 나아가는 고차원의 수업이었다.

그분의 얼굴은 해같이 빛나셨다. 그분의 옷은 빛과 같이 광채가 났고 성경은 세상에서 빨래하는 자가 그렇게 희게 할 수 없을 만큼 매우 희어졌다고 기록하고 있다. 그리고 영광 중에 엘리야와 모세가 나타나 예수님과 더불어 장차 예수님이 예루살렘에서 별세하실 것을 말했다고 기록한다(마 17:1-3, 막 9:1-4, 눅 9:28-31).

물론 제자들은 겁에 질려 있었다. 그들은 이 두려운 영광의 모습에 정신이 번쩍 들었다. 그러나 베드로가 보인 반응은 성경 전체를 통틀어서도 독특하다고 할 수 있는 것이었다.

그는 도대체 왜 예수님을 위한, 모세를 위한, 엘리야를 위한 초막 셋을 짓자는 제안을 했을까?

자기 나름의 이유가 있었겠지만 그것은 크게 문제되지 않는다. 마가복음 자체가 진정한 이유를 말하고 있다. 마가가 베드로의 어이없는 행동을 설명하는 부분은 단연 성경에서 제일 재미있는 사설 중의 하나다.

> 이는 그들이 몹시 무서워하므로 그가 무슨 말을 할지 알지 못함이더라 (막 9:6).

대부분의 사람들은 놀라고 두려울 때 조용히 있게 마련이다. 그러나 베드로는 꼭 한 마디 해야만 했다. 그리고 하나님은 은혜스럽게도 가로막으셨다.

> 말할 때에 홀연히 빛난 구름이 그들을 덮으며 구름 속에서 소리가 나서 이르시되 이는 내 사랑하는 아들이요 내 기뻐하는 자니 너희는 그의 말을 들으라 하시는지라 제자들이 듣고 엎드려 심히 두려워하니 예수께서 나아와 그들에게 손을 대시며 이르시되 일어나라 두려워하지 말라 하시니 제자들이 눈을 들고 보매 오직 예수 외에는 아무도 보이지 아니하더라 (마 17:5-8/막 9:7-8, 눅 9:34-35 참고).

위대한 목자이신 예수님이 "두려워하지 말라"고 하셨던 것이다. 거룩한 사랑이 그분의 능력만큼이나 크신 그 예수님이 하신 말씀이다. 그 말씀은 낯선 것이 아니었다. 제자들은 이 말씀을 이미 모세와 여호수아를 통해 들었었다. 그러나 이 말씀은 그 순간 비할 데 없이 의미심장해졌다. 다시 한 번 예수님은 우리에게 가까이 다가와서 그분을 만나라고 초청하신다.

7. 주님을 경외함과 복음

이 모든 사건들은 예수님의 죽음과 부활로 이어진다. 성경에 나오는 모든 것들로 인해 놀라워하는 것은 좋은 일이다. 그러나 예수님의 죽음과 부활은 거룩한 사랑과 거룩한 공의가 하나로 연합되는 곳이다. 결과적으로 우리의 두려움은(경건함, 믿음) 언제나 복음을 기억하는 것이어야 한다.

거룩한 사랑: 그는 마치 도살장으로 끌려가는 양과 같았다. 그것은 우리를 대신한 것이었다.

"우리가 아직 죄인(원수) 되었을 때에 그리스도께서 우리를 위하여 죽으셨다."

거룩한 공의: 사람의 죗값은 하나님이 사람과 함께 하시지 않는 것이다.

"나의 하나님, 나의 하나님, 어찌하여 나를 버리셨나이까?"

그분의 죽음은 우리가 주님을 경외하도록 만들어야 마땅하다. 세상에서는 그토록 거룩한 사랑과 공의가 온전히 융합된 경우를 찾아볼 수 없다. 예수님의 그러한 죽음은 경탄을 자아냈다. 그러나 경탄한 사람이 누구인지 알면 당신도 놀랄 것이다.

마가는 예수님의 죽음을 지켜보고 있던 여인들에 대해 언급하지만 그들의 반응에 대해서는 언급하지 않는다. 또 마가복음에는 제자들에 대한 언급도 없다. 마가복음이 예수님의 죽음에 개인적으로 누군가가 반응하는 것을 기록한 것은 오로지 로마의 백부장에 관한 것뿐이다.

그가 예수님의 사역 가운데 무엇을 목격했는지는 알 길이 없다. 그저 예수님의 죽음만을 목격했던 것일 수도 있다. 그러나 그가 한 말은 정말 비범한 것이었다. 꼭 믿음에 이르는 경외심을 표현한 것같이 들린다.

> 예수를 향하여 섰던 백부장이 그렇게 숨지심을 보고 이르되 이 사람은 진실로 하나님의 아들이었도다 하더라(막 15:39).

예수님의 행함과 말씀은 군중들을 놀라게 만들었다. 얼마 안 되어 군중들은 그분을 보기만 해도 놀라움을 금치 못했다. 그러나 이 경탄의 책에서 가장 놀라운 말 한마디가 있다면 아마도 백부장의 말일 것이다. 우리가 보기에 백부장은 단지 로마의 세 역적들이 처형당해 죽는 것을 목격했던 것뿐이다.

나는 수많은 저명인사들의 죽음에 대해 읽어 보았다. 어떤 이들은 분노에 가득 찬 채 스스로 목숨을 끊거나 아니면 하나님을 원망하면서 죽어갔다. 그런가 하면 다른 이들은 친구들과 학생들에 둘러싸여 죽음을 맞았으며 목격한 이들은 얼마나 그들이 평화롭고 평온하게 죽었는지에 대해 이야기했다. 하지만 나는 한 번도 누가 다른 사람의 죽음 때문에 경외하며 두렵게 되었다는 기록을 읽어본 적이 없다.

예수님은 십자가에서 설교를 하신 것도 아니었고 보다시피 기적을 행하셨던 것도 아니었다. 그분은 그저 돌아가셨다. 그런데 백부장은 한 치의 의심도 없이 예수님이 하나님의 아들이라는 것을 안 것이다.

그리고 마가는 예수님이 죽음을 정복하셨다는 사실을 증언한다. 그의 간결한 보고방식은 거의 실망스러울 정도로 간단하다. 그는 마치 "물론 예수님이 자신에 대해 하신 증언과 또 그분이 말씀과 행동으로 그 증언을 증명하신 것을 통해 우리는 죽음이 그분을 가두지 못할 것을 알았다. 결국 예수님은 죽음 위에 존재하시는 거룩하신 분이지 죽음의 지배 아래 계시는 분이 아니다"라고 말하는 것 같다.

그러나 마가는 그렇게 끝나도록 놔두지 않고 마지막으로 한 가지 더 사람들이 경탄할 만한 내용을 기록한다. 마가복음은 원래 다음과 같은 말로 끝나는 것이었을 확률이 꽤 높다.

> 여자들이 몹시 놀라 떨며 나와 무덤에서 도망하고 무서워하여 아무에게 아무 말도 하지 못하더라(막 16:8).

그들의 두려움(무서워하는 것)과 몹시 놀람은 곧 경외(경건한 순종 혹은 경배)와 확신으로 변하게 된다. 이 모든 성경에 나오는 예들은 하나같이 동일한 결론에 도달한다. 삼위일체의 하나님은 그분의 웅대하심과 거룩하심을 나타내기를 기뻐하신다. 따라서 우리는 현재 하나님을 아는 지식에 만족하고 안주해서는 안 된다. 그러므로 여호와를 경외하기를 열망하라. 그런 열망은 우리가 다음과 같이 기도할 때 응답받을 것이 확실하다.

주여, 주님의 교회가 주님을 경외하게 가르치소서. 저희는 아버지의 은혜가 얼마나 놀라운 것인지 종종 잊어버리곤 합니다. 우리는 자신의 죄를 혐오하는 데 정말 둔하고 느립니다. 우리는 주님께 얼마나 경건함으로 순종하고 있는지보다는 남들이 우리를 어떻게 보는지에 더 신경 씁니다. 우리는 주님을 경외하는 것을 기뻐하기 원합니다. 주님을 경외함을 귀하게 여기고 그것을 다음 세대에게 물려주기 원합니다. 아멘.

더 생각해 보기

여호와를 경외하려면 말씀을 묵상해야 한다. 성경을 읽거나 묵상할 때 하나님이 거룩한 분이심을 가르쳐 달라고 기도하라.

1. 창조에 대해 말하는 시편들을 다시 읽어보라(시 8, 19, 29, 65, 104편).

2. 주님이 보좌에 좌정하심에 관한 시편들을 묵상하라(시 95-97편, 99편).

3. 시편 139편을 암기해 보라. 이 시편은 하나님의 섭리가 얼마나 광범위하신지 우리 삶의 가장 사소한 부분에까지도 미친다고 한다.

4. 찬송가를 펼쳐서 하나님의 위엄과 거룩하심을 표현한 찬송들을 눈여겨 보라.

5. 하박국을 읽어보라. 하박국은 하나님이 무슨 일을 하시고 계신지에 대해 의문을 가진 사람에게 직접 말씀하셨다는 점에서 욥기와 비슷하다. 하박국이 주님을 경외하는 것을 배우게 되면서 모든 의문들은 해소 된다.

6. R. C. 스프롤(R. C. Sproul)이 집필한 『하나님의 거룩하심』(*The Holiness of God,* Wheaton, Ill.: Tyndale House, 1985)을 읽어보라.

7. 신약에 나오는 지옥에 관한 본문들을 집중해 살펴보라. 본 장에 나오는 본문들과 더불어 다음과 같은 본문들도 고려해 보라(살후1:5-10, 벧후 2:6, 계14:9-11). 교회 형제자매들과 당신이 묵상하는 것들을 꼭 나누라. 하나님이 어떻게 당신을 가르치고 계신지에 대한 은혜를 나누고 또 어떻게 하나님이 그들을 가르치셨는지에 대해 들어보라.

8. '여호와를 경외하기' 혹은 '하나님을 알기'에 대한 기도 모임을 시작하라.

9. 시간을 내어 당신의 인간에 대한 두려움의 문제와 주님을 경외하지 않는 문제를 고백하고 참회하라.

제7장

성경적으로 당신의 욕구를 점검하라

너희 성도들아 여호와를 경외하라 그를 경외하는 자에게는 부족함이 없도다(시 34:9).

하나님의 보좌 앞에서 시간을 보내면 세상의 모든 일을 새로운 시각으로 볼 수 있게 된다. 남들의 의견들이 덜 중요하게 여겨지고 스스로에 대한 우리 자신의 의견조차도 덜 중요하게 된다.

바로 그것이 우리에게 필요한 모든 것이 아닐까?

매일같이 하나님의 전에 나아가 시간을 보내는 것은 인간에 대한 두려움의 문제를 치료한다.

그럼에도 불구하고 아직도 당신의 필수적인 욕구들이 채워지지 않은 것처럼 느껴진다면 어떻게 해야 할까?

만약 자존감이 아직도 치명적인 고민이라면 또 어떻게 해야 할까?

주님을 경외하는 것은 인간에 대한 두려움을 성경적으로

치료하는 데 핵심이라고 할 수 있지만 치료법이 그것 하나밖에 없는 것은 아니다. 인간에 대한 두려움에서 온전히 해방되려면 세 가지 구성요소가 있어야 한다. 우리는 하나님, 다른 사람들, 그리고 우리 자신에 대해 성경에 근거한 지식을 가져야 한다. 본 장에서는 하나님이 우리 자신과 우리의 욕구에 대해 어떻게 말씀하시는지를 자세히 살펴보겠다.

> STEP 5: 당신은 무엇에 대해 과한 욕구를 가지는 편인지 점검해 보라. 우리가 인간을 두려워하면 인간이 커 보이고 우리 자신의 욕구는 더 커지기 마련이며 하나님은 작아진다.

우리가 해야 할 질문은 "하나님이 우리에게 주신 본 모습 혹은 정체성이 무엇일까?"라는 것이다. 근래에는 우리가 심리적으로 욕구불만인 존재로 지어졌다는 생각이 팽배해 있다. 서점에 가면 이런 생각을 쉽게 찾아볼 수 있다. 대중 서점이건 기독교 서점이건 상관없다. 또 상담소에 가면 그 같은 말을 들을 수 있다. 그뿐만 아니라 그런 생각이 교회에서나 세상에서나 흔히 들을 수 있는 가벼운 대화의 한 부분인 것도 사실이다.

- "우리 남편이 좀 더 격려만 해준다면 이렇지는 않을 텐데."
- "우리 아내가 날 좀 더 존중한다면 이렇지는 않을 텐데."

- "우리 아이들이 좀 고분고분 말을 듣는다면 이렇지는 않을 텐데."
- "그(여자)가 나에게 관심만 좀 보여준다면 이렇지는 않을 텐데."
- "우리 부모님이 좀 자유를 주신다면 이렇지는 않을 텐데."

무슨 말인지 알겠는가?

사랑항아리는 항상 열려 있는 것이다. 우리는 "나를 …로 채워주면 나는 행복할 텐데"라고 믿는 것이다. 우리가 바뀌기 위해서는 다른 사람으로부터 무언가가 필요하다고 믿는 것이다.

1. 일반적으로 사람을 보는 관점

종합해 볼 때 우리가 보통 사람을 보는 관점은 다음과 같다.

1. 우리의 기본적인 모습은 마치 심리적 욕구를 담은 항아리(잔)와도 같다.
2. 우리에게는 심리적인 욕구가 있는데 이 욕구는 대체로 사랑받고자 하는 욕구와 중요하게 여겨지고 싶은 욕구를 중심으로 뭉쳐있다.

3. 이런 욕구가 충족되지 않으면 우리는 그 결핍으로 인해 허무한 느낌이 든다.
   4. 이런 욕구를 우리가 어디에서 충족 받는지는 신중히 살펴보아야 한다. 우리는 사람들로부터 충족 받으려고 할 수도 있고 아니면 그리스도를 바라볼 수도 있다.

1) 욕구란 무엇인가?

위의 네 가지 생각들을 참고로 우리가 우리자신을 보는 통상적인 관점을 분석할 수 있는 자연스러운 시작점은 바로 우리자신의 욕구를 이해하는 것이다.

당신은 진정으로 자신에게 필요한 것이 무엇이라고 생각하는가?

이에 대한 당신의 대답은 스스로를 어떻게 이해하는지를 분명히 보여준다.

나에게 있어서 이 질문의 대답은 간단하다. 나는 아내의 사랑이 필요하다. 또 직장에서 내가 도움이 된다는 기여감이 필요하다. 우리 아이들이 내 말을 듣기를 원한다. 집에 손님들이 있을 때는 특히 더 그렇다. 당연히 돈도 좀 필요하다. 현재로서는 이것이 전부인 것 같다.

당신이라면 어떻게 이 질문에 대답하겠는가?

질문을 되받아치는 것도 대답하는 방법이라면 방법이겠다. "필요라는 말의 정의가 뭔데요?"라고 말이다. 필요라는 단어는 물론 여러 가지 다른 뜻으로 쓰일 수 있는 단어다. 사막에서 길을 잃고 갈증에 허덕이며 죽어가는 상황이라면 당연히 당신의 대답은 '물'일 것이다. 만약 목사님이 설교 중에 이 질문을 하신 거라면, 그리고 더구나 목사님이 "여러분은 무엇이 진정으로 필요하십니까?"라고 물으셨다면 아마도 당신은 "예수님이요"라고 대답할 것이다. 하지만 누가 커피 한잔을 두고 대화하는 가운데 던진 질문이라면 거기에 대한 대답은 천차만별일 것이다.

존경받는 것, 사랑받는 것, 이해받는 것, 누가 얘기를 들어주는 것, 자존감, 아이들이 말 잘 듣는 것, 안전함, 내 능력으로 조종할 수 있는 것, 즐겁고 흥분된 기분 등등. 이 목록은 인간의 상상력과 욕망에 의해서만 제한될 수 있을 따름이다.

보다시피 이 '필요'라는 말은 영어에서 혼돈이 쉽게 초래될 수 있는 단어들 중 하나다. 그러니 어쩌겠는가? 다들 이 단어를 사용하지만 실제로 전혀 관련되지 않은 개념들을 표현하는 데 쓰일 수도 있는 것이다.

예를 들어서 "나는 휴가가 필요해"라는 말은 "나는 매일같이 해야만 하는 이 지루한 일 때문에 지쳤어"라는 마음 상태를 표현하는 통상적인 방법일 뿐이다. "나는 아내의 존경이 필요해"라는 말은 곧 나에게 심리적인 필요라고 여기는 것을 아내가 충족시켜주지 않으면 나는 심리적으로 결핍될 것이라는 믿음을 드러낸다.

"나는 물이 필요해"라는 말은 진정한 신체적인 필요를 의미하고 그 필요가 충족되지 않으면 건강이 손상되거나 죽음에 이를 수도 있다. "나는 성관계가 필요해"라는 말은 보통 정욕이 가득한 마음을 드러내지만 그런 마음은 자기가 단지 신체적 필요가 충족되길 원하는 것뿐이라고 합리화한다.

이 밖에 다른 의미들은 거의 중립적이라고 볼 수 있다. 그것은 아내가 남편에게 "우리에게 우유 한 병과 식빵이 좀 필요해요"라고 말하는 것과 같다.

그런가 하면 복잡하게 얽히고 설킨 의미일 때도 있다. 이를테면 남편이 "나에게 필요한 건 당신이 이 일에는 좀 신경 꺼주는 일이야"라고 쏘아 붙였다고 하자. 보편적으로 '필요'가 의미할 수 있는 모든 뜻은 세 부류로 나누어진다. 신체적 필요, 영적 필요, 심리적 필요.

신체적 필요. 신체적 필요는 별 다를 것 없이 말 그대로 신체적 필요다. 우리는 음식, 물, 주거지가 필요하고 그것들 없이는 죽을 수밖에 없다. 바로 이 '필요'가 의미하는 것이 성경에서 흔히 사용되는 뜻이다. 예수님은 "너희 하늘 아버지께서 이 모든 것이 너희에게 있어야 할(역주: 필요한) 줄을 아시[기]" 때문에 우리에게 "무엇을 먹을까 무엇을 마실까 무엇을 입을까"(마 6:32) 걱정하지 말라고 권고하신다.

이런 의미에 혼돈이 일어나게 된 것은 근래의 일이다. 예를 들어 "아! 나는 맥주가 좀 필요해"는 수십 년에 걸쳐 이 종류에 속하는 것처럼 여겨지게 된 것이다. 술이라는 것은 더 이상 체험, 습관, 정욕이 낳은 욕망을 채워주는 수단이 아니게 되어 버린 것이다. 대신에 '필요'라는 것은 억제할 수 없는 신체적인 욕구로 여겨지게 되었다. 또한 요즘 잘 나가는 "나는 성관계가 필요해" 같은 말의 경우를 고려해 보라.

이런 발언이 욕망과 탐욕의 부류에서 신체적인 부류로 비집고 들어왔다는 사실은 곧 성관계가 음식이나 물같이 신체적인 필요 요소라고 간주되고 있다는 증거이다.

그런 주장이 펼치는 이론은 이렇다. 성관계는 신체적인 필요이기 때문에 성적인 자제는 부자연스러운 것이고 따라서 우리가 가진 선택권은 오로지 성관계를 '안전'(피임을 일컫는 것임: 역자주)하게 하는 것일 따름이다. 그러므로 금욕은 구식이고 생물학적으로도 말이 안 된다는 것이다.

영적 필요. '필요'의 두 번째 부류는 영적 필요다. 예수님을 떠나서는 우리는 절망적이고 필요한 것 천지인 사람들이다. 우리는 죄로 인해 영적으로 죽었고 하나님의 원수며 그분 앞에 유죄인 상태다. 우리는 사탄과 자신의 욕망의 노예가 되어 있다. 그러나 우리는 그런 상황을 고칠 수도, 하나님을 기쁘게 할 수도 없는 희망 없는 사람들이다. 이 영적 필요야말로 우리의 가장 뿌리 깊은 필요라는 사실은 분명하다.

그러나 삼위일체 하나님은 우리를 홀로 내버려 두시지 않는다. 예수님은 우리의 필요를 채워주시는 분이 되셨다. 하나님은 예수님 안에서 우리를 다시 살아나게 하시며, 그분과 화해하게 하시고, 우리를 친구라 부르시며, 우리를 법적으로 용서해 주시고, 죄와 사탄의 속박에서 구속하신다. 성경은 예수님이 우리의 삶과 경건함에 필요한 모든 것을 주신 분이시라고 말한다(벧후 1:3).

심리적 필요. 여기서 필요에 대한 논의가 좀 까다로워진다. 이 세 번째 부류의 필요는 분명한 테두리를 찾기가 더 힘들다. 이 부류는 심리적 필요라고 지칭되는 것들이다. 심리적 필요를 나열하자면 한도 끝도 없지만 대체로 우리가 인간관계에서 원하는 것들과 관련이 있다. 예를 들어 중요성, 수용, 존중, 칭찬, 사랑, 소속감, 의미 같은 것들이 있다. 어떤 사람들은 이 긴 목록을 간단히 줄여서 '사랑 받을 필요'라고 하기도 한다.

미국에서는 '사랑 받을 필요'라는 것이 마치 신체적인 필요나 영적인 필요처럼 사람의 본성에 기초한 것으로 흔히 취급되고 있다. 즉 이 필요가 먹고 자는 신체적인 필요만큼 강렬할 수 있다는 생각이다.* 제5장에서 이미 주지했듯이 『사랑은 선택하는 것』(*Love Is a Choice*) 같은 도서들은 우리가 모두 다음과 같은 필요가 있다고 주장한다. "모든 신생아는 하나님이 주신 사랑 받을 필요를 안고 태어난다. 그것은 정당한 필요로서 요람에서 무덤까지 충족되어야만 하는 것이다.

어린이들이 사랑받지 못하면(다시 말해 이 원천적인 사랑받을 필요가 채워지지 않으면) 그들은 평생 상처를 안고 살아야 한다."** 그러나 이 사랑 받을 필요에 대해 제기할 수 있는 두 가지의 중요한 질문은 간과되기 일쑤다.

첫째, 사랑이 모두의 공통된 욕구라고 동의한다 치자. 설사 그렇다 해도 어떻게 욕구를 하나님이 주신 필요로 승격시

---

*   Tom Whiteman and Randy Petersen, *Love Gone Wrong* (Nashville: Nelson, 1994), 90.
** Robert Hemfelt, Frank Minirth, and Paul Meier, *Love Is a Choice* (Nashville: Nelson), 34.

킬 수 있는가? 욕구와 필요 사이에는 중요한 차이가 있다.

둘째, 이 필요가 충족되어야 하는 목적이 무엇일까? 이 질문은 아마도 더 중요할 것이다.

첫 번째 질문의 대답은 보통 "하나님은 우리를 그분의 형상대로 만드셨고 우리가 홀로 거하는 것이 좋지 않다고 하셨다. 그러므로 우리는 사람들이 필요하다"는 식이다. 성경적으로 말이 되는 얘기다. 우리는 분명 사람들을 필요로 한다.

그러나 아직도 두 번째 질문이 남아 있다. 심리적 필요라는 개념에 의하면 왜 우리는 사람이 필요할까? 영적 필요라는 개념에 의하면 우리가 사람들을 필요로 하는 이유는 그들이 죄의 교묘함을 경고해 주고 또 예수님의 사랑을 상기시켜 줄 뿐 아니라 우리의 짐도 같이 나누어 주는 등 여러가지 이유 때문이라고 한다.

그렇다면 심리적 필요의 경우는 어떤가?

이 질문 자체를 제기하는 것은 드문 일이지만 이에 대한 대답은 심리적 필요를 당연시하는 도서들에서 쉽게 찾아볼 수 있다. 요즘 사람들이 흔히 사고하는 바에 의하면 이러한 심리적 필요가 충족되어야 하는 이유는 우리의 잠재력을 충분히 발휘하고, 행복하게 살며, 심리적으로 안정되어지고, 자존감을 얻기 위해서이다.

더 풀어서 이야기하면 우리의 심리적 필요가 충족되어야 하는 이유는 그래야만 우리가 자신에 대해 흡족한 마음을 가질 수 있기 때문이다.

표 1. '필요'라는 단어의 일반적 사용

신체적 필요	신체를 위한 필요	음식, 물, 옷, 주거지
영적 필요	영성, 믿음, 순종 등을 위한 필요	죄 사함, 양자로 삼음, 성화, 영화
심리적 필요	행복과 수용 등을 위한 필요	사랑, 의미감, 안전, 자존감 등

우리가 다른 사람들과의 관계 속에 살아가도록 지어진 것을 우리는 알고 있다. 그리고 그런 관계들 속에서 우리는 서로 사랑하고, 격려하고, 위로해야 한다.

그러나 그런 관계의 목적이 우리의 자존감을 부추기기 위한 것일까?

언뜻 보면 성경은 우리가 다른 사람들을 사랑해주어야 한다는 생각을 뒷받침한다. 그러나 반대로 우리가 자신에 대해 흡족하게 느끼기 위해 남들에게 사랑받을 필요가 있도록 하나님이 우리를 만드셨다는 생각은 찾기가 힘들다. 성경 어디에 그런 필요에 대해 논하는 곳이 있는가?

2) 필요: 성경본문에서 증거를 찾아보려고 한 경험

깊이 생각하지 않았을 때는 심리적 필요가 매우 정상인 듯 보였다. 그러나 이렇게 심리적 필요의 목적을 알고 나면 그 필요는 자아 중심적인 것 같고 성경적인 증거 역시 찾기 어려워 보인다.

그러나 사려 깊은 사람들은 성경에서 그런 필요를 찾아냈다. 그들은 하나님이 주신 이 필요를 두 가지의 현저한 성경적 범주에서 발견할 수 있다고 제안한다. 곧 사람이 몸, 혼, 영으로 구성된 존재라는 것과 사람이 하나님의 형상대로 빚어진 존재라는 것이다.

아마도 당신은 사람을 두려워하는 문제를 다루는 본서에서 신학적 탐험을 하게 되리라고는 예상하지 않았을지도 모르겠다. 그러나 우리는 언제나 자신의 신학에 근거해서 살아가는 법이다. 우리가 하나님과 우리 자신을 보는 관점에 근거해서 말이다. 그러므로 이런 신학적 전제들을 점검해 볼 필요가 있다.

2. 인성 3분법

인성이 몸과 혼과 영, 이렇게 세 부분으로 이루어졌다는 관점은 심리적 필요라는 범주를 정당화 시켜주는 첫 번째 성경적 근거다. 한 마디로 신체는 신체적인 필요가 있고, 혼은 심리적인 필요가 있으며, 영은 영적인 필요가 있다고 믿는 일반적인 생각이다. 따라서 신체적인 필요가 있는 사람은 의사를 찾아야 하고, 심리적인 필요가 있는 사람은 심리학자나 상담사를 찾아야 하고, 영적인 필요가 있는 사람은 목회자를 찾아야 한다는 주장이다.

그러나 이 기본적인 공식이 간단하고 성경적으로 보일 수는 있으나 실제로는 의도하지 않은 결과를 초래한다. 알고 보면 이 관점은 세속적 심리학에게 사람의 3분의 1을 주물럭

거릴 수 있는 허가를 준 셈이다. '혼'이라는 것은 심리학의 이론들이 추정하는 대로 끼워 맞춰질 수 있는 속이 텅 빈 부분이 되고 만다.

의학이 몸이라는 부분에 세부적인 공헌을 했듯이 이제 세속적 심리학 역시 우리가 혼을 이해하는 데 공헌할 수(아니면 완전히 구체화시킬 수)있다고 믿는다. 그리고 웬일인지 이 믿음을 신중히 성경적으로 분석해야 할 필요는 까맣게 잊고 있다. 마치 신중하게 따져보는 것은 '혼'이라는 부분을 분리시키는 것으로 충분한 것처럼 말이다. 그러나 우리는 일단 우리에게 영으로부터 확실히 독립된 혼이 있는지부터 점검해 보아야 한다.

사람이 세 부분으로 나뉘어 있다고 보는 관점이 존재할 수 있는 것은 영과 혼이 여러 가지 다른 의미를 가질 수 있기 때문이다. 대부분의 단어들처럼 이 두 가지 단어들 역시 경계선이 모호하다.

혼과 영은 '전자' 같은 전문용어가 아니라 문맥을 알아야 의미를 알 수 있는 '필요' 같은 말에 더 가깝다. 그러나 여기서 할 질문은 과연 이 단어들이 여러 가지 다른 의미를 함축한다는 사실만으로 우리가 혼과 영이 두 가지의 완전히 별개의 실체라고 간주할 수 있느냐는 것이다. 아니면 혼과 영('마음', '정신', '양심'과 같은 경우처럼)은 비물질적인 동일한 속사람(고후 4:16)을 약간씩 다른 관점에서 본 것들이 아닐까?

성경의 많은 본문들은 사람을 두 가지 실체로 형성된 존재로 볼 수 있다고 제의한다. 사람은 육적이고 영적인 그러나 융합된 존재로서 사망과 함께 이 두 실체는 분리될 수 있다는 것이다. 이 관점에서 보면 '영'과 '혼' 같은 용어는 동일한 실체의 다른 부분을 강조한 표현이라고 하겠다. 본질적으로는 바꾸어 쓸 수 있는 말들이나 사람의 비물질적인 인격체에 대하여 다른 관점들을 부여하는 말들이다.

예를 들어 마태복음 10장 28절은 사람이 물질적인 육신과 비물질적인 혼 두 부분으로 이루어져 있다고 말한다. "몸(물질적 실체)은 죽여도 영혼(비물질적 실체)은 능히 죽이지 못하는 자들을 두려워하지 말고." 고린도전서 7장 34절 역시 우리가 물질적 및 비물질적인 두 가지의 실체로 이루어진 존재라고 말한다. 그러나 고린도전서는 몸과 혼 대신에 그것들을 몸과 영이라고 일컫고 있다. 야고보서 2장 26절은 일관되게 인간을 이원적인 존재로 보고 "영혼 없는 몸이 죽은 것같이"에서처럼 그것들을 '몸'과 '영혼'이라고 지칭한다.

인성 삼분법에 관해 가장 자주 인용되는 두 가지 본문들은 히브리서 4장 12절과 데살로니가전서 5장 23절이다. 히브리서 4장 12절은 이렇게 말한다.

> 하나님의 말씀은 살아 있고 활력이 있어 좌우에 날선 어떤 검보다도 예리하여 혼과 영과 및 관절과 골수를 찔러 쪼개기까지 하며 또 마음의 생각과 뜻을 판단하나니(히 4:12).

어떤 사람들은 이 본문이 사람을 구성하는 부분들을 해부하여 다루고 있다고 생각한다. 하나님의 말씀이 혼을 영에서 분리해 낼 수 있고, 혼과 영은 한 사람을 이루는 두 개의 다른 부분들이라는 것이다. 그러나 만약 이 본문이 의도하는 바가 사람을 구성하는 부분들에 대해 조직적으로 설명하려는 것이라면 사람을 구성하는 부분은 적어도 네 가지는 있어야 한다. 혼, 영, 몸(관절과 골수), 마음(그리고 이 마음은 다시 생각과 뜻으로 분리되어야 한다).

그러나 이 본문의 더 옳은 해석은 하나님의 말씀이 사람의 보이지 않는 모든 면까지도 꿰뚫어 영향을 끼친다는 의미로 보는 것이다. 하나님의 말씀은 사람의 가장 깊숙한 중심까지 파고든다. 인성 실체의 내면까지 이르는 것이라는 뜻이지, 마치 사람을 조각조각 분해하듯이 사람을 이루는 부분들의 틈새에 말씀이 파고 들어간다는 말이 아니다. 속사람을 성경에서 혼, 영, 마음으로 지칭하는 것은 사람의 모든 면이 다 포함됨을 강조하는, 흔히 볼 수 있는 시적인 표현이다.

예를 들어 마가복음 12장 30절은 우리가 "마음을 다하고 목숨을 다하고 뜻을 다하고 힘을 다하여 주 너의 하나님을 사랑"해야 한다고 말한다. 여기서 단어들을 누적해서 사용하는 것은 완전함을 표현하기 위한 방법이다. 하나님을 사랑하는 것은 온 인성을 다해 전면적으로 응답하는 것임을 극적으로 강조하는 것이다.

성경에서 혼과 영의 차이점에 대해 언급하는 것은 오로지 다음 하나뿐이다. '혼'은 사람의 약하고 세속적인 면을 강조하고 '영'은 우리의 삶을 지으신 분은 하나님이시라는 점을 강조하는 것이다. 혼과 영의 어떤 표현도 사람이 심리적 필요라고 하는 구별된 범주를 가진 존재로 창조되었다고는 하지 않는다. 그게 아니라 그것들은 단지 의미가 겹치는 단어들이다. 각기 속사람 혹은 사람의 비물질적인 실체 혹은 거룩하신 하나님 앞에 사는 사람을 일컫는 단어들이다.

그러므로 우리는 여기에서 심리적 필요를 찾을 수 없다.

3. 인간이 하나님의 형상대로 지어진 점

심리적 필요를 성경적으로 뒷받침하기 위해 쓰이는 또 하나의 범주는 사람이 하나님의 형상을 입고 있다는 것이다.

> 하나님이 자기 형상 곧 하나님의 형상대로 사람을 창조하시되 남자와 여자를 창조하시고 (창 1:27).

이것은 사람을 이해하는 데 있어 핵심적인 교리이다. 너무도 중요해서 성경을 공부하는 학생이라면 누구나 하나님의 형상을 입었다는 것이 무슨 뜻이고 그것이 왜 중요한가를 정의하고 설명할 수 있어야 한다.

과연 여기에서 심리적 필요를 찾을 수 있을까?

그렇지 않다면 그것은 하나님이 주신 필요가 아니다.

대다수의 그리스도인들은 사람이 하나님의 형상을 입었다는 말이 아마 하나님과 사람과의 사이에 존재하는 유사점과 관련된 것이라고 믿을 것이다. 심리적 필요 이론에 의하면 유사점은 하나님과 사람이 둘 다 마찬가지로 관계(혹은 사랑)에 대한 깊은 갈망이 있다는 것이다. 이 갈망은 보통 감정보다 더 깊은 주관적인 경험으로 정의된다. 곧 관계를 갖고자 하는 열정이다. 하나님께는 이것이 그분 자신(성부, 성자, 성령)과 기쁨이 넘치는 관계를 갖고 존재하신다는 뜻이다. 또한 하나님이 그분의 자녀들과의 관계를 회복하기를 갈망하신다는 의미이기도 하다.*

그러므로 이 이론에 의하면 형상을 입었다는 말은 "하나님이 우리가 즐기도록 설계해 놓으신 것을 갈망하는 것이다. 예를 들면, 깊이 있고 사랑으로 용납하는 갈등 없는 관계와 남들에게 영향을 미칠 수 있는 기회 같은 것들 말이다."**

"우리는 모두 제각기 누군가가 우리를 있는 그대로, 취약점들을 다 앎에도 불구하고, 받아주길 간절히 원한다."***

이 갈망이 채워지지 않으면 우리가 텅 빈 잔이나 다름없다는 이론이다.

따라서 "나의 갈망들을 어떻게 해야 할까?"가 인간 존재의 가장 근본적 질문이 되어버리는 것이다. 이 이론에 의하면 우리는 이 질문에 두 가지 방법들 중 하나로 대응한다. 즉 하나님과 상관없이 다른 사람들이나 다른 것들로 우리를 채

---

* Larry Crabb, 『인간 이해와 상담』(*Understanding People*, Grand Rapids: Zondervan, 1976), 94.
** Larry Crabb, 『영적 가면을 벗어라』(*Inside Out*, Colorado Springs: NavPress, 1991), 53-54.
*** Larry Crabb, 『인간이해와 상담』(*Understanding People*), 112.

우려고 하거나 예수님을 바라보며 관계에 대한 필요를 충족받는다는 것이다(표 2).

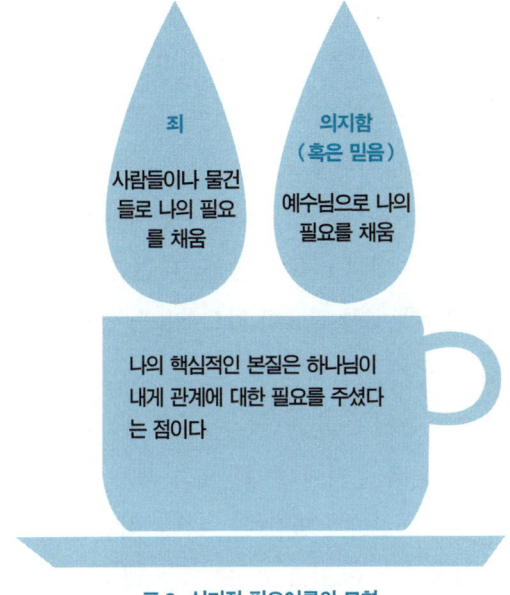

표 2. 심리적 필요이론의 모형

이 이론에 우리 경험을 비추어 보면 완벽히 들어맞는 것만 같다. 다른 영향력 있는 이론들처럼 이것도 '효과 있는' 것처럼 보인다. 즉 자명한 것처럼 보인다. 그러나 우리가 이것이 자명하다고 생각하는 것은 문화적 희석 때문일까 아니면 성경의 명확한 가르침 때문일까?

이 이론이 하나님에 관해 함축하는 한 가지 사실을 주목해 보라. 하나님이 그분의 백성을 사랑하신다는 사실은 당연한 진리이지만 하나님이 '갈망'하신다는 견해는 심각한 문제들을 제기한다.

'갈망'이라는 것은 '간절히 원한다' 혹은 '필요로 한다'는 말로 들리지 않는가?

그렇다면 그런 생각은 사람과의 관계가 없이는 하나님으로도 불완전하다는 말을 하는 셈이 아닌가?

하나님도 결핍된 것이 있어서 우리가 그것을 채워야 한다는 말이 되는 것이 아니겠는가?

그러나 진리는 하나님이 그분의 주권적인 의지로 그리고 그분의 영광을 위해 우리를 사랑하신다는 것이다. 그분에게는 우리를 사랑해야 할 필요가 없으셨음을 깨달을 때 그분의 영광은 한층 더 커진다.

또한 필요 이론이 우리 자신을 어떻게 보는지 주의해서 살펴보라. 그 이론은 우리에게 갈망의 문제가 있고 그것은 죄의 문제만큼이나 깊다고 말한다. 그것은 이런 것이다. 한 목회자가 험담하는 것은 죄라고 말했다고 하자. 그 말을 들은 어떤 험담하기 즐겨하는 사람은 목회자의 충고가 얄팍하다고 되받아칠 수 있다.

"목사님은 나의 진정한 문제를 이해 못해. 내 진짜 문제는 인간관계가 필요하다는 거라고. 나는 외롭단 말이야."

험담하는 사람이 관계를 간절히 소망하는 것이 사실일 수도 있지만 그 험담하는 현상을 가장 깊이 있고 심오하게 설명할 수 있는 것은 그 사람의 죄라는 사실이다. 그 사람이 험담을 하는 것은 '나는 원해'라고 소리 지르는 마음이 표출되는 길일 뿐이다. 자기 자신에게 헌신하고 하나님은 대적하는 삶이다. 죄의 원인은…죄다. 문제의 진정한 원인이 외로움이라고 가정하는 것은 하나님을 대적하는 죄를 아무렇지도 않은 듯 덮는 행위이고 내 죄를 가지고 남의 탓을 하는 것이다.

만약 우리가 죄를 어떤 면에서든지 얄팍한 것이라고 여긴다면 그것은 우리가 죄의 진정한 본성을 이해하지 못했음을 의미한다. 죄가 아니라 심리적 필요가 우리의 주된 문제인 것처럼 생각하는 것은 우리가 스스로를 이해하는 데만 영향을 주는 것이 아니라 복음 자체를 변질시키게 된다.

필요이론은 복음의 가장 근본적 역할이 심리적 필요를 채워주는 것이라고 말한다. 바꿔 말하면 복음의 목표는 우리의 자존감 문제를 해결하는 것이라는 믿음이다. 복음의 목적은 우리가 실패에 집착하는 것을 고쳐주는 것이다. 복음은 하나님의 사랑을 표현하는 방법이고 그 내용은 '하나님은 고물 같은 것은 안 만드셔'라는 생각이다.

이 말은 우리 귀에는 좋게 들릴 수 있어도 복음은 아니다. 예수님의 복음은 우리가 스스로에 대해 만족스럽게 만들려는 것이 목적이 아니다. 오히려 그분의 복음은 우리를 겸손하게 만든다. 예를 들어 이사야 6장을 보면 하나님의 임재하심은 먼저 이사야의 자신에 대한 견해를 깨뜨렸고 그 다음 그를 씻어주었고 그 자신과 죄스러운 욕망들에서 해방시켜 주었다. 그가 상징적으로 씻음을 받고 해방된 뒤 이사야는 자신에 대한 걱정에서 벗어나 하나님의 계획에 더 관심을 기울이게 된 것이다.

예수님은 우리의 자존감을 높여주기 위해 돌아가신 것이 아니다. 예수님은 사람들을 죄의 저주에서 구속하심으로 하늘 아버지께 영광을 돌리기 위해서 돌아가신 것이다. 물론 예수님의 십자가는 우리에게 많은 이익이 된다. 그중의 하나는 우리가 더 이상 하나님의 임재 앞에서 쫓겨난 처지가 아니라 거룩하신 그분과 친밀한 사이가 되었다는 점이다. 그러나 십자가는 우리의 죄 문제, 곧 영적인 필요를 다룬다.

인간관계 역시 이 필요 신학에 영향을 받는다. 예를 들어 필요 신학에 의하면 부부관계는 상호간에 필요를 채워주기 위해 존재하는 것이 되어버린다. 언뜻 보면 결혼생활의 경험이 정말 그런 것 같기도 하고 게다가 그런 경험 자체가 성경이 묘사하는 사랑과 들어맞는 것같이 보인다.

이 이론에 의하면 하나님이 사랑하라고 하시는 이유는 우리가 사랑을 필요로 하기 때문이다.

그러나 꼭 다른 사람들이 공허하고 또 그들은 사랑이 필요하기 때문에(사랑 받아야 자신이 괜찮다고 느끼니까) 하나님이 사랑하라고 하시는 것일까?

사랑하라고 명령하시는 것은 그것이 바로 우리가 예수님을 본받는 길이고 하나님께 영광 돌리는 길이기 때문이 아닐까?

남편이 아내에게 자기는 사랑(존경이라는 모습으로)이 필요하다고 말하는 것을 생각해 보자. 그는 하나님이 이 필요를 만드셨으니까 그 필요를 충족시키는 것이 아내의 의무라고 생각하는 것이다. 하나님이 직접 아내에게 그렇게 명령하셨다고 믿는 것이다. 따라서 그는 존경받을 권리가 있다고 믿게 되고 아내가 필요를 채우지 못하면 화낼 권리가 있다고 믿게 되는 것이다.

존경을 받기 원해도 받지 못할 때 우리는 상처받는다. 그러나 우리가 마땅히 존경받아야만 한다고 여기면 처참해지고 화나게 되어버린다.

하나님이 사랑하고, 귀 기울여 듣고, 짐을 져주고, 발을 씻어주라고 명하신다고 해서 우리가 이러한 것들에 대한 심리적 필요가 있다는 말은 아니다. 그냥 우리는 남들에게 그런 것들을 해 주어야 할 필요가 있다고 해석하는 것이 옳을 것이다. 성경은 우리에게 그런 필요가 충족되어야만 하고 그래야 우리가 스스로에 대해 흡족해진다고 말하지 않는다. 오히려 심리적 필요라는 전제와 그 목적 자체에 대해 의문을 제기한다.

성경은 자기를 부인하는 것에 대해 말할 뿐 자기가 썩 괜찮다는 느낌을 가지는 것에 대해서는 말하지 않는다. 성경은 교만에 대해 말할 뿐 자존감을 높이는 것에 대해서는 말하지 않는다. 그리고 하나님의 명령에 근거해서 우리가 명령하신 것들을 받아야 할 '필요'가 있다고 주장하는 것은 논리적으로도 앞뒤가 맞지 않는다. 그런 식의 논리를 하나님의 "각각 자기보다 남을 낫게 여기고"(빌 2:3)라는 명령에 적용한다면, 당신은 확실히 잘못된 결론에 도달할 수밖에 없다. 하나님이 다른 사람들에게 "남을 낫게 여기라"고 명령하셨으니, 나는 그 말씀에 근거해서 다른 사람보다 더 중요하게 여겨져야 할 신적인 필요성을 가졌다고 주장할 것인가!

4. 심리적 필요의 출처는 어디인가?

그렇다면 우리는 이 주관적이고 절실한 필요를 어떻게 이해해야 할까? 성경의 어디에서 이것을 찾아 볼 수 있을까? 하나님이 주신 인성의 일부분이라는 명확한 증거는 성경에 없지만 필요는 실제로 존재한다. 성경이 만약 이 부분에 대해 잠잠하다면 그것은 성경이 누구나 겪는 확연한 경험에 침묵한다는 말이나 다름없다.

이 개념은 하나님이 우리를 그분의 형상대로 창조하셨던 태초에서가 아니라 아담이 죄를 지어 타락한 이후의 세상에서 찾아보아야 한다. 죄지은 후에도 사람들은 여전히 하나님의 형상을 입고 있지만 아담이 하나님을 거역한 뒤 우리가 하나님의 형상을 반영할 수 있는 능력에는 근본적인 변화가 오고 말았다. 인간의 마음이 하나님이 아니라 자기 스스로를 향하도록 방향이 바뀌어버린 것이다.

예수님이 돌아오시는 그날까지 끊임없이 반복될 그 외침은 에덴동산에서 시작되었다. 아담은 '나는 원해'라고 중얼거린 것이다.

'나는 하나님께 모든 영광을 돌리기보다 내가 영광을 누리고 싶어.'

'나는 하나님보다 내가 원하는 것들을 더 사랑해.'

이것은 탐욕이나 정욕, 혹은 우상숭배라고 불린다.

아담이 '나는 원해'라고 말했을 때 심리적 필요가 처음 표출되었던 것이 아닐까?

심리적 갈망은 우리가 하나님을 사랑하고 그분의 사랑 받기를 거부할 때 찾아오는 것이 아닐까?

밖으로 하나님을 바라보고 그분을 알고 그분의 뜻을 행하고자 하는 욕망을 향하는 대신에 아담과 함께 인간의 삶이 추구하는 방향이 안으로 자아의 욕망을 향하게 된 것이 아닐까?

사랑 받기를 기뻐하는 것이 원죄였다는 말은 아니다. 그것은 말도 안 된다. 우리를 만드신 분은 사랑이시기 때문에 우리도 사랑하고 사랑 받기를 매우 기뻐해야 한다. 사랑을 기뻐하지 않는다는 것은 비인간적인 일이다. 그리고 우리가 거부당하거나 누가 우리에게 죄 지었을 때 깊이 상처받지 않는다면 그것 또한 비인간적인 것이다.

그러므로 문제는 우리가 사랑을 원한다는 사실 자체가 아니다. 진짜 문제는 얼마나 우리가 그것을 원하느냐 그리고 무슨 목적으로 원하느냐이다.

너무도 간절히 사랑받길 원해서 우리가 하나님을 본받고자 하는 욕망이 파묻힐 정도인가?

원하는 목적이 하나님의 영광을 위해서인가 아니면 우리 기분을 위해서인가?

갈망이라는 것은 정욕과 많은 공통점이 있다. 둘 다 사랑 받고 싶다는 좋은 욕망으로 시작하지만 결국은 우리를 옭아매어 종속한다. 사랑, 영향력, 그리고 다른 즐거움에 대한 욕망을 필요나 갈망 수준으로까지 드높이는 것은 죄 되게 욕망을 드높여 욕망에 취해 정신이 착란 되어 버리는 것과 같다.

한 마디로 우리는 이렇게 고함치는 것이다.

"나는 원해!"

"나는 그것이 있어야만 해!"

"내 삶은 내 욕망대로 돼야 해!"

다른 사람들에게 조종당하는 것 같은 느낌을 받았던 때를 생각해 보라. 다른 사람들이 당신을 화나거나 좌절하게 '만들었던' 때를 생각해 보라. 그리고 그 굴레의 정체가 무엇인지를 주시해 보라. 당신은 다음과 같은 문장들을 어떻게 채워 넣겠는가?

"나는 …가 필요해."

"나는 …를 갈망해."

그리고 그런 문장들을 다음과 같이 표현하는 것이 사실에 더 가깝지 않을까?

"나는 …(사랑, 안전함, 의미감, 능력)을 원하지만 지금 없어!"

"나에게 …를 내놔!"

"내가 고집하는 건 …야!"

"나는 …이 없인 아무것도 못해/못살아/순종 못해!"

우리가 가끔 예수님만으로 만족하지 못하는 이유는 이것으로 설명이 된다. 만일 내가 예수님 앞에 심리적인 만족감으로 채워지길 원하는 잔으로써 서있으면 나는 절대 만족감을 얻지 못할 것이다. 왜냐고? 첫째로 내 욕구는 한이 없기 때문에 그렇다. 욕구는 본질적으로 채워질 수가 없는 것이다. 둘째로 예수님의 의도는 내 이기적인 욕구들을 채우시는 것이 아니기 때문이다. 그분은 심리적 필요(욕구)의 잔을 채우시는 것이 아니라 깨뜨리려고 하신다.

한 기독교 영화에서 10대 청소년이 그리스도인이 되면 성적이 오를 것이라는 희망에 예수님께 매력을 느끼는 것을 묘사한 부분이 있었다. "예수님 믿어서 성적 올려"라는 말은 그럴듯하게 들린다. 여기에 돈, 잘나가는 이성친구, 차 같은 보너스만 더 보탠다면 모든 10대들은 그리스도인이 되고 말 것이다.

그렇지만 이런 식의 생각은 욕구로부터의 구원과 용서를 제공해 주는 것이 아니라 단순히 욕구에 호소하는 것이 아닌가?

이스라엘 백성이 우상숭배하는 이웃 민족들에게 여호와가 우상보다 더 질 좋은 곡식을 수확하게 해줄 거라며 참 하나님을 섬기라고 전도하는 것을 본 적이 있는가?

사람들이 과거가 됐건 현재가 됐건 우상숭배로부터 돌아서야 하는 이유는 우상숭배가 하나님을 대적하는 것이기 때문이다.

우리가 심리적 필요라고 여기는 것들을 예수님으로부터 얻으려는 것은 우리의 욕구를 기독교화 하려는 행위다. 스스로가 괜찮다고 느끼려고 혹은 그로 인해 우리의 삶에 거룩함보다는 행복함을 더 얻으려고 하나님께 우리가 원하는 것들을 달라고 요구하는 것이다.

이것은 우리가 가진 여러 모습들 중의 하나가 바로 죄인의 모습이라는 사실을 상기시킨다. 죄인됨은 더 이상 그리스도인의 주된 모습이나 정체는 아니지만 그래도 여전히 우리가

지니고 있는 정체이다. 언젠가는 우리가 완벽히 아름다운 신부가 될 것이지만 그때까지는 죄짓는 죄인들이다.

이 내재하는 '나는 원해'라는 갈망은 우리가 어쩌다 한 번 경험하는 정도가 아니다. 그것은 우리 삶 자체에 얽히고설킨 것으로 우리 자체의 일부분이다. 예를 들어 당신이 잠자는 중에는 죄를 짓지 않을까? 더 구체적으로 생각해 보자. 당신이 꿈꾸지 않으면서 잠자는 중에는 죄를 짓지 않을까? 성경적인 대답은 명확히 "아니오"다. 이런 식의 질문은 "에드(Ed)는 잠잘 때도 에드니?"라고 묻는 것과 마찬가지다.

'죄인'이라는 것은 모든 사람의 현재 상태를 묘사하는 단어이고 여기에는 예수님께 믿음을 둔 사람들도 포함된다. 물론 예수님을 '주님'이라고 부르는 사람들은 의롭다 함을 받았고 그것은 그들이 더 이상 유죄가 아니라는 뜻이다. 또한 그들은 성령을 받았고 성령은 그들이 죄의 종이 아닌 예수님의 종이 되게 만든다. 그러나 우리는 아직도 모두 죄인들이다. 완전함은 우리가 천국에 입성할 때 주어지는 것이다.

죄를 짓는 죄인들로서 우리는 거룩하신 하나님께 빚진 자들이다. 우리는 그분께 전적인 충성, 영광, 찬양, 존귀를 바쳐드려야 한다. 하지만 우리는 하나님께 아무것도 드리지 못했다. 그것은 우리가 철저하게 빈곤한 자들이기 때문이다. 그러므로 우리의 가장 근본적인 필요는 용서받을 필요이다. "우리 죄를 사하여 주시옵고"(마 6:12)라고 우리가 기도하면 하나님은 예수님 안에서 우리의 빚을 용서해 주신다.

그러므로 이제 우리는 진정으로 하나님께 빚진 자들이지

만 그 빚은 우리를 수치스럽게 만드는 빚이 아니다. 우리는 과거에 우리의 죄 때문에 하나님께 빚진 자들이었고 수치를 입은 자들이었다. 그러나 이제 우리는 그분이 용서해 주셨기 때문에 빚진 자들이고 감사한 마음으로 가득한 자들이다. 그러나 우리가 현재 빚진 정도는 여기에서 끝나지 않는다. 우리 하늘에 계신 아버지께서는 우리를 자녀 삼으시고 상속자로 삼으셨다.

그분은 우리에게 새 가족을 주시고 새로운 정체성을 주셨다. 이 모든 것은 그분이 우리를 위해 준비하신 것을 보증하는 보증금에 지나지 않는다. 더 나아가 그분은 우리를 하늘에 앉히셨고(하나님의 보좌가 있는 바로 그곳에) 우리에게 그분과 영원히 거할 수 있는 특권을 주셨다.

그분은 우리의 빚을 사해 주시고, 우리가 빚만 없을 뿐 여전히 거지로 남아 구걸하도록 내버려두지 않으셨다. 그분은 우리를 부유하게 만드셨다. 이것이야말로 우리를 정말 기쁘게 하는 빚이다.

이제 나는 내가 복음을 잘 아는데도 불구하고 무엇이 나로 하여금 인간에 대한 두려움에 사로잡히게 만들었는지 이해한다. 내게 필요한 것은 단순히 주님을 경외하는 일에 성장하는 것만이 아니었다. 나는 회개해야 할 필요가 있었다. 나의 절실한 필요들, 욕망들, 욕구들은 크기만 했다. 그것들은 너무나도 커서 나는 하나님과 다른 이들이 모두 나를 채워주기를 바랬다.

내가 다른 사람들을 두려워한 이유는 바로 사람들이 커 보였고, 내 욕망들은 그들보다 더 컸으며, 하나님은 작아 보였기 때문이다. 세상에 공허함이 전염병처럼 퍼져있는 이유는 하나님이 아닌 우리가 필요를 제조해내고 증폭시켰기 때문이다.*

---

* 공허함이 생기는 이유가 욕구밖에 없는 것은 아니다. 공허함을 설명해 주는 또 하나의 사실은 우리가 남들이 우리에게 죄짓는 세상에 살고 있다는 것, 또 우리가 사는 세상이 저주받았다는 것이다. 예컨대 만약 당신의 배우자가 죽는다면 당신은 공허한 기분이 들 것이다. 그리고 공허한 기분이 드는 것은 당연하다. 당신의 삶에서 무엇인가 아름다운 것이 사라지고 말았기 때문이다. 그리고 당신의 상실감은 대단할 것이다. 하지만 그런 공허함은 저주와 사망이 우리의 심령에 새겨진 결과이지 하나님이 사람을 심리적 욕구의 존재로 창조하셨기 때문이 아니다.

더 생각해 보기

본 장에서 우리는 사람들이 조종당하는 문제를 해석하는 데 있어 흔히 간과하는 요소가 무엇인지 조명해 보았다. 우리는 자기중심적 욕망들을 회개해야 함을 잊어버린다. 회개 없이는 하나님의 영광이 아닌 우리의 욕망들이 여전히 초점이 되기 마련이다.

시간을 들여서 당신이 이제까지 '심리적 욕구'라고 간주했던 얼마나 많은 것들이 실제로는 욕망과, 변장된 요구들이었는지를 생각해 보라.

제8장

당신의 진정한 욕구를 자각하라

이제는 "우리는 누구일까?"라는 질문을 다시 고려해 볼 때다. 우리는 우리에게 꼭 필요한 것처럼 느껴지는 것들이 모두 자동적으로 하나님 형상의 일부는 아니라는 점을 이제까지 살펴보았다. 그러나 무엇이 하나님 형상의 일부인지는 우리가 아직 생각해 보지 않았다. 사람을 텅 빈 잔으로 보는 관점에 대한 성경적인 대안은 무엇일까?

사람이 가진 하나님의 형상은 우리가 어떤 면에서 하나님과 닮았는지에 관련된 것이기 때문에(창 3:5), 우리는 "하나님은 누구실까?"라고 먼저 질문해야 한다. 하나님의 형상에 관한 교리는 하나님에 대한 지식과 우리에 대한 지식을 잘 조화시키는 것이어야 한다. 하나님에 대한 올바른 지식을 가진 후에야 우리는 "사람은 누구일까?"라고 질문할 수 있는 것이다.

1. 하나님은 누구시며 그분이 '원하시는 것'은 무엇인가

하나님과 그분의 나라는 간단히 말하면 삼위일체의 하나님, 이스라엘의 거룩하신 하나님에 관한 것이다.

삼위일체 하나님이 필요하신 것은 무엇일까?

하나님께는 필요한 것이 없다. 하나님은 부족함 없이 완전히 자족하신 분이시다. 성부(하나님 아버지)께서는 성자(예수님을)를 사랑하신다. 성자는 성부를 희열에 넘쳐 사랑하고 오로지 성부의 뜻이 이루어지기만을 원하신다. 하나님의 제일 큰 기쁨은 바로 하나님 자신이시다.*

처음 들으면 이상하게 들릴지 몰라도 한번 이것을 생각해 보라. 하나님이 완벽하고 거룩하신 그분 이외의 다른 열등한 것들에게 마음이 사로잡히시기를 우리가 기대한다면 말이 될까? 하나님이 다른 것들에게 마음이 사로잡히신다는 것은 우상을 숭배한다는 뜻이다. 피조물을 조물주보다 존귀하게, 곧 드높이는 셈이 되는 것이다. 하나님의 목적은 그분을 드높이시는 것이며 그분의 영광이다. 하나님은 그분의 위대하신 이름을 드높이려고 하신다.

> 이는 만물이 주에게서 나오고 주로 말미암고 주에게로 돌아

---

* 존 파이퍼(John Piper)가 집필한 『하나님의 기쁨』(*The Pleasures of God*)은 이 주제와 연관된 유익한 논의를 보여준다.

감이라 그에게 영광이 세세에 있을지어다(롬 11:36).

이 관점과 근래의 새로운 욕구의 심리학과는 벌써 차이가 있다는 점을 주지하기 바란다. 욕구의 심리학에 의하면, 우리가 하나님을 찬양하는 이유는 하나님이 나를 위해 해 주신 것들이 있기 때문이다. 물론 그렇게 말하는 것도 괜찮다.

하지만 그것은 부분적인 이유에 불과하다. 성경의 관점에 의하면 하나님이 찬양받으셔야 할 이유는 오직 그분이 하나님이시기 때문이다. 그리고 자연스러운 초점은 우리의 깊은 갈망이 아니라 한없이 위대하신 "영광의 하나님"(행 7:2)이시다. 통치하시는 거룩하신 이스라엘의 하나님이시다.

올바로 보고 이해하면 이 영광은 모든 것을 포괄하는 것이다. 이스라엘 백성은 그들의 심리적인 갈망이 채워졌기 때문에 찬양을 하기 시작한 것이 아니었다. 그들이 하나님을 높여 찬양한 이유는 그저 하나님이 높으신 분이기 때문이었다.

> 여호와여 신 중에 주와 같은 자가 누구니이까 주와 같이 거룩함으로 영광스러우며 찬송할 만한 위엄이 있으며 기이한 일을 행하는 자가 누구니이까(출 15:11).

이를 낭송하면서 그들의 진정한 필요가 만족된 것이었다. 영광, 존귀, 광채, 아름다움, 찬란, 장엄 등은 모두 하나님의 위대하심을 대체할 수 있는 표현들이다. '거룩'은 이 모든 표현을 포괄하는 표현이다.

사람이 커 보일 때 하나님이 작아 보일 때

우리는 이미 하나님의 거룩함이 어떻게 그분의 사랑과 공의에 드러나는지에 관해 짚어보았다. 이제 한 발짝 더 나가보자. 하나님의 사랑과 공의는 우리가 모방할 수 있는 매우 구체적인 그림들이나 형상들로 수도 없이 표현되어 있다. 예를 들어 거룩하신 하나님은 순결한 신부를 기대하는 사랑의 신랑이시다. 하나님은 너나 할 것 없이 모두 잔치에 초청하시는 분이시나 참석하는 하객들은 그들이 받은 의복을 입을 것을 기대하신다. 그분은 시온을 공의로 구속하시는 사랑의 구속자이시다(사 1:27).

하나님은 세상을 심판하시는 분이시지만 그분의 수치스러운 백성을 위해 변호인이자 대리인이 되신 분 또한 그분 자신의 아들이셨다. 그분은 아버지이시고 어머니이시고, 순종하는 아들, 고난 받는 종, 친구, 목자, 의사, 의미를 주시는 분, 창조주, 토기장이시다. 그분은 반석이시고 요새이시다. 하나님을 묘사하는 그림이나 모습은 성경의 어디서든 찾을 수 있고 그 그림 하나하나는 하나님의 거룩하심을 나타내고 있다.

이 하나님이 우리에게 그분의 구체적인 모습들을 단편적으로 주신 것은 단순히 사람들의 언어에 맞추어 이해하기 쉽게 그분을 표현하시려는 의도가 아니었다. 하나님은 우리가 생각하는 종이라는 개념을 빌어서 자신이 마치 한 사람의 종과도 같으신 분이라고 말씀하시는 것이 아니다. 절대 그런 것이 아니고 하나님이야말로 최고의 종이시고, 최고의 남편이시며, 최고의 아버지이시고, 최고의 형제이시고, 최고의 친구이신 것이다.

창조된 이 세상에서 그런 하나님의 모습을 조금이라도 닮은 것이 있다면 그것은 그저 하나님의 영광이 만물과 피조물들에 흘러넘치는 것일 뿐이다. 당신이 다른 사람들에게서 그런 모습들을(뒤틀린 것이라 할지라도) 찾아볼 수 있다면 그 모습들은 원본을 흐릿하게나마 반영하고 있는 것이다. 내가 아버지일 수 있는 이유는 하나님이 아버지이시기 때문이다. 내가 일하는 사람인 이유는 하나님이 원래 일하는 분이시기 때문이다.

하나님의 영광을 궁극적으로 나타내시는 분은 예수님이다(히 1:3). 당신이 하나님의 영광이나 거룩하심을 예수님을 통해 목격하게 되면 이 모든 그림들은 하나로 융합된다. "우리가 그의 영광을 보니 아버지의 독생자의 영광이요 은혜와 진리가 충만하더라"(요 1:14). 예수님은 "하나님의 거룩하신 자"(막 1:24, 요 6:69)이시다.

그분의 수난은 우리가 예상하듯 하나님 아버지의 영광이었다. 예를 들어 예수님이 십자가에 못 박히시기 전에 하신 기도는 "아버지여 아버지의 이름을 영광스럽게 하옵소서"(요 12:28)였다. 예수님이 체포되시기 직전에 "거룩하신 아버지"(요 17:11) 곧 "의로우신 아버지"께(요 17:25) 하신 기도는 바로 아버지께서 예수님을 영광스럽게 하사 예수님 역시 하나님을 영광스럽게 만드시도록 비는 것이었다.

예수님이 가장 마음속 깊이 원하신 것은 거룩하신 아버지의 영광이었고 그것은 예수님의 사랑과 공의로 표현되었다.

지극히 존귀하신 하나님의 형상을 입은 자가 되기 위해 당신의 시선이 고정되어야 할 대상은 바로 예수님이시다.

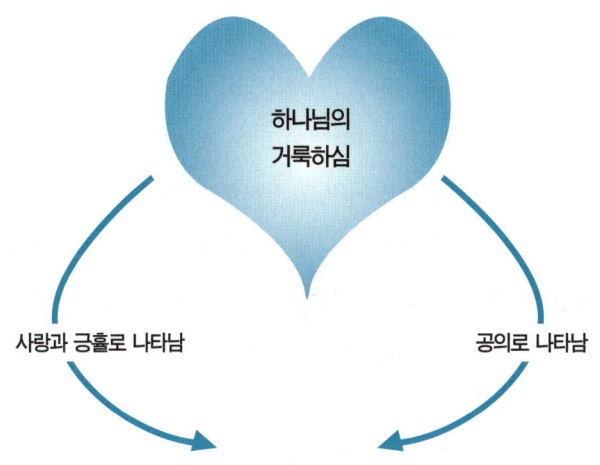

표 1. 우리 하나님: 거룩하신 분

2. 우리는 누구인가?

하나님을 아는 지식으로 무장하고 나면 "사람은 누구인가?"라는 질문은 간단한 것으로 변한다.

사람들은 어떤 면에서 창조주 하나님과 비슷할까?

하나님이 제일 사모하시는 것은 하나님 자신, 즉 성부, 성자, 성령이시다. 하나님은 그분의 영광스러운 거룩하심으로 세상을 충만하게 하기를 원하신다. 그렇기 때문에 우리는 "이름이 거룩히 여김을 받으시옵고"라고 기도해야 하는 것이다.

사람들이 하나님과 가장 비슷할 때는 바로 그들이 사모하는 대상이 하나님일 때이다. 하나님이 그러시듯 사람들 역시 하나님으로 인해 몹시 기뻐해야 하는 것이다. 우리는 그분의 이름이 온 세상에 유명해지고 거룩하게 여김을 받으시도록 해야 한다. 우리는 그분의 영광스러운 나라가 도래하는 것을 선포해야 한다. 웨스트민스터 소요리문답의 1번 문답이 말하듯 "인간의 제일 되는 목적은 하나님을 영화롭게 하며 영원토록 그를 즐거워하는 것이다"(표 2).

사람이 가진 하나님의 형상은 소위 사랑의 잔 같은 모습이나 갈망만 무성한 텅 빈 마음 같은 모습이 아니다. 사람이 가진 하나님의 형상을 더 정확히 묘사한 것은 달이 햇빛을 반사하듯 모세가 하나님의 영광을 말 그대로 비추었던 것과 같다(출 34:29-32).

모세의 얼굴이 찬란했던 이유는 그가 하나님의 면전에서 그분의 영광스러운 거룩하심을 목격했고 또한 그럼에도 불구하고 그로부터 보호받아 살아남았기 때문이다.

이것만큼이나 놀라운 일은 하나님이 그분의 형상을 새롭게 입은 자들인 우리를 모세보다 더 영화롭게 하셨다는 점이다.

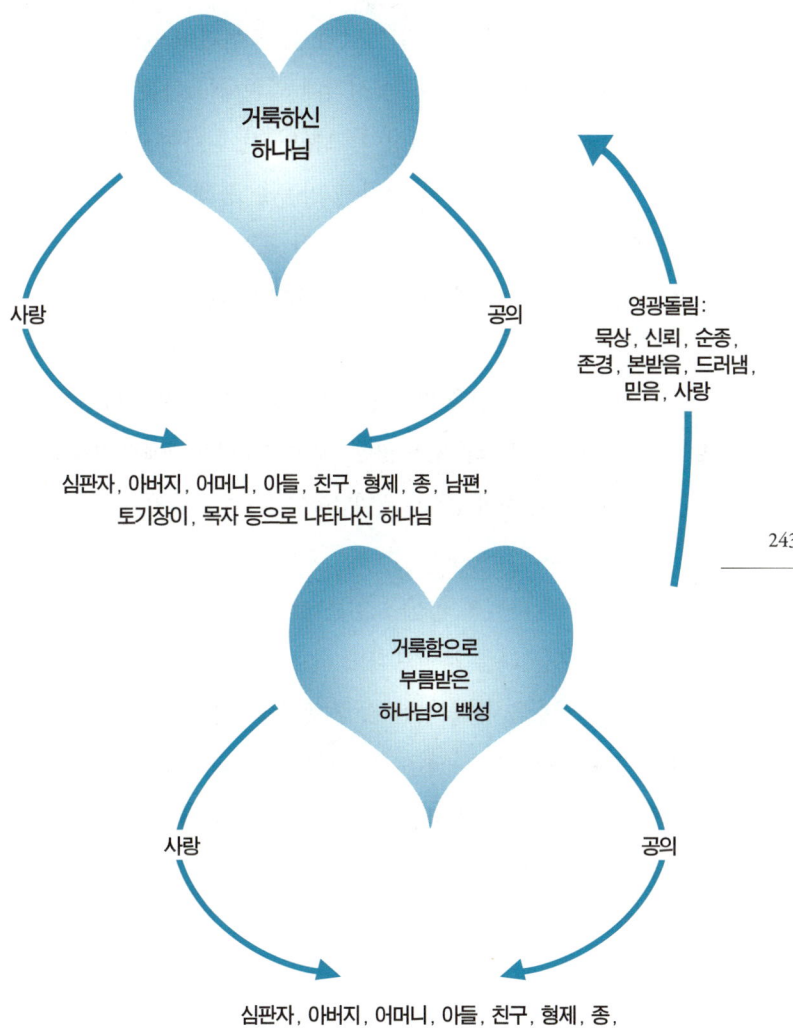

표 2. 사람(과 교회): 하나님의 영광을 반영함

하나님의 백성이 그분의 형상을 입은 자들이 되려면 여전히 하나님이 함께 하셔야만 한다. 그러나 하나님의 임재하심은 더 이상 가끔 한 번씩 일어났던 신적 현현(theophany)*에만 국한되거나 정상 가동하는 성막에 의존해야 하는 것이 아니다. 오늘날 하나님의 백성이 그분의 전에 나아오는 것은 믿음을 통해서다. 영광의 성령은 믿음을 통해 우리와 함께 거하신다. 그렇기 때문에 영광이 점차 흐릿해지는 것이 아니라 우리는 더 찬란하게 성장할 수 있는 것이다.

> 우리가 다 수건을 벗은 얼굴로 거울을 보는 것 같이 주의 영광을 보매 그와 같은 형상으로 변화하여 영광에서 영광에 이르니 곧 주의 영으로 말미암음이니라(고후 3:18).

이것은 즉 하나님의 형상을 입는 것이 하나님의 전에서 기뻐하고, 그분을 다른 무엇보다도 더 사랑하며, 내 영광이 아닌 그분의 영광을 위해 사는 것을 뜻한다. 인생에 있어 가장 기초적인 질문이 "하나님은 무슨 방법으로 내 심리적 갈망을 만족시키실까?"가 아니라 "어떻게 하면 내가 하나님께 영광을 돌릴 수 있을까?"로 변하는 것이다.

이 두 의문 사이의 차이점들은 우리 마음에 극히 다른 영향을 미친다.

첫째, 우리를 끊임없이 우리 자신의 바깥으로 하나님을 향해 끌어당긴다.

둘째, 우리를 우리 안으로 자신을 향해 끌어당긴다.

---

* 역자주: 구약시대에 하나님이 직접 나타나신 사건들을 칭함.

더 나아가서 하나님의 형상이 당신 안의 공간(텅 비고 수동적이며 쉽게 상처받는 중심) 같은 것이 아니라 당신이 '하나님께 영광 돌리는 것'이라는 점은 우리가 사는 모습에서 드러난다.

우리의 마음은 항상 능동적이다. 우리의 마음은 언제나 자기 자신 아니면 하나님 둘 중의 하나에게 영광을 돌리기에 바쁘다. 그런 면에서 봤을 때 사람이 가진 하나님의 형상은 동사적이다. 사람이 가진 하나님의 형상이 무엇인가는 단지 우리가 누구냐의 문제가 아니다. 우리가 무엇을 하느냐의 문제다.

우리가 하나님의 형상을 입는 방법은 믿음을 통해서이고 그 믿음은 우리가 사는 모습에서 나타난다. 하나님을 본받음(엡 5:1), 하나님의 사신(고후 5:20), 하나님의 영광을 반영함(출 34:29-35), 하나님을 사랑함, 하나님의 뜻대로 삶 등과 같은 믿음의 수많은 유사어들도 역시 우리의 삶에서 나타난다.

궁극적으로 하나님의 형상을 입는다는 것은 떨리는 책임이며 영광스러운 특권이다. 하나님의 형상을 입는 것은 수수한 순종의 행위들로 표현되기 마련이고 그런 행위들은 영원한 파장을 일으킨다. 하나님의 형상을 입는다는 것은 하나님을 사랑하고 당신의 이웃을 사랑하는 것이다. 하나님의 거룩하신 사랑과 공의가 구체적인 행동으로 나타난 것과 같이 우리의 삶에도 동일한 역사가 일어나야 한다. 사람들이 하나님을 믿고 신뢰한다면 분명 그들이 하나님의 형상을 입고,

- 하나님의 영광을 위해 하나님의 백성과 만나는 것을 볼 수 있을 것이다.
- 하나님의 영광을 위해 서로와 세상을 위해 기도하는 것을 볼 수 있을 것이다.
- 하나님의 영광을 위해 자기 방어에 힘쓰기보다는 배우자의 말을 귀담아 듣는 것을 볼 수 있을 것이다.
- 하나님의 영광을 위해 일하는 것을 볼 수 있을 것이다.
- 하나님의 영광을 위해 부부간에 성생활을 즐기는 것을 볼 수 있을 것이다.
- 하나님의 영광을 위해 자녀를 양육하는 것을 볼 수 있을 것이다.

하나님의 거룩함과 우리가 하나님의 형상을 입은 자들로 지어진 것을 이런 식으로 이해하면 사람을 사랑의 잔으로 보는 관점에 수많은 대안이 생긴다. 그 대안들은 성경의 한 장 한 장에 담겨있다. 그 대안들은 하나님이 우리, 그분의 독생자, 심지어는 그분 자신에 대해서 말씀하시는 것을 보면 알 수 있다.

하나님이 전능하신 것처럼 우리도 전능해야 한다는 말은 물론 아니다. 하나님의 성품 중에는 우리가 피조물로서 공유할 수 없는 속성들이 있다. 그러나 하나님이 자신을 나타내신 많은 모습들 중에는 우리가 본받아야 할 패턴들이 있다. 몇 가지 예를 들어보자.

1) 당신은 제사장이다

당신은 이미 자신이 하나님의 면전에 거하는 현대판 모세라는 것을 알고 있다. 따라서 당신의 얼굴은 예수님이 함께 하심으로 인해 빛난다. 그것은 곧 당신들이 하나님의 제사장들임을 의미한다. 성경은 이렇게 말한다.

> 너희는 택하신 족속이요 왕 같은 제사장들이요 거룩한 나라요 그의 소유가 된 백성이니(벧전 2:9).

이것은 하나님이 주신 모습, 또는 형상이다. 이것은 또한 우리가 예수님에게서 찾아 볼 수 있는 모습이다. 그분은 존귀하신 대제사장이시다. 예수님은 대제사장이시고 우리 역시 예수님을 본받는 제사장들이다.

당신은 바로 이런 사람이기 때문에 그에 따르는 자신의 역사적 배경을 알 필요가 있다. 제사장들은 하나님의 면전인 성소에서 그분을 독특하게 대변하며 섬기기 위해 부름을 받은 사람들이었다. 그러나 문제는 제사장들이 아담과 하와처럼 하나님 앞에서 영적으로 벌거벗고 수치스러운 자들이라는 점이다. 그들이 하나님의 면전에서 섬기기 위해서는 하나님의 덮어주심이 필요했다. 그래서 하나님은 그들에게 기품 있는 왕실의 의복 못지않은 거룩한 의복을 지어주셨다. 그 거룩한 의복은 입는 이를 "영화롭고 아름답게"(출 28:2) 만들었다.

제사장의 의복은 경이로운 부속물이 여럿 있었다. 예를 들어 에봇은 열두지파의 이름이 새겨진 아름다운 의복이었다. 그것은 우리가 여호와 앞에 홀로 서는 개체가 아니라 다른 그리스도인들과 함께 결속된 사람들이라는 것을 상기시켜 준다. 흉패는 짜임새 있게 만들어진 의복으로 경건한 결정을 내릴 때 쓰였다. 그것은 우리에게 모든 결정이 하나님의 말씀을 참고해서 내려져야 한다는 점을 상기시켜 준다. 마지막으로 가장 중요한 것은 바로 머리를 덮는 관이었다.

관이라는 것 자체는 하나님이 우리를 절대적으로 덮어주셔야 한다는 점을 일깨워 주는 것을 제외하고는 그리 특별한 것이 아니었다. 그러나 도장을 새기듯이 관위에 새겨진 말은 의복 전체와 더 나아가서는 우리 삶을 요약한 것이었다. 그곳에는 "여호와께 성결"(출 28:36)이라고 새겨져 있었다. 제사장들은 하나님께 속했고, 하나님을 대변했으며, 하나님이 거룩하신 것처럼 그들도 거룩해야 했고 하나님께 영광 돌리기 위해 사는 사람들이었다.

그리스도를 통해 그들의 의복은 우리 모두가 이용할 수 있게 되었다. 그 옷은 값없이 얻는 것이지만 얻는 이마다 반드시 입어야 하는 의복이다. 그 의복은 하나님께 영광을 돌리기 위해서는 필수적이다. 자세히 보면 그 제사장의 의복은 동시에 하나님의 백성이 혼인예식에서 입을 아름다운 예복이기도 하다는 점을 알아차릴 것이다.

2) 당신은 그리스도인이다

현대의 제사장들은 '그리스도인'이라고 불린다. 그것은 아마도 신자가 가진 제일 확실한 모습 혹은 정체일 것이다. 다시 말해 우리는 하나님의 가족이다.

우리는 사람의 이름이라는 것이 그다지 의미심장하지 않은 시대에 살기에 이 말이 별로 마음에 와 닿지 않을지도 모르겠다. 하지만 성경이 쓰인 당시에는 이름이 사람을 정의하곤 했다.

'그리스도인'이라는 말은 분명히 우리를 정의한다. 우리는 그리스도의 이름을 취한 자들이다. 우리는 그분과 약혼한 이들이다. 우리가 맡은 일은 그분의 이름을 유명하게 만드는 것이다. 우리는 사람들에게 하나님과 화목하라고 간청하시는 예수님의 전령이자 사신이다(고후 5:20).

우리는 하나님이 입양하시고 새 이름을 주신 사람들이다. 게다가 하나님이 우리를 입양하셨다는 사실은 그 사실이 얼마나 우리를 기쁘게 하는지와는 상관이 없으며 주된 목적도 아니다. 신약을 보면 입양이 영광스럽게 하는 것은 입양하는 사람이지 입양당하는 사람이 아니었다. 입양은 하나님께 영광을 가져온다.

3) 하나님의 백성이 가진 다른 모습들

우리에게 하나님이 주신 다른 모습들은 무엇일까?

될 수 있는 한 넓게 생각해 보라. 그리고 성경에서 흔히 찾을 수 있는 모습들을 잊지 말라. 무엇이든지 하나님이 성경을 통해 보여주시는 모습이라면 우리가 재현해야 할 모습일 수 있다. 예를 들어 하나님의 아버지 같은 사랑과 우리를 제자로 양육하시는 것에 드러나는 것처럼 우리가 그분을 본받는 것도 역시 아버지 역할을 하는 것으로 표현될 수 있다. 하나님의 거룩하심이 그분이 일하시는 분이라는 점에서 드러나는 것처럼 우리의 거룩함도 동일한 방법으로 나타나야 한다.

하나님은 우리를 섬기셨다. 그러므로 우리도 그분을 따라 다른 사람들을 섬겨야 한다. 따라서 그리스도인인 아버지가 자녀들과 축구를 하는 데 시간을 아끼지 않는 것은 곧 그분의 백성과 시간을 보내시는 하나님의 형상을 본받는 것이다. 아이가 예수님께 순종하는 마음으로 식탁에 수저를 놓거나 설거지를 하는 것은 섬기시는 하나님의 형상을 본받는 것이고 그럼으로써, 곧 그분께 영광을 돌리는 것이다. 또는 노동자가 예수님을 섬기고자 하는 마음으로 지루한 일을 하는 것은 우리를 위해 일하신 예수님의 형상을 본받는 것이다.

여기에 주어진 몇 가지 예들은 우리가 하나님을 본받을 수 있는 모습들이다.

- 자녀들로서(요일 3:1)
- 종들로서(롬 6:22)
- 친구들로서(요 15:14)

- 동역자들로서(고후 6:1)
- 신부들로서(계 21:3)
- 전사들로서(엡 6:10-18)
- 산 돌들로서(벧전 2:5)
- 복음 전하는 자들, 선지자들, 목사들, 교사들로서(엡 4:11)
- 남편들로서(사 54:5)

이 모든 정체성은 우리가 그분께 영광을 돌릴 수 있는 방법들이다.

3. 우리에게 진정으로 필요한 것은 무엇일까?

그렇다면 우리는 속죄의 필요를 제외하고도 그 외에 다른 필요가 있을까?

우리에게 인간관계는 필요한 것일까 아닐까?

이에 대한 답은 당신이 말하는 필요의 의미가 무엇인가에 달려있다. 만약 우리가 심리적인 욕구를 말하는 것이라면 답은 "아니오"다. 우리에게는 의미감과 사랑에 대한 갈망을 채우기 위한 관계는 필요하지 않다. 그 관계가 하나님과의 관계이든 사람들과의 관계이든 말이다.* 만약 그런 갈망을 위해 관계가 필요하다고 치면 그것은 마치 내가 대단하고 중요한 사람인 것처럼 느낄 욕구가 있어서 나에게는 하나님이 필요하다고 말하는 꼴이다.

이기적인 욕구는 충족되어야 하는 것이 아니다. 그것은 소멸되어야 하는 것이다.

그렇다면 성경이 우리에게 서로를 사랑하라고 명하는 것은 어떻게 하라는 말일까?

그 말은 곧 우리에게 사랑이 필요하다는 뜻이 아닌가?

꼭 그런 것은 아니다. 더 정확하게 말하면 그것은 우리가 사랑을 해야 할 필요가 있음을 의미한다. 우리에게 사랑(의미감, 중요함 등)으로 채워져야만 하는 심리적인 결핍증이 있다는 뜻이 아니다.

우리는 하나님의 형상대로 지어졌다는 사실을 염두에 두라. 그것은 곧 하나님이 우리에게 그분을 대변하고 본받을 능력을 선물로 주셨다는 뜻이다. 우리는 사랑으로 창조되었고 지금도 우리를 지탱하는 것은 하나님의 오래 참으시는 사

---

* 어떤 사람들은 신생아들의 원활한 발육 또는 단순한 생존을 위해서라도 양육(안아 주는 것이나 다른 사랑의 표현들)이 필요하다는 사실은 곧 우리 역시 깊은 심리적 갈망들이 있다는 의미라고 주장한다. 그러나 나는 그렇게 생각하지 않는다. 이 두 가지는 서로 비교할 수가 없는 것들이다. 신생아의 인간관계에 대한 갈망을 운운하는 것은 오류이다. 우리가 살아가기 위해서는 사람들이 필요하다고 말하는 것이 더 옳다. 우리는 다른 사람들에게 매일 의존하는 존재들이다. 그러나 그것은 우리의 신뢰와 믿음을 다른 사람들에게 두는 것과는 다른 문제이다.

사람이 커 보일 때 하나님이 작아 보일 때

랑이다. 그렇기 때문에 우리는 그분의 그치지 않는 사랑을 본받음으로써 하나님께 영광을 돌리는 것이다. 우리가 사랑하는 이유는 사람들이 심리적인 결핍에 시달리기 때문이 아니다. 우리가 사랑하는 이유는 하나님이 먼저 우리를 사랑하셨기 때문이다.

우리가 입은 하나님의 형상은 심리적 필요와 연관된 것이 아니다. 그것은 하나님이 그분의 백성에게 주신 풍요로운 선물들과 연관되었다. 그러나 일부 우리가 다른 사람들을 필요로 하는 것은 분명하다. 하나님이 아담 그리고 하와를 창조하셨다는 것은 어느 한 개인이(예수님을 제외한) 하나님의 형상을 완벽하게 반영할 수 없다는 것을 뜻한다. 하나님의 형상을 반영하는 것은 혼자 할 수 있는 일이 아니다. 합작으로만 가능하다. 하나님의 영광은 너무 방대해서 어느 피조물이 혼자 뚜렷이 반영한다는 것은 불가능하다. 하나님의 형상은 우리가 모두 공유한다는 면에서 공동체적이라고 할 수 있다.

극히 실용적으로 보더라도 하나님이 그분께 영광을 돌리기 위해 생육하고 번성하라고 명하신 것은 한 개인으로서는 지킬 수가 없는 일이다. 그러므로 하나님은 남자와 여자를 그분의 형상을 입은 자들로 창조하셨다.

번성하여 땅을 정복하라는 명령은 예수님을 열방에 전하라는 신약에 나오는 지상명령의 전조였다. 이것 역시 한 개인이 할 수 있는 일이 아니다. 우리는 서로가 필요하다. 선교 사역을 위해 우리는 농부들, 트럭 운전사들, 공학자들, 건축가들, 가게 주인들, 선교사들, 엄마들, 아빠들, 목사들, 주일학교 교사들, 경비원들이 필요하다. 하나님의 의도대로 교회가 구실을 하려면 이렇게 조직적으로 무장된 은사들은 필수다(고전 12:12-27). 하나님의 형상을 입은 이들은 독불장군들이 아니다.

그러므로 성경은 우리가 서로를 필요로 하는 존재라는 것을 분명히 가르친다.

1. 하나님은 우리가 신체적인 필요가 있도록 창조하셨다. 우리는 음식이 필요하고 악천후로부터 보호받을 필요가 있다. 이런 필요들이 충족 받으려면 우리는 무엇보다 하나님이 필요하고 그 다음으로 다른 사람들이 필요하다.
2. 우리는 영적인 필요가 있는 죄인들이다. 예수님의 구속하시고 유지하시는 사역을 떠나서는 영적인 시체들이다. 우리는 예수님이 필요하다. 우리는 그분에 대한 가르침을 받아야 한다. 우리가 그분에게서 멀리 떠나갈 때면 사랑의 책망을 받아야 한다. 게다가 다음 장에서 더 명확히 다루겠지만 우리는 그분의 헤아릴 수 없는 사랑을 알아야 한다.
3. 하나님은 우리를 한정된 재능과 역량을 가진 사람들로 창조하셨다. 하나님은 모든 은사를 한 개인에게 모조리 다 주지 않으셨다. 그러므로 우리가 하나님의 목적을 달성하고 그분의 한없는 영광을 될 수 있는 한 정확하게 반영하려면 다른 사람들이 필요하다.

만약 우리가 진정으로 필요한 것들에 대해 의심이 든다면 성경에 나오는 기도문들을 한번 점검해 보도록 하자. 기도라는 것은 다름이 아니라 필요로 가득 찬 마음의 부르짖음이다. 우리는 성경에 기록된 기도들의 필사적인 간절함을 볼 때 우리의 진정한 필요가 무엇인지를 가늠할 수 있다. 그리고 그 기도들에서 우리는 필요가 가득한 사람들에게 무엇을 하나님이 기쁨으로 더해 주시는지를 찾아볼 수 있다.

> 그러므로 너희는 이렇게 기도하라
> 하늘에 계신 우리 아버지여
> 이름이 거룩히 여김을 받으시오며
> 나라가 임하시오며
> 뜻이 하늘에서 이루어진 것 같이
> 땅에서도 이루어지이다
> 오늘 우리에게 일용할 양식을 주시옵고
> 우리가 우리에게 죄 지은 자를 사하여 준 것 같이
> 우리 죄를 사하여 주시옵고
> 우리를 시험에 들지 하지 마시옵고
> 다만 악에서 구하시옵소서(마 6:9-13).

주기도문에서 첫 번째로 간구하는 것은 하나님의 이름이 거룩히 여김을 받는 것이다. 이것이 바로 우리에게 가장 시급한 필요다. 이것이 이 세상에게 가장 시급한 필요다. 주기도문은 심리적 욕구에 관해서 아무 말도 하지 않는다. 주기도문은 세상에서 누릴 수 있는 사적인 행복에 관한 말도 하지 않는다!

주기도문이 우리의 필요에 대해 거론하는 것은 맞다. 그렇지만 그 필요들은 신체적이고 영적인 것들이며 그런 필요들조차도 주된 필요는 아니다. 인류에게 가장 시급한 필요는 하나님이 이스라엘의 거룩하신 분으로 인정받으시고 경배받으시는 것이다.

예수님이 돌아가실 날이 머지 않으셨던 때에 하나님께 드린 기도가 있다. 예수님은 매일 기도하신 분이지만 그 기도는 독특한 것이었다.

첫째, 이 기도는 기록된 것이다. 예수님이 하신 수많은 철야기도 중에 이 기도는 우리가 들을 수 있는 특혜를 얻은 몇 안 되는 기도들 중 하나다.

둘째, 이 기도는 십자가에 못 박히시기 직전에 하신 것이었다는 점으로 미루어 보아 예수님이 하신 기도들 중 가장 필사적이었을 것으로 보인다. 그렇기 때문에 우리는 이 기도를 통해 예수님께 무엇이 정말 중요했는지 짐작할 수 있다. 예수님이 무엇을 진정으로 필요로 하셨는지 알 수 있다. 이 기도는 마태복음 6장의 주기도문, 곧 모범기도를 따른 것이었다.

> 아버지여 때가 이르렀사오니 아들을 영화롭게 하사 아들로 아버지를 영화롭게 하게 하옵소서…내가 비옵는 것은 그들을[예수님을 믿게 될 자들] 세상에서 데려가시기를 위함이 아니요 다만 악에 빠지지 않게 보전하시기를 위함이니이

다…그들을 진리로 거룩하게 하옵소서(요 17:1, 15, 17).

이 기도에는 두 가지의 중대한 간구가 있다.
첫째, 하나님이 영화로움을 받으실 것,
둘째, 하나님의 백성이 순종에 자라가는 것이다.
이것들은 예수님의 두 가지 기본적인 필요였다. 그것들은 또한 우리의 기본적인 필요이기도 하다.

서신서에서 가장 잘 알려진 기도들 중의 하나는 에베소서 3장에 나오는 바울사도의 기도이다.

> 이러므로 내가 하늘과 땅에 있는 각 족속에게 이름을 주신 아버지 앞에 무릎을 꿇고 비노니 그의 영광의 풍성함을 따라 그의 성령으로 말미암아 너희 속사람을 능력으로 강건하게 하시오며 믿음으로 말미암아 그리스도께서 너희 마음에 계시게 하시옵고 너희가 사랑 가운데서 뿌리가 박히고 터가 굳어져서 능히 모든 성도와 함께 지식에 넘치는 그리스도의 사랑을 알고 그 너비와 길이와 높이와 깊이가 어떠함을 깨달아 하나님의 모든 충만하신 것으로 너희에게 충만하게 하시기를 구하노라(엡 3:14-19).

아니 그럴 리가, 이것은 사랑의 잔 이야기가 아닌가?
바울은 우리의 사랑의 잔들이 채워지도록 기도하는 것일까?
어쩌면 우리는 이 기도를 무시해야 되는 것일 수도 있다!

그러나 실제로는 우리가 바울이 하는 기도를 진정으로 이해하는 대신에 있지도 않은 심리적 필요를 그의 기도에서 읽어 내는 것일 수도 있다.

이 본문에는 우리가 알아야 할 사실이 두 가지가 있다. 첫째는, 바울이 잔이라는 은유법을 사용하기는 하지만 그 잔은 심리적 필요를 위한 잔이 아니라는 점이다. 그 잔은 영적 필요를 위한 잔이다. 심리적 필요의 잔이 부수어져도 우리에게 남는 모습들 중 하나는 역시 잔의 모습을 하고 있다. 그러나 이 잔은 "예수님, 제가 행복해지게 해 주세요" 혹은 "예수님, 제가 저 자신에 대해 더 기분이 좋아지게 해 주세요"라고 외치는 잔이 아니다.

이 잔은 단순히 "전 예수님이 필요해요"라고 말하는 잔이다. "전 예수님의 사랑을 떠나서는 기도도, 순종도, 사는 것조차도 할 수 없는 영적인 거지예요", "전 그리스도를 떠나서는 죽은 사람이고 매순간 그분의 은혜가 필요해요"라고 말하는 것이다. 이런 필요를 위해 예수님은 그분의 사랑을 엄청나게 부어주셔서 어느 한 사람이 그 사랑을 다 담기란 불가능하다.

그래서 우리가 두 번째로 알아야 할 것은 이것이다. 에베소서에 나오는 이 아름다운 기도는 우리를 위한 것이다. 바울이 얘기하는 '너희'는 분명히 '너희들'이라는 복수적인 의미이자 '너희들 모두'라는 뜻이다. 그는 예수님의 몸인 에베소 교회를 향해 말하고 있는 것이다.

바울이 기도하는 것은 "모든 성도와 함께" 아는 지식에 대한 것이고 그 앎은 우리가 "다 하나님의 아들을 믿는 것과 아는 일에 하나가 되는"(엡 4:13) 결과를 낳는다. 우리는 하나님의 백성으로서 하나 될 때 그리스도를 가장 뚜렷이 반영할 수 있다(엡 2:19-22). 그리고 그러한 하나 됨은 우리가 심리적인 욕구의 잔들이 아닌 하나님의 종들일 때 가능한 것이다.

물론 개개인들이 그리스도의 사랑을 아는 것이 전제가 되어야하는 것은 사실이다. 그러나 그들은 동시에 혼자서는 그리스도의 몸을 이룰 수 없음을 깨달아야 한다. 교회 전체가 동원되어야만 비로소 우리는 하나님의 영광을 희미하게나마 본뜨는 것이 가능한 것이다. 이것은 성경 전체가 말하는 메시지이다.

에베소서는 우리에게 정말 필요한 것이 무엇이라고 말하는가? 우리는 공동체여야 한다. 하나님의 영광에 깊이 매료된, 교회의 하나 됨에 헌신된 그리고 하나님의 사랑에 휩싸인 공동체여야 한다. 그리고 우리는 하나님께 순종함으로 동행하기에 충실해야 한다. 고통 받는 중에도 그래야 한다. 우리는 다른 사람들을 덜 필요로 하고 그들을 더 사랑해야 한다.

이 모든 것은 우리를 원점으로 돌아오게 한다. 우리가 했던 질문은 "우리는 누구일까?"였다. 그러나 그에 대한 대답은 우리가 예수님을 바라보게 만든다. 그 외의 다른 결과는 있을 수 가 없다. 우리가 자신이 누구인지를 정확히 알게 되면 우리는 예수님을 바라보게 될 수밖에 없다. 우리는 예수님으로 충만하게 채워져야 하고 거울처럼 그분의 영광을 반영해야 하는 존재들이기 때문이다.

하나님의 거룩하심을 참으로 반영하려면 우리는 하나님의 진정한 형상이신 예수님을 바라보아야 한다. 우리는 우리의 아버지를 본받는 것이 꿈인 자녀들이다. 그래서 우리는 아버지가 일하시는 것을 지켜보는 것이다. 우리는 그분의 거룩하심을 본받는다.

더 생각해 보기

본 장은 우리가 누구일까라는 질문을 성경적 관점으로 조명해 보았다. 우리의 초점은 우리가 입은 하나님의 형상이었다. 당신은 이것을 간단명료하게 정의할 수 있겠는가? 하나님의 형상을 입은 자로 창조되었다는 것의 의미는 우리가 모든 방면에서 하나님을 본받음으로(피조물이 할 수 있는 한도 내에서), 그분의 은혜의 영광을 찬송하게 하는 것이다 (엡 1:6, 12, 14).

이것을 통해 우리는 하나님이 우리에게 섬김을 받아야 하는 필요 대신에 섬길 수 있는 재능을 주셨다는 것을 알 수 있다. 이외의 다른 관점들은 모두 성경적이지 못하며 궁극적으로 우리를 기쁨이 아닌 비참함으로 인도할 것이다.

1. "이름이 거룩히 여김을 받으시오며"라는 간구를 적용할 수 있는 방법을 30가지만 써보라. 당신은 어떻게 하면 일터에서 하나님의 이름이 거룩히 여김을 받으시게 할 수 있을까? 당신이 쉴 때? 당신의 가족들과 함께? 교회에서?

2. '이것이 나에게 필요한 것이다'라는 생각으로 성경에 나오는 기도들을 읽어보라.

3. 어떻게 하나님을 아는 지식과 당신을 아는 지식을 통해 당신이 일터에서 그리고 인간관계에서 사소한 일부터 순종해 나가도록 격려가 되는지 생각해 보라.

제9장

우리를 충만케 하시는 하나님을 기뻐하라

누구든지 자신을 제대로 성찰하려면 그 즉시 자신이 살아 움직이는 것을 가능케 하시는 하나님에 대해 묵상해야 한다.*

우리가 필요하다고 생각하는 것들 중 대다수가 엄밀히 말하면 욕구이고 그 필요하다고 여긴 대상들이 우상임을 깨달은 후에 이 글을 보게 된다면 더할 나위 없는 진실임을 알 것이다. 우리가 스스로를 아는 지식이 자라감에 따라 그 지식은 우리가 하나님을 아는 지식과 함께 엮어져야 한다. 그러므로 회개가 필요한 부분들을 모두 회개한 후에 우리는 하나님이 자신에 대해 뭐라고 말씀하시는지를 다시 들어야한다.

우리가 힘들게 자기 성찰을 한 뒤 하나님께 귀를 기울이면 하나님은 자신이 반가이 맞아주시는 분이라는 점을 보여주

---

* John Calvin, 『기독교강요』(*Institutes of the Christian Religion*) 1.1.1.

신다. 그 분은 "그러게 내가 너에게 뭐라고 했니" 같은 말을 하지 않으신다. 그분은 우리에게 구석에 가서 벌 받으며 자중하라고도 하지 않으신다. 그 대신 하나님은 우리가 더 진심으로 그분께 돌아왔다는 점에 기뻐하신다. 하나님은 참회하는 사람에게 "그 범죄한 것이 하나도 기억함이 되지 아니하리니"(겔 18:22)라고 약속하신다.

만약 그것을 믿지 못하겠다면 지금 읽는 것을 중단하라. '어떻게 하나님이 내가 그런 짓을 한 것을 용서하실 수 있겠어!'(그런 짓이 무엇이 되었든)라는 생각은 하지 말라. 하나님이 어쩔 수 없어 마지못해 용서하신다고 생각하지 말라. 그런 생각으로 그분의 영광스러운 사랑을 부인하지 말라. 그리고 하나님의 약속은 오직 다른 사람들에게만 해당되는 것이라고 생각하지도 말라. 그리고 만약 이런 생각을 한다면 아무리 당신의 죄가 클지라도 하나님이 기쁨으로 하시는 용서보다 클 수는 없다는 것을 알아야 한다.

지금은 당신의 감정보다는 하나님의 진리에 지배당해야 할 때이다. 우리의 느낌이 아닌 하나님의 말씀이 우리의 기준이다. 변덕스러운 우리의 행복감에 따라 사는 것이 영적인 것처럼 보일지는 몰라도 사실은 잘못된 것이다. 그것은 우리의 판단을 하나님의 판단보다 드높이는 일이다. 이것이 바로 우리가 성경적인 자기 성찰을 한 뒤에는 꼭 그 즉시 하나님을 구하고 그분에게 의지해야 하는 이유다. 우리가 하나님께 귀 기울일 때 그분은 빈 영혼을 채우시는 말씀을 하신다.

당신은 인간에 대한 두려움의 세 가지 면모를 기억하는가?

1. 우리는 다른 사람들이 우리를 드러내고 망신 줄 수 있기 때문에 그들을 두려워한다.
2. 우리는 다른 사람들이 우리를 거부하거나 조롱하거나 무시할 수 있기 때문에 그들을 두려워한다.
3. 우리는 다른 사람들이 우리에게 상처를 주고 공격하거나 위협할 수 있기 때문에 그들을 두려워한다.

하나님은 수치당한 자들, 거부당한 자들, 위협당한 이들을 잊지 않으셨다. 이미 우리는 어떻게 하나님이 "나를 경외하라. 오직 나만을 경외하라"고 말씀하심으로 우리를 축복하시고 자유롭게 하시는지를 살펴보았다. 이것이야말로 우리에게 필요한 것이다. 그것은 우리에게 다른 사람들이 아닌 사랑이 많으신 공의의 구세주의 다스림을 받는 특권을 선사한다.

우리는 또한 우리의 죄에 물든 마음이 모든 수치와 위협과 거부당하는 경험을 심화시킨다는 것도 살펴보았다. 그러나 하나님은 치료법을 주신다.

"너는 나의 뜻이 아닌 너의 욕망에 헌신된 삶을 살았음을 고백하라."

하나님은 그분의 끝없이 용서하시는 사랑으로 인해 우리가 그분을 경외할 수 있는 특권을 주신다.

이쯤 되면 우리는 하나님이 할 만큼 하셨다고 생각할 수도 있겠다. 그리고 사실 할 만큼 하셨다. 그러나 하나님의 사랑은 경계선이 없다. 그분의 영광은 끝이 없다. 하나님은 우리가 이 세상에 있는 동안 수치당하고 두려워하고 거부당할 것을 아신다. 그런 경험들은 더 이상 우리를 지배하지 못해도 아프기는 마찬가지다.

그러나 바로 그런 아픔의 순간에 하나님은 우리에게 더 많은 축복을 더하신다.

1. 하나님은 수치당하고 치욕당한 이들을 덮어주시고 영화롭게 하신다.
2. 하나님은 거부당한 이들을 수용하시고 영화롭게 하신다.
3. 하나님은 위협당한 이들을 보호하시고 영화롭게 하신다.

> STEP 6: 하나님이 당신의 수치심을 덮어주시고 위험으로부터 보호하시고 환영하시며 받아주신 것을 기뻐하라. 그분은 당신을 사랑으로 채워주셨다.

하나님은 우리를 채워주신다. 하나님은 우리에게 주신 성령을 통해 우리의 마음에 그분의 사랑을 부어주신다(롬 5:5). 하나님은 우리에게 자신을 넘치도록 부어주신다.

왜 이 말을 이제야 하느냐고 묻고 싶은가?

이 소식은 벽장에 가둬 놓기에는 너무 좋은 것이 아닐까?

우리가 이것을 이제야 고려하는 이유는 이 축복에 조건이 있기 때문이다. 이 축복은 우리가 심리적인 필요의 잔을 믿으면 얻을 수가 없다. 다시 말해서 우리가 행복감을 위해, 자신에 대해 좋은 느낌을 가지기 위해 채워지고 싶어 하면 우리는 결코 하나님의 사랑으로 넘칠 수 없다. 우리 욕망의 잔은 넘치는 하나님의 사랑과 축복을 절대로 담을 수 없다. 오히려 그 잔은 우리가 하나님의 구속하시는 사랑에 접근하기가 더 힘들게 만든다.

이 '내가 원하는 것들'의 잔이 부수어지고 나면 우리에게는 여러 가지 하나님이 주신 모습이나 정체성이 남게 된다. 제사장들, 사신들, 하나님의 자녀들, 그리스도인들. 또 다른 하나는 우리가 텅 빈, 보잘것없는, 궁핍한 그릇들이라는 것이다. 우리는 텅 빈 잔들이다. 그러나 여기서 말하는 잔은 우리가 죄 사함을 받아야 하고, 수치로부터 덮어져야 하고, 탄압자들로부터 보호받아야 하고, 하나님의 가족으로 받아들여져야 하는 영적인 필요를 가리킨다. 그것은 "나는 예수님이 필요해"라고 말하는 공허함이다. 그것은 하나님의 사랑이 필요한 공허함이다.

그래서 우리는 예수님의 사랑이 간절히 필요하다.

우리를 만드신 분은 신성하신 연인이기 때문에 우리는 그분의 사랑을 깊이 알지 못하는 한 괜찮을 수가 없다. 우리는 그 사랑이 없이는 영적으로, 육체적으로 죽은 것이다.

이는 우리가 사랑을 원하는 데는 정욕이나 이기적인 욕망 말고도 다른 이유가 있다는 뜻이다. 물론 그것들이 보통 주된 이유이긴 하지만 유일한 이유인 것은 아니다. 때로는 사랑을 원하는 욕망이 우리가 가진 하나님을 아는 지식이 불투

명하게나마 남아있는 흔적인 경우가 있다. 우리가 뚜렷한 영적인 화살표가 없이 죄에 빠져 있을 때 우리는 그 하나님을 아는 지식을 잘못 해석하고 왜곡한다.

우리는 다른 사람들을 통해 공허함을 달래는 것이 더 안전하고 효과적인 길이라고 생각한다. 어떤 때는 사랑이 달콤할 수도 있고 그럴 때면 우리는 해답을 찾아냈다고 느낄 수도 있다. 그러나 그 느낌은 슬프게도 우리를 잘못 인도한다. 그 느낌은 사람들이 우리의 필요에 대한 해답이라는 죄악된 생각을 강화시킨다. 그래서 우리는 사람들을 강박적으로 따라다니는 것이다. 그러나 우리가 원하는 사랑은 오직 살아계신 하나님으로부터만 찾을 수 있다.

1. 호세아의 사랑 이야기

구약의 호세아는 우리를 향하신 하나님의 놀라운 사랑을 보여주는 책이다. 호세아를 보면 두 개의 사랑 이야기가 평행선상에 진행된다. 중심 이야기는 하나님과 하나님의 백성을 향한 사랑에 관한 것이다.

이 주제를 잘 보여주는 세상적인 이야기가 호세아와 고멜의 이야기이다. 호세아와 고멜의 이야기는 수치당한 자, 위협받은 자, 거부당한 자를 향한 하나님의 위로하심과 그런 사람들을 기필코 찾으시는 사랑을 우리에게 보여준다.

호세아 이야기는 의문투성이다.

왜 하나님은 호세아에게 고멜과 결혼하라고 하셨을까?

고멜은 결혼 전부터 창녀였던 것으로 보이고 또 결혼한다고 그 직업을 그만둘 계획도 없었을 것이다.

하나님은 결혼에 신경 쓰지 않으시는 분인가?

결혼은 헌신된 연합이 아닌가?

이런 질문들이 바로 호세아 이야기가 쓰여진 이유다. 우리가 고멜 같은 사람과 결혼하는 것은 상상도 못 할 일이다. 처음부터 끝까지 일관되게 그녀는 호감이 가는 부분이라고는 전혀 없는 사람이었다. 하지만 그것이 바로 호세아가 하나님의 마음을 조금이나마 알 수 있게 되는 길이었다. 하나님이 고멜과 같은 자와 결혼하셨기 때문이다.

하나님은 사실상 호세아에게 다음과 같이 말씀하신 것이었다.

> 너와 나는 둘 다 우리를 완전히 거부할 자들에게 우리의 마음을 송두리째 줄 것이다. 우리는 우리의 마음, 힘, 시간, 돈을 그들을 사랑하는 데 남김없이 바칠 것이다. 그렇게 함으로써 호세아 너는 너와 네 민족을 향한 나의 신실한 사랑을 이해하게 될 것이다. 내가 너의 남편이라는 것을 기억하라. 너의 삶은 나의 사랑을 보이기 위해 쓰일 것이다. 너의 아픔은 나의 아픔을 보여주는 구실을 할 것이다. 그리고 너의 신실함은 내 신실함의 복제판이 될 것이다.

바로 이렇게 호세아는 사역을 위한 안수를 받았다. 이사야는 하나님의 보좌가 있는 방으로 인도되어 거룩하신 하나님의 위엄과 성결하심을 목격했다. 그런가 하면 호세아는 죄인들의 자리에서 고멜을 만나고 거룩하신 하나님의 헤아릴 수 없는 사랑을 목격한 것이다. 그 사랑이 곧 호세아가 이스라엘에게 전할 소식이었다.

여호와께서 호세아를 통해 말씀하시기 시작했을 무렵 하신 말씀은 다음과 같다.

> 너는 가서 음란한 여자를 맞이하여 음란한 자식들을 낳으라 이 나라가 여호와를 떠나 크게 음란함이니라 하시니 이에 그가 가서 디블라임의 딸 고멜을 맞이하였더니 고멜이 임신하여 아들을 낳으매(호 1:2-3).

호세아는 일찍부터 거절과 배반의 아픔을 겪어야 했다. 적어도 둘째아이가 태어났던 무렵 고멜은 이미 굳어진 창녀였다. 고멜의 둘째아이는 이름이 로루하마였는데 그 뜻은 사랑받지 않는다는 의미였다. 아마도 호세아의 자식이 아니었을 것이다. 세 번째 아이는 의심할 여지없이 다른 남자의 자식이었다. 그의 이름은 로암미였고 내 백성이 아니라는 뜻이었다. 그때쯤에는 이미 고멜은 자기 멋대로 집을 들락거리고 있었다.

우리는 이 결혼이야기를 읽으며 호세아와 그의 아픈 수난을 보고 하나님의 오래 참으심과 우리를 향한 그분의 끝없는 신실하심에 대해 생각하게 된다. 우리는 '어떻게 하나님이 나

같은 존재에게 신부가 되어달라고 하셨을까?'에 대해 생각하게 된다.

분명 호세아의 생각도 자신의 처지로부터 하나님의 크신 사랑을 더 깊이 있게 이해하는 것으로 이어지곤 했다.

그러나 그것으로 호세아의 문제들이 끝난 것은 아니었다. 고멜은 호세아와 그녀 자신을 수치스럽게 만든 후 결혼이고 뭐고 집어 치우고 호세아를 떠났다. 그녀는 자신의 정욕에 눈이 멀어 더 나은 것들이 그녀를 기다린다고 생각했다. 그녀는 말한다.

> 나는 나를 사랑하는 자들을 따르리니 그들이 내 떡과 내 물과 내 양털과 내 삼과 내 기름과 내 술들을 내게 준다 하였음이라(호 2:5).

고멜이 떠날 때 아무래도 호세아는 그녀가 먹고 입을 것을 챙겨주었던 것으로 보인다. 호세아는 고멜의 연인들이 그녀가 어떻게 되건 아랑곳하지 않는 자들이라는 것을 알았다. 그들은 고멜이 굶으면 그대로 죽게 버려 둘 것이었다. 그래서 호세아는 고멜을 위해 챙겨 주었다. 고멜은 그녀의 연인들이 공급해 준 것이라고 착각했다. 고멜에게 호세아는 잊혀진 존재였다. 그러나 호세아와 하나님은, "곡식과 새 포도주와 기름은 내가 그에게 준 것이요 그들이 바알을 위하여 쓴 은과 금도 내가 그에게 더하여 준 것이거늘"(호 2:8)이라고 말한다.

호세아의 도움에도 불구하고 고멜은 결국 그녀의 연인들에게 버림받았다. 그녀가 그들에게서 어떤 만행을 당했을지는 상상에 맡길 일이다. 그녀에게 강간, 강제 매춘, 폭행 따위는 아마 일과나 다름없었을 것이다. 그녀는 마치 쓰레기 같은 대접을 받았다. 그녀에게 남은 것이라곤 고작 노예살이밖에 없었다.

고멜의 삶은 끝장이 나 버렸다. 그녀의 간통들은 그녀를 거의 무덤에 이르게 했다. 그녀는 쫓겨났고 희망은 없었다. 더할 나위 없이 수치스럽고, 두려웠으며, 거부당한 처지였다. 그녀는 구매자가 확인할 수 있도록 벌거벗겨진 채로 노예시장에 세워져 있었다.

이제 그녀에게 만행을 퍼부을 다음 타자는 누가 될까?

> 여호와께서 내게[호세아에게] 이르시되 이스라엘 자손이 다른 신을 섬기고 건포도 과자를 즐길지라도 여호와가 그들을 사랑하나니 너는 또 가서 타인의 사랑을 받아 음녀가 된 그 여자를 사랑하라(호 3:1).

그렇게 비싼 값은 아무도 치룬 적이 없었다. 상품이 그럴싸하다고 생각한 사람은 아무도 없었던 것이 분명하다. 고멜은 평범한 노예 값에 팔렸다. 호세아가 삯을 치른 후에 고멜에게 다가가서 한 일은 동네사람들을 웅성웅성하게 만들기에 족했다. 그는 그녀의 벌거벗음을 덮어주었다.

아마 고멜은 아직 그 사람이 호세아라는 것도 알아보지 못했을 수도 있다. 하지만 그런 것은 상관없었다. 하나님의 명령대로 호세아는 그녀를 즉시 그의 아내로 대접했다. 그는 고멜을 향한 자신의 결혼서약을 다시 재확인했다. 즉 이렇게 말한 것이다.

"나는 당신의 사람이고 당신은 나의 사람입니다. 나는 당신에게만 속한 사람이고 당신이 속한 사람은 나이며 오로지 나 하나밖에 없습니다."

그리스도의 복음을 제외하면 이 이야기야말로 최고의 사랑 이야기이다. 당신은 이런 식의 사랑을 본 적이 있는가? 나는 이런 사랑을 여기저기서 부분적으로는 본 적이 있다. 교회의 여기저기에 존재하는 것이다.

하지만 그 어떤 사랑 이야기도 호세아의 이야기와 또 그것의 배경인 하늘나라의 이야기와 비교할 수는 없다. 이것은 거룩한 사랑이다. 고멜은 그녀 자신의 욕망에 헌신된 사람이었다. 그녀는 만족감을 얻어 보려고 무엇이든 가리지 않고 했던 사람이었다.

호세아는 신성한 남편이신 하나님을 닮는 것에 헌신한 사람이었다. 그는 아내의 정욕을 만족시키는 것이 불가능한 줄 알았지만 끊임없이 그녀에게 다정하게 다가갔다. 그녀에게 욕망들을 뒤로 하고 부부간의 사랑으로 만족하기를 간청했다. 그리고 결국 그는 그녀를 구속했다. 그는 값을 치루고 그녀를 다시 얻었다.

호세아에게 이 모든 상황은 어땠을까?

우리가 제대로 알 길은 없다. 고통스러운 삶이었음이 분명하다. 수치와 슬픔으로 가득한 삶이었을 것이다. 그러나 호세아는 자신의 생각을 나타내지 않는다. 그가 보고하는 바는 단지 그가 자신의 여호와 하나님께 모두 내려놓고 순종했다는 것이다.

우리의 거룩하신 하나님께는 이 모든 상황이 어떤 것일까?

호세아와는 대조적으로 하나님은 그분의 마음 깊숙한 곳을 우리에게 보여주셨다. 이는 호세아 11장에서 찾아볼 수 있다. 그러나 하나님의 백성을 향한 그분의 마음을 고려해 보기 전에 먼저 이것부터 생각해 보라.

누가 가슴 아프게 짝사랑하는 가운데 그 깊은 감정을 공적으로 나눈다는 것이 얼마나 유례없는 일인가?

당신이 누구를 열정적으로 쫓아다니는데 그 사람은 당신을 알아보지도 못한다는 것을 다른 사람들이 알면 굴욕적이지 않겠는가?

당신은 멍청이가 된 느낌일 것이다. 그러나 하나님은 성경에서 제일 극적인 본문 중의 하나를 통해 우리에게 자신을 열어 보이신다.

다음의 본문에 나오는 에브라임은 우리라는 것을 기억하라. 우리가 곧 이스라엘이다.

> 에브라임이여 내가 어찌 너를 놓겠느냐 이스라엘이여 내가 어찌 너를 아드마 같이 놓겠느냐 어찌 너를 스보임 같이 두겠느냐 내 마음이 내 속에서 돌이키어 나의 긍휼이 온전히 불붙듯하도다 내가 나의 맹렬한 진노를 나타내지 아니하며

내가 다시는 에브라임을 멸하지 아니하리니 이는 내가 하나님이요 사람이 아님이라 네 가운데 있는 거룩한 이니 진노함으로 네게 임하지 아니하리라(호 11:8-9).

하나님은 "내가 어찌 너를 놓겠느냐?"고 물으시며 말씀을 시작하신다. 그리고 하나님은 다음과 같이 즉각 대답하신다. "나는 그럴 수 없다! 포기한다는 것은 불가능한 일이다. 너는 내 것이다."

하나님은 반항적인 백성을 그분이 소돔의 두 자매도시들이 멸망하도록 놔두신 것처럼 취급하지 않겠다고 말씀하신다(신 29:23).

여기서 "돌이키어"라는 단어를 주목해 보자. "내 마음이 내 속에서 돌이키어"라고 말씀하시며 하나님은 그분의 마음상태를 설명하신다. 그 단어는 성경에서 감정적 경험을 묘사하는 것에는 잘 쓰이지 않는 단어다. 보통 도시가 파괴되고 멸망하는 것을 묘사하는 데 쓰이는 용어다. 그렇기 때문에 감정적 경험을 묘사하는 데 쓰일 때면 속을 도려내는 듯한 비통함을 암시한다.

하나님은 그분의 내면이 백성을 위해 소용돌이치고 있다는 말씀이신 것이다. 그것은 배반으로 인한 아픔에 대한 말씀이라기보다 그분의 백성을 긍휼하게 여기시는 강렬한 마음에 대해 말씀하시는 것이다. 하나님이 얼마나 간절히 그분의 백성을 되찾고 싶어 하시는지 그 열망의 깊이를 보여주시는 것이다.

놀랍지 않은가?

나에게는 매우 놀라운 일이다. 아직도 나는 가끔 하나님이 날 천국문 안으로 가까스로 들어오게 해 주신 것 같은 생각이 들 때가 있다. 선한 사람들은 진작 다 들어와 있는 것만 같다.

'내가 간신히 들어간 것은 하나님이 그렇게 하셔야만 했기 때문이다.' 나는 예수님이 다시 사신 주님이자 그리스도라고 믿는 것을 고백한 사람이고, 그렇기에 하나님은 달리 선택권이 없으셨다는 생각인 것이다.

그러나 사실 하나님은 선택권이 있으셨다. 그리고 하나님은 우리를 정열적이고 신실하게 사랑하시기를 선택하신 것이다. 내가 가끔 이 사실을 의심하는 이유는 내가 하나님을 사람 같은 존재, 또는 나 같은 사람이라고 착각하기 때문이다. 만약 고멜이 내 아내였더라면 나의 반응은 본능적으로 그녀가 떠나도록 내버려 둔 후 "아 정말 다행이야"라고 하는 것일 것이다. 나라면 손실을 최대한 줄이고 나를 무시하는 사람을 따라다니다가 망신당하게 되는 것도 피했을 것이다.

그러나 본문은 하나님이 나와 같은 사람이 아니라고 한다. 하나님은 하나님이시지 사람이 아니다.

> 우리는 미쁨이 없을지라도 주는 항상 미쁘시니 자기를 부인하실 수 없으시리라(딤후 2:13).

더군다나 그 미쁘심은 감정 없는 차가운 미쁘심이 아니다.

상처받기 쉽도록 열린 것이고 정열적인 것이다. 그 미쁘심은 너무도 강렬해서 하나님의 내부를 찢어발긴다고 표현하실 정도였다.

이런 점을 보면 우리가 어떤 상황에서 어떻게 행동할 것인지에 근거해서 하나님을 판단하는 것이 얼마나 잘못된 것인지 이해할 수 있다. 일시적이고 죄인인 우리는 절대로 거룩하신 분의 기준이 될 수 없다. 우리의 경험으로 판단하면 우리는 하나님이 참고 참다가 결국은 참을성을 잃으시고 우리를 노예 시장에 벌거벗은 채로 내어버리시리라 생각할 것이다. 그러나 하나님은 말씀하신다.

내가 하나님이요 사람이 아님이라 네 가운데 있는 거룩한 이니 진노함으로 네게 임하지 아니하리라(호 11:9).

무엇이 그분의 진노를 막았을까?

하나님은 거룩한 사랑이시지만 그와 동시에 거룩한 공의이시지 않은가?

하나님이 진노함으로 임하시지 않으신 이유는 그분의 거룩한 공의가 예수님이 우리를 위해 종이 되실 미래를 내다보았기 때문이었다. 예수님은 마땅히 우리의 몫인 수치와 거부당함을 직접 짊어지실 것이었다. 그리고 그 대신 우리를 완전히 용서하시고 우리를 의롭다 하실 것이었다. 거기에 더해 우리를 영화롭게 하실 것이었다(롬 8:30). 그분은 우리를 높이실 것이다.

하나님은 그분의 피조물을 완성된 관점에서 바라보신다. 그 관점에서 하나님은 그분의 고멜이 미래에 가질 모습을 보시는 것이다. 그녀는 눈부신 신부이다. 존귀하고 영화로운.

그녀는 하나님의 영화로운 면전에 흠없는 모습으로 서게 될 것이다. 그리고 그분은 그녀를 크게 기뻐하며 맞으실 것이다(유 1:24). 만약 하나님이 간통하는 아내를 찾는 일에도 열심이시라면, 아내가 영화로운 모습으로 그분의 면전에 영원히 거하게 될 때 있을 엄청난 축하, 웃음, 기쁨은 보지 않아도 훤한 일이다.

그 장면은 당신이 본 가장 대단한 혼인예식들과 비슷할 것이다. 그러나 그것은 거룩한 결혼이므로 당신이 본 예식들과는 다를 것이다. 한 가지 차이점이 그 예식의 초점일 것이다. 전통적으로 서구문화에서는 결혼식에서 신부가 영광을 차지한다. 결혼식에 온 모든 하객들은 얼마나 신부가 아름다운지에 감탄한다. 모두 시종일관 그녀만 쳐다본다.

그러나 하늘나라의 영원한 예식에서는 우리의 시선이 다른 분을 향할 것이다. 물론 신부는 높여질 것이고 영광스러우며 영화로울 것이다. 그러나 그녀의 아름다움은 삼위일체의 하나님을 한층 더 존귀하게 높일 것이다. 그녀를 따라다니며 끊임없이 구애했고, 값을 치르고 샀으며 그녀를 변화시킨 사람은 바로 그분이시다. 신부가 조금이라도 아름답다면 그것은 더욱 아름다운 신랑을 반영하는 것이다.

당신은 이제 만족하는가?

하나님이 믿음을 통해 그리스도를 알게 된 사람들에게 선사하시는 것은 다음과 같다.

- 수치스러운 이들을 덮어주시고 영화롭게 하신다. 그들은 더 이상 다른 사람들의 시선이나 하나님의 시선을 피해 숨지 않아도 된다. 하나님은 그들을 영원의 관점에서 바라보신다. 예수님은 그들에게 "오라, 내게 오라"고 말씀하신다.
- 위협당한 이들을 위로하시고 영화롭게 하신다. 그들의 남편이신 분이 온 세상의 주권자인 왕이시라는 사실을 알기에 그들은 위로받는다. 고통은 여전히 남아 있을 것이다. 그분은 신부를 정결하게 다듬기 위한 고통을 허용하신다. 그러나 그것은 선함에 이르는 고통이다. 그것은 신부로 하여금 그분만을 신뢰하도록 가르칠 것이다. 결과적으로 축복은 아픔을 능가할 것이다. 불순물을 제거하는 불과 같은 과정의 고됨보다 더 대단한 것은 예수님을 더 닮게 되는 축복이다.
- 거부당한 이들을 받아주시고 영화롭게 하신다. 하나님이 정열적으로 그들을 사랑하신다는 사실에 그들은 경외심을 가져야 한다. 하나님이 그들을 받아주시는 것은 마지못한 용납이 아니다. 기뻐하시며 노래하심으로 맞아주시는 것이다.

하나님은 더 이상 우리를 노예라고 부르지 않으신다. 예수님을 통해 그분은 우리를 친구들, 자녀들, 그리고 그분의 신부라고 부르신다. 성령을 통해 그분은 우리에게 사상 최대로 가장 귀한 선물을 주신다. 그분은 우리에게 자신을 주신다. 그분은 "나는 너희와 함께 한다"(요 14:27-28)고 하신다.

> 내가 결코 너희를 버리지 아니하고 너희를 떠나지 아니하리라 하셨느니라 그러므로 우리가 담대히 말하되 주는 나를 돕는 이시니 내가 무서워하지 아니하겠노라 사람이 내게 어찌하리요 하노라(히 13:5-6).

내가 아는 어떤 사람은 아내가 그를 버리고 떠나자 다시는 아무도 믿지 않으리라 굳게 결심했다. 자신을 다시는 아무에게도 드러내지 않으리라 다짐한 것이다. 다시는 아무도 가까이 오지도 못하게 하고 아무에게도 가까이 다가가지도 않으리라 맹세했다. 물론 그는 자신이 그의 아내에게 여전히 조종당하는 것이라는 사실을 알았다. 그러나 그는 적어도 그런 수단이 아픔은 줄여줄 것이라고 생각했다.

호세아의 이야기에 비추어 볼 때 이런 전략은 더 이상 그리스도인에게 가능한 것이 아니다. 하나님의 사랑은 값비싼 사랑이다. 그 사랑은 절대로 인간관계를 쉽게 쉽게 피해가려고 하지 않는다. 그 대신에 어떻게 사람들에게 다가갈까 계획한다. 그것은 사람들을 사랑으로 놀라게 할 창조적인 방법을 모색한다.

하나님의 사랑의 길은 고통이 배제된 길이 아니다. 사실상 사랑을 더 많이 하는 이들은 고통을 더 많이 받게 되어 있다.

그러나 하나님의 사랑의 길은 우리를 차고 넘치게 만드는 길이다. 하나님이 우리에게 주시는 것은 우리의 잔이 온전히 다 담을 수 없다.

그렇기 때문에 예수님으로부터 우리가 받는 위로는 차고 넘쳐서 다른 사람들의 삶도 어루만지게 되는 것은 자연스러운 일이다(고후 1:3-7). 우리의 목표는 사람들을 필요로 하기보다는 그들을 더 사랑하는 것이다. 우리는 차고 넘치는 항아리들이지 깨진 잔들이 아니다.

더 생각해 보기

많은 이들은 이렇게 생각하곤 한다.

'어떻게 진정한 하나님의 사랑을 알 수 있을까? 알고 싶긴 하지만 너무 멀리 있는 것 같아.'

여기에 대한 답은 회개이다. 자신에 대해 긍정적으로 생각하고 싶어서 하나님을 구하는 것을 회개하라. 그리고 호세아의 이야기를 통해 예수님을 생각해 보라. 하나님께 그런 사랑을 가르쳐 주시기를 구하라. 당신이 그 사랑을 알고 남들을 그렇게 사랑할 수 있도록 구하라. 당신이 그것을 읽는 동안 다른 사람들에게 중보를 요청하라. 하나님은 당신을 가르치시겠다고 약속하신다.

제10장

이웃과 원수를 사랑하라

우리가 기억해야 할 한 가지 단계가 더 있다. 우리는 지금까지 여호와를 두려워하는 것과 우리의 마음에 대해 살펴보았다. 이제는 하나님이 다른 사람들에 대해 어떻게 말씀하시는지 이해해야 할 차례다.

그들은 누구일까?

내 친구 말처럼, "사람들은 뭐에 쓰라고 있는 존재일까?"

그들은 어떤 모습을 하고 있을까?

우리는 그들을 어떻게 정의했고, 하나님은 그들을 어떻게 정의하실까?

우리가 다른 사람들에게 곧잘 부여하는 모습들을 돌아보자.

- 사람들은 우리를 채워주는 주유소다.
- 사람들은 수용 받고 유명해지는 데 필요한 불티나게 팔리는 입장권이다.
- 사람들은 우리가 깨끗하고 괜찮은 느낌이 들게 만들어

주는 제사장들이다.
- 사람들은 테러범들이다. 언제 또 그들이 공격할지 우리는 알 길이 없다.
- 사람들은 독재자들이다. 그들이 하는 말은 모두 법이다. 그들은 완전히 통치한다.

스콧 펙(Scott Peck)이 지은 베스트셀러인 『아직도 가야 할 길』(*The Road Less Traveled*)은 우리가 다른 사람들을 숙주 개체(host organism)처럼 만들어 버릴 수 있다고 제의한다. 떠올리기에 좋은 그림이 아니다. 사람들이 내장이고 우리는 기생충이다.

> "전 살기도 싫어요. 전 제 남편[아내, 여자 친구, 남자 친구] 없인 못살아요, 전 그[녀]를 너무 사랑해요"라고 사람들은 종종 말한다. 그리고 내가 평소에 대답하듯이 "당신은 착각하는 겁니다. 당신은 남편[아내, 여자 친구, 남자 친구]를 사랑하는 것이 아니에요"라고 말하면 그들은 성내며, "그게 무슨 말이에요? 내가 방금 그[녀] 없이는 살 수도 없다고 했잖아요"라고 대꾸한다. 그러면 나는 이렇게 설명한다. "당신이 지금 이야기하는 것은 사랑이 아니라 기생이에요."*

---

* M. Scott Peck, *The Road Less Traveled* (New York: Simon & Schuster, 1978), 98.

성경은 이 여러 가지 모습들을 이렇게 요약하고 있다. 사람들은 우리가 소중히 여기는 우상이다. 우리는 그들을 섬긴다. 그들이 우리를 보살펴주고 우리가 필요하다고 느끼는 것들을 주길 소원하기 때문이다.

그러나 우리에게 진정으로 필요한 것은 다른 사람들의 성경적인 모습과 정체성을 아는 것이다. 그러고 나면 우리는 우리의 욕망을 채우기 위해 사람들을 필요로 하는 것이 아니라 그들을 하나님의 영광을 위해 사랑할 수 있고 우리가 창조된 목적을 달성할 수 있다.

나에게는 이 마지막 과정이 가장 힘들다. 성경이 사람들에 대해 하는 말씀을 이해하기는 힘들지 않다. 누구나 우리가 그들을 사랑해야 한다는 것은 안다. 그렇지만 이 지식을 실천하기는 어렵다. 남들을 사랑하는 것은 인생을 불편하게 만드는 일이다.

사랑이란 이웃을 돕기 위해 내가 토요일 아침을 즐길 기회를 포기한다는 뜻이다. 그것은 누가 다른 곳으로 이사 가면 내가 더 상처받는다는 얘기다. 그것은 내가 조촐히 가족들과만 시간을 보내고 싶을 때도 다른 사람들이 집에 머무른다는 말이다.

이것은 전형적인 하나님의 말씀 같지 않은가?

우리가 안락한 중산층 생활방식에 익숙해졌다 싶으면 모두 다 어질러 버리는 그런 말씀이 아닌가?

그것은 우리가 하나님으로부터 사랑받은 것처럼 남들을 똑같이 사랑하라고 한다.

> STEP 7: 다른 사람들을 덜 필요로 하고 더 사랑하라. 예수님
> 께 순종하는 마음으로, 예수님이 당신을 사랑하시는
> 것에 대한 응답으로 남들을 먼저 사랑하라.

1. 원수들

이것은 다른 사람들이 가진 모습 중의 하나로 딱히 사랑과 공동체에 이르는 모습은 아니다. 그러나 사람들이 가진 모습들 중 하나인 것은 확실하다. 사람들은 원수가 될 수 있다. 그들은 우리를 끈질기게 적대할 수 있다. 그들은 우리가 망하도록 음모를 꾸밀 수도 있고 우리를 수치스럽고 굴욕스럽게 만들려고 작정을 할 수도 있다.

상담사로서 나는 많은 그리스도인들에게 어떤 사람은 원수라고 일깨워 주어야 했다. 보통 그들은 그런 말을 듣기 싫어했지만 사실이 사실인 것은 어쩔 수 없었다. 더 곤란했던 점은 원수들 중 대부분이 가족이나 친구라는 점이었다.

> 나를 책망하는 자는 원수가 아니라
> 원수일진대 내가 참았으리라
> 나를 대하여 자기를 높이는 자는
> 나를 미워하는 자가 아니라 미워하는 자일진대
> 내가 그를 피하여 숨었으리라
> 그는 곧 너로다

> 나의 동료 나의 친구요
> 나의 가까운 친우로다
> 우리가 같이 재미있게 의논하며
> 무리와 함께 하여 하나님의 집 안에서 다녔도다
> (시 55:12-14).

이 본문은 예수님의 원수였던 유다에게 가장 잘 어울리는 구절이다. 그러나 유다를 모방하는 이들은 수도 없다. 나는 남편이 원수인 사람들, 아내가 원수인 사람들, 형제가 원수인 사람들, 부모가 원수인 사람들, 자녀가 원수인 사람들, 동료가 원수인 사람들, 교회가 원수인 사람들 등을 모두 기억한다. 목록을 나열하자면 너무 길다.

1) 하나님은 우리의 원수들에게 보응하신다

성경에 나오는 진정한 원수의 예는 에스더서에서 볼 수 있다. 만약 성경에 히틀러가 있었다면 그것은 바로 하만일 것이다. 그는 병적으로 이기적이고 모든 히브리인을 죽여 버리고 말겠다는 광적인 다짐에 불타는 사람이었다(에 3-5장). 처음에는 하만의 투기에 찬 격노는 유대인인 모르드개를 향한 것이었다. 그러나 머지않아 하만은 이스라엘 전체를 증오하게 되었다.

모르드개는 다니엘의 예를 본받아 다른 사람들에게 절하기를 거부했다. 그렇게 절한다는 것은 참되신 하나님을 모욕하는 일이 될 것이기 때문이다. 그러나 문제는 하만이 아하수에로 왕을 빼고는 최고의 권력자로서 자만심에 가득했고 그것도 모자라서 더 뻐기고 싶어 했다는 것이었다. 그는 다른 사람들이 그렇게 하듯 모르드개 역시 그에게 절할 것을 요구했다.

모르드개가 거부했다는 보고를 듣자 하만은 분노에 차서 즉각 모르드개를 없애고도 남는 계획에 전념했다.

> 하만이 모르드개만 죽이는 것이 부족하다고 생각하고 아하수에로 온 나라에 있는 유다인 곧 모르드개의 민족을 다 멸하고자 하더라(에 3:6).

이것이야 말로 진정한 원수라고 할 수 있다. 심지어는 에스더조차 그렇게 말했다. 에스더는 상냥함과 부드러움의 극치인 사람이었다. 따라서 그런 에스더가 누구에 대한 말을 부정적으로 했다면 그 사람은 틀림없이 위험한 인물이라는 이야기다. 에스더는 왕에게 "대적과 원수는 이 악한 하만이니이다"(에 7:6)라고 했다.

우리는 대체로 하만 같은 원수는 전혀 접해 보지 못했다. 우리가 보통 원수로 여기는 사람들은 우리를 무시한 아이들이나 한두 번 우리에게 잘못을 저지른 사람들이다. 누가 우리를 철저히 멸종시키려고 했던 적은 아마 없었을 것이다. 그렇지만 이 세상에는 하만 같은 사람들이 있는 것이 현실이다. 우리는 그들에게 어떻게 대응해야 할까?

첫째, 우리는 하나님이 억압당하는 자들에게 귀 기울이신다는 것을 알아야 한다. 하나님은 그들을 긍휼히 여기시고, 압제자는 하나님의 진노를 불러일으킨다.

둘째, 하나님은 그분이 원수들보다 더 크신 분이시라는 지식으로 희생자들을 축복해 주신다.

하나님은 잠언이 가르치듯, 절대로 원수들이 최종적으로 승리하는 것을 용납하지 않으신다.

> 그들이 [원수들이] 가만히 엎드림은 자기의 피를 흘릴 뿐이요 숨어 기다림은 자기의 생명을 해할 뿐이니 이익을 탐하는 모든 자의 길은 다 이러하여 자기의 생명을 잃게 하느니라(잠 1:18-19, 12:7, 16:25, 24:16).

> 악인의 수명은 짧아지느니라(잠 10:27).

> 교만이 오면 욕도 오거니와(잠 11:2, 13:21, 16:5, 18, 18:12).

> 악인은 죽을 때에 그 소망이 끊어지나니 불의의 소망이 없어지느니라(잠 11:7, 14:11).

> 거짓 증인은 벌을 면하지 못할 것이요 거짓말을 뱉는 자는 망할 것이니라(잠 19:9, 21:28).

> 너는 행악자로 말미암아 분을 품지 말며 악인의 형통함을

부러워하지 말라 대저 행악자는 장래가 없겠고 악인의 등불은 꺼지리라(잠 24:19-20).

　이 잠언의 말씀들은 하만의 이야기를 절묘하게 그리고 있다. 모든 유대인을 말살하자는 하만의 요청을 왕이 들어주기로 수락하고, 머지않아 하만은 모르드개에게 크게 경의를 표해야 하는 굴욕을 당했다. 그리고 얼마 가지 않아서 하만은 자신이 모르드개를 처형하려고 세워둔 교수대에 매달리게 되었다. 그리고 결국 그의 모든 재산은 모르드개에게 주어지고 말았다.
　하나님은 어떤 사람들은 원수라는 이름이 제일 걸맞다고 하신다. 우리가 그들을 접할 때 적절한 대응은 그들을 두려워하는 대신에 먼저 하나님을 신뢰하는 것이다. 우리는 원수가 아니라 하나님이 전능하시다고 믿는다. 원수들은 결국 오래 가지 못한다.

귀인들을 의지하지 말며
도울 힘이 없는 인생도 의지하지 말지니
그의 호흡이 끊어지면 흙으로 돌아가서
그 날에 그의 생각이 소멸하리로다(시 146:3-4).

그들의 비난을 두려워하지 말라 그들의 비방에 놀라지 말라 옷 같이 좀이 그들을 먹을 것이며 양털같이 좀벌레가 그들을 먹을 것이나(사 51:7-8).

이것은 우리가 잘난 척하며, '그것 봐라, 다 주는 대로 받는 법이다' 같은 생각을 하라는 말이 아니다. 전혀 그렇지 않다. 성경은 원수가 넘어질 때 절대로 즐거워해서는 안 된다고 틀림없이 말하고 있다(잠 24:17). 성경이 의미하는 바는 단순히 원수들이 죽을 것이라는 뜻이다. 그들은 사라지고 말 육신이라는 것이다. 다시 말해, 그들은 우리와 같은 사람이라는 뜻이다!

그러나 그것이 전부가 아니다. 원수들에 대한 성경적인 가르침은 또한 그들이 남긴 사악한 일들에도 종지부가 찍힐 것이라고 지적한다. 하늘나라가 그 업적을 제압할 것이다. 그것은 오래가지 못한다.

하지만 이 약속이 뜻하는 것은 우리가 생각하는 것과는 조금 다를 수도 있다. 만약 우리가 이 약속을 우리의 욕망에 따라 해석한다면 그것은 우리의 무고함이 입증될 것이며 원수가 망하는 것을 우리 두 눈으로 보게 될 것이라는 의미로 이해될 수 있다. 그러나 약속이 실제로 의미하는 것은 그것이 아니다.

어떤 원수들은 대대로 아무 탈 없이 이어지는 경우도 있다. 약속이 의미하는 것은 원수들이 하나님의 왕국인 교회가 자라는 것을 막지 못한다는 것이다. 예를 들어 앗수르는 하나님의 계획을 훼방하지 못했다. 오늘날 앗수르는 사라져 버렸지만 하나님의 교회는 온 세계에 퍼져있다(시 126편).

이 약속은 오직 우리가 개인으로서가 아니라 공동체의 일원으로서 받아들일 때 기쁜 메세지인 것이다. 이사야는 앗수르가 멸망하는 것을 보지 못하고 죽었으나 이 앗수르에 관한 예언은 그에게 큰 위안이었다. 그는 자신이 앗수르의 통치가 끝나는 것을 직접 보지는 못할 줄을 알고 있었다. 그러나 그는 하나님의 백성이 번영하고 하나님이 높임을 받으실 것에 기뻐할 수 있었다.

2) 시편에서 예수님이 주시는 위안

원수와 맞닥뜨린 상황에서 우리가 어떤 기분이 들어야 할지 무슨 말을 해야 할지 모르겠다면 시편으로 즉각 향해야 한다. 시편에는 우리가 필요한 것들이 바로 정확히 있다. 시편은 우리가 쉽게 반사적으로 취하는 태도를 막아주는 역할을 한다.

우리가 두 팔을 걷어붙이고 손수 결판을 내려고 할 때, 시편은 하나님을 신뢰하라고 가르친다. 우리가 아픔으로부터 자신을 고립시키려고 할 때, 시편은 하나님을 신뢰하라고 가르친다. 다시는 다른 사람에게 다가가지 않으리라 다짐하는 대신에, 우리는 하나님을 신뢰하는 법을 배우게 된다. 시편은 희망을 버리는 대신에 하나님을 신뢰하라고 가르친다.

그러면 결과적으로 하나님의 나라가 도래하기를 기쁨에 넘쳐 염원하게 되는 것이다. 시편이 우리 삶의 질을 향상시킨다고 볼 수 있다.

시편은 마치 우리만을 위해 쓰인 듯이 느껴질 정도로 자주 우리의 고통을 세밀하고 정확하게 표현한다. 그리고 그것이 진실이다. 시편은 우리를 위해 쓰인 것이다. 그러나 시편은 다른 역할도 한다. 다윗 왕과 같은 시편 기자들이 원수로 인한 고통을 묘사한 것은 단순히 후세에 사람들이 읽으며 동정할 만한 자서전을 쓰기 위해서가 아니었다. 시편이 성경에 포함될 만한 가치가 있었던 이유는 다윗이 신성하신 왕의 대표자이었기 때문이다. 그가 원수들에게 심판이 내릴 것을 간구한 이유는 그들이 참되신 하나님의 원수들이었기 때문이다.

다윗의 목표는 하나님의 영광이었지 자기 자신의 억울함을 벗는 것이 아니었다. 더 자세히 이야기하자면 다윗 왕은 더 위대한 왕이신 예수님을 대변해 말한 것이었다. 다윗이 말했던 원수들은 예수님의 원수들이었다. 다윗이 말했던 고난은 메시야의 고난이었다. 이는 곧 우리가 각 시편을 최소한 두 번씩은 읽어보아야 한다는 뜻이다.

시편을 처음 읽을 때는 우리가 처한 삶의 관점에서 시편을 읽어도 된다. 시편을 두 번째 읽을 때는 그 말씀을 예수님의 목소리로 들으며 읽어야 한다. 그렇게 하면 이것 역시 우리가 주님을 두려워하는 데 도움이 될 것이다. 우리는 예수님의 고통이 우리의 고통보다 더 컸다는 것을 깨닫게 될 것이다.

P. J. 포사이스(P. J. Forsyth)가 정확히 말했듯이 "죄에 물든 피조물에게 일어나는 일은 아무리 비극적이더라도, 하나님의 아들에게 일어난 일에 비하면 덜 끔찍하다."

이 말은 박해와 위협의 고통을 간과하지 않으면서 우리의 관심을 우리 자신과 우리의 원수를 넘어서 바깥으로 향하게 만든다. 이 말은 우리가 원수를 대했을 때 개인적인 차원을 초월한 기도를 할 수 있다는 것이다.

물론 우리가 해방을 위해 기도해야 하는 것이 사실이다. 그러나 시편은 우리가 더 큰 기도 역시 하도록 자극한다. 시편은 하만이 가하는 것과 같은 커다란 위협을 당하는 가운데서도 우리가 예수님의 이름이 존귀하게 높여지기를 기도하도록 가르친다. 우리는 하나님의 나라가 전진하고 빛의 모든 원수들, 특히 사탄을 전멸시키기를 기도할 것이다.

3) 네 원수가 주리거든 먹이라

우리가 원수를 마주 대했을 때 예수님을 직시하는 것이 중요한 이유는 그래야만 하나님이 그 다음에 하시는 말씀이 덜 충격적이기 때문이다. 하나님이 어떤 사람들을 원수라고 정의하시긴 하지만 그분은 우리가 그들을 친구처럼 대해야 한다고 하신다. 우리의 의무는 그들을 어떻게 섬기는 것이 그들로 하여금 예수님을 바라보고 그들이 죄를 회개하도록 돕는 것인지를 고려하는 것이다.

이제 당신은 왜 다른 사람들에 대해 알아가는(그리고 그 지식에 따라 행동 하는) 이 마지막 단계가 그렇게 어려운 것인지 깨달았을 것이다.

어떻게 하면 이 불가능해 보이는 과정을 시작이나 해 볼 수 있을까?

하나님의 말씀에 의하면 그것은 우리가 이제껏 불순종했음을 깨닫는 것으로부터 시작한다. 우리는 하나님이 금하신 것들을 위반했고 사랑해야 하는 의무를 지키지 못했다.

우리는 과연 우리가 그리스도의 원수들이었다는 것을 실감하고 있는가?

그렇다면 우리는 하나님이 우리에게 하신 것처럼 원수를 대접할 수밖에 없다. 우리가 독선적으로 원수들을 오만하게 심판한다면 우리의 양심이 가만히 있지 않을 것이다.

"그리함으로 네가 숯불을 그 머리에 쌓아 놓으리라"(롬 12:20)는 구절은 무슨 뜻일까?

여기서 암시하는 복수가 원수를 사랑하라는 과제를 좀 쉽게 만들 수도 있겠다. 하지만 이것을 주의하라. 복수하려는 흑심과 섞여도 되는 성경적인 명령이란 것은 세상에 없다. 내가 아는 어떤 사람들은 겉으로 원수들을 대할 때는 참 경건한 것처럼 보였지만 그들의 마음은 성경이 의도한 것과는 거리가 멀었다. 그들의 꿍꿍이는 다음과 같았을 것이다.

"잘됐네, 감옥에 안 가고도 아버지에게 톡톡히 갚아줄 길이 있다니. 너무 구역질나게 잘 대접해 드려서 돌아버리게 만들어야지."

그러나 본문이 뜻하는 의도는 거룩한 의도이다. 숯불의 목적은 원수를 참회와 믿음에 이르게 하는 것이다. 이런 목적은 많은 이들이 생각하는 정도의 사랑을 넘어서는 것이다. 원수에게 일시적으로 인간적인 자비를 보이는 것은 그렇다 치더라도 그런 원수가 용서를 받고 하나님의 자녀로 수용되리라는 생각까지 하는 것은 어쩔 때는 너무한 것 같다.

그러나 만약 그것이 너무한 것 같다면 우리는 악에 지지 않도록 기도해야 한다. 그리고 대신에 예수님이 원수를 사랑하신 것을 본받을 수 있도록 기도해야 한다. 우리는 남들과 함께 기도하고 또 남들이 우리를 위해 기도할 수 있도록 초청해야 한다.

4) 너희 원수를 사랑하라

원수를 먹이는 것은 원수를 사랑하라는 더 큰 원리를 적용한 것이다. 하나님은 우리가 친구들과 가족에게 하듯이 원수들을 대접하라고 하신다. 물론 불가능하다고 생각될 것이다. 그렇지만 우리가 주님을 경외한다면 불가능한 것이 아니다.

우리가 하나님의 권능이 원수들의 힘보다 막강하고, 그분이 공의의 하나님이시고, 우리가 그분의 원수였을 때 그분이 우리를 사랑하셨다는 것을 알게 된다면 우리도 하늘 아버지를 본받고 순종하는 단순한 종들이 되는 자유가 생긴다. 그분은 의로운 자와 불의한 자에게 동일하게 비와 음식을 내려 주심으로 축복하신다(마 5:45). 그러므로 우리도 역시 축복해야 한다.

그렇게 사랑하려면 우리는 능력과 분별력이 필요하다. 우리에게 능력이 필요한 이유는 우리가 예수님이 우리를 사랑하신 것처럼 사랑하기는 불가능하기 때문이다. 또한 우리에게 분별력이 필요한 이유는 우리가 가끔은 어떻게 해야 사랑하는 것인지 알기가 어렵기 때문이다.

따라서 우리에게 실제로 원수들이 있다면 어떻게 사랑을 표현할지 분별하는 데 필요한 권고를 교회로부터 받아야 한다. 사람들은 너무 흔히 원수를 사랑하라는 명령이 마치 "그들이 당신에게 원하는 것을 있는 대로 다 주어라"인 것으로 해석한다. 그러나 때때로 그런 사랑의 표현법이 지혜롭지 못할 경우가 있다.

남편에게 이혼당하는 여자가 그 남편이 이혼 소송에서 청구하는 대로 재산을 내 주어야 할까?

그녀는 자신이 대접받고 싶은 대로 남편도 대접해야 하는 것이 아닐까?

상식적으로 생각하면, "안돼, 그런 비열한 놈한텐 한 푼도 못 줘"라고 말할 것이다. 그러나 과연 이것이 – '비열한 놈'이라는 말을 빼면 – 성경적인 방법일까? 어쩌면 그럴 수도 있다. 사랑이란 이런 경우에는 원수를 용서하고, 다른 사람 앞에서 그의 험담을 하지 않고, 직접 그에게 폭언으로 복수하려고 하지 않는 것을 의미 할 것이다.

그러나 이런 상황에 적용되는 것이 사랑이라는 카테고리밖에 없는 것은 아니다. 정의라는 카테고리도 역시 해당된다. 만약 남편이 협박하며 근거도 없이 부당한 요구를 하는 상황이라면, 여자는 정의를 위해 항변하고 교회도 그녀와 함께 호소해야 한다.

원수를 사랑하는 것은 그리스도인들이 하나님께 하는 순종의 최고봉이라고 할 수 있다. 산상수훈이 지적하듯 우리를 사랑하는 사람들을 사랑하는 것은 쉬운 일이다. 그러나 당신을 해치려고 작정한 사람들을 사랑하는것은 성령의 권능 있는 역사가 필요하다.

원수를 사랑하는 것에 관해 당신이 알아야 할 것이 하나 더 있다. 호세아서의 내용에 비춰 보면 이것은 놀라운 일이 아니다. 언뜻 들으면 원수를 사랑한다는 말은 자기 학대나 어리석은 짓같이 들린다. 당신의 자존감을 다치게 하는 사람들은 다 저버리라는 인기 있는 조언과는 정반대인 얘기이다.

그러나 만약 하나님이 그런 말씀을 하셨다면 그것은 좋은 말씀일 것이다. 순종에는 항상 축복이 병행하는 법이다. 그 축복은 원수와 화해하는 것이나 원수가 회개하는 것은 아닐 수도 있다. 그 대신에 축복은 그 원수에게 조종당하지 않는 특권일 수 있다. 또는 단순히 예수님을 더 닮아가는 기쁨일 수도 있다. 그 축복이 구체적으로 무엇이든 간에 어쨌든 순종은 항상 축복을 병행한다.

2. 이웃들과 이방인들

두 번째 그룹의 사람들은 눈에 보이는 교회에 속하지 않는 사람들이다. 구약에서는 그런 사람들을 외국인 혹은 이방인이라고 불렀다. 신약에서는 그들을 이웃이라고 부른다.

1) 혈연에 기반한 사랑

이스라엘은 구약시대에 그 땅에 거주하는 외국인들을 보호하기 위해 아주 명확한 법이 있었다. 솔로몬은 그가 영감에 이끌려 쓴 기도에서, 하나님이 모든 외국인들의 기도를 들어주셔서, "땅의 만민이 주님의 이름을 알고…경외하게 하시오며"(왕상 8:43)라고 기도했다.

이방인들을 학대하거나(출 22:21) 억울하게 만들면 안 된다(말 3:5). 그 대신에 이방인들에게 그들의 기업으로 땅을 주고(겔 47:22) 그들을 사랑해야 한다(신 10:19). 룻기는 이방인(모압 여자)에 관한 이야기다. 그녀는 다윗과 예수님의 왕실족보에 포함되었다.

이 모든 것들은 다 이스라엘을 향한 하나님의 사랑을 본뜬 것이었다. 이스라엘 백성 자신이 이방인이었기 때문이다(출 22:21, 23:9, 레 19:34). 사실 이스라엘 백성은 언제나 이방인들이었다. 하나님은 "토지는 다 내 것임이니라"고 말씀하셨다. 그리고 그분은 "너희는 거류민이요 동거하는 자로서 나와 함께 있느니라"(레 25:23)고 말씀하셨다. 하나님은 그들이 이방인이지만 축복해 주셨고 따라서 그들도 하나님이 그들에게 하셨던 것처럼 다른 민족들을 대해야 했던 것이다.

신약은 하나님과 이웃을 사랑하라는 명령들로 차고 넘친다(마 22:39, 약 2:8). 이 명령을 극대화시킨 전형적인 예가 바로 예수님이 하신 선한 사마리아인의 이야기이다(눅 10:25-37). 그 이야기에서, 예수님은 보통 사람들이 이해하는 이웃의 범주를 넓히고 넓혀서 결국 그 이야기가 유대인과 사마리아인이라고 하는 두 원수들에 관한 것이 되게 하신다. 그리고 예수님은 이야기에서 영웅적인 주인공을 사마리아인으로 택하신다. 유대인들이 도덕적으로 열등하게 취급했던 사마리아인을 말이다. 그보다 더 효과적으로 예수님이 말씀하시고자 하시는 바를 전달할 수는 없을 것이다.

이것은 저자의 가정에서 과거에 토의되었던 점들과 많은 연관성이 있다. 나는 딸이 두 명이 있다. 그 아이들이 어렸을 때 일이다. 그 아이들은 아내와 내 앞에서는 '시끄러운 아이들'이었다. 그런데 동네 사람들이나 잘 모르는 사람들 앞에서는 꼭 귀머거리와 벙어리가 된 마냥 행동하곤 했다.

우리가 그 점을 지적했을 때 그 애들이 뭐라고 설명했을지는 안 봐도 훤할 것이다. 아이들은 "부끄러워"라고 말했다. 그러면 "예의 없어"라고 우리는 대꾸하곤 했다.

선천적으로 사람들 앞에서 더 수줍음을 타는 아이들이 있는 것이 사실이다. 그러나 그 부끄러움의 주된 원인은 아이들 나름대로의 인간에 대한 두려움이다. 그 아이들도 남들에게 조종당하고 있는 것이다.

최고의 치료법은 쉐리(Sheri)와 내가 이웃을 사랑하라는 예수님의 명령을 적용하는 법에 대해 아이들과 이야기를 했던 것이었다. 우리는 어떻게 예수님이 우리를 맞아주셨는지를 살펴보았다. 그리고 우리는 "무엇이든지 남에게 대접을 받고자 하는 대로 너희도 남을 대접하라"(마 7:12)는 명령을 어떻게 실천할 수 있는지도 생각해 보았다.

우리는 그들이 낯선 사람만 보면 갑작스럽게 수줍어하고 불편해하는 점에 대해 이야기를 나누었고 서로 다른 상황에 어떻게 대처할지를 역할극으로 꾸며보기도 했다. 우리는 아이들에게 한마디로만 대답하거나 툴툴거리는 것은 불법이라고 제안했다.

진보는 몹시 더뎠다. 우리의 아이들은 우리와 똑같다. 그들은 끊임없는 반복과, 연습과, 기도를 통해 배워나가는 것이다. 성화는 서투르고 느린 산보와 같은 것이지 우리가 단숨에 켤 수 있는 전등 스위치 같은 것이 아니다. 그러나 하나님의 은혜로 우리는 성장한다. 우리 아이들은 이제 새로운 사람들을 만난다고 좀비로 변하는 경우는 거의 없다. 우리가 그들을 준비시키고 그들을 위해 기도해 주면 그들은 변화한다.

물론 그 아이들이 형세를 역전시키고 싶었다면 우리에게 그냥 "전도하셨어요?"라고 한마디만 하면 되는 일이었다. 인간에 대한 두려움은 남녀노소를 가리지 않는다. 그것은 어른들 사이에서는 '동반의존'이라고 불리고, 10대들 사이에서는 또래 압력이라고 불리고, 어린이들 사이에서는 '수줍음'이라고 불린다. 그러나 명칭에 상관없이 이들은 모두 하나같이 우상을 숭배하는 마음을 드러낸다. 그 덫에 걸리지 않으려면 우리 아이들이 쉐리와 나의 기도가 필요한 것처럼, 그들도 나를 위해 기도하고 권고해 주어야 한다.

소심한 전도자들을 위한 처방전이 바로 이것이다. 일단 우리가 얼마나 문제가 뿌리 깊은 것인지 깨닫고 나면 우리는 주님을 경외하기를 구하는 것으로 출발할 수 있다. 예수님의 삶이 우리를 끊임없이 두려워하게 하며 경이롭게 한다면 우리가 예수님에 대해 이야기하는 것은 훨씬 더 쉽다.

그리고 우리는 남들이 우리를 거부할까 봐 두려워하는 것을 회개할 수 있다.

우리가 소심한 것의 주된 원인은 바로 그것이 아닐까?

우리는 모든 사람들이 우리를 좋아하고 수용하기를 광적으로 원하는 것이다. 우리가 조금이라도 거절당한 것 같은 느낌이 들면 우리는 망연자실한다.

최종적으로 우리는 하나님이 다른 사람들에 대해 뭐라고 말씀하셨는지 기억해야 한다. 우리는 그들을 덜 필요로 하고 더 사랑해야 한다. 나의 사랑의 잔을 다른 사람들이 채워주지 않아도 된다는 말이다. 그 대신에 나는 그들에게 빚진 자이다. 나는 그들에게 사랑의 빚을 진 사람이다. 그 사랑의 빚은 사람들에게 예수님을 알게 함으로써 조금이나마 갚을 수 있을 것이다.

더 생각해 보기

원수들과 이웃들을 사랑하라는 명령은 하나님을 아는 지식과 우리 자신을 아는 지식이 불가피하게 함축하는 것이다. 만약, 우리가 하나님의 원수였으며 하나님이 우리에게 가까이 다가오셔서 우리를 그분과 화해하게 하셨다면, 어떻게 우리가 하나님이 우리에게 하신 것처럼 남들을 대하지 않을 수가 있겠는가? 우리가 그렇게 예수님을 본받으면 우리 세대의 빛과 소금이 될 것이다.

1. 원수 한명과 이웃 한명을 정하고 그들을 위해 기도하라.

2. 그리스도의 몸 밖의 누군가를 사랑으로 놀라게 만들 기회를 탐색하라.

제11장

형제와 자매를 사랑하라

예수님이 지적하셨듯이 모든 사람은 우리의 이웃이다. 그리고 하나님이 우리에게 은혜와 자비를 베푸셨기 때문에 우리도 모든 사람들에게 은혜와 자비를 베풀어야 한다. 그럼에도 불구하고 그리스도의 몸에 속한 이들은 각별하게 우리의 가족이다. 우리는 그들과 영원히 같이 살 것이고 그리고 현재 우리가 그리스도를 대표하기 위해 협력해야 할 사람들도 그들이다.

사도 바울은 "우리는 기회있는 대로 모든 이에게 착한 일을 하되 더욱 믿음의 가정에게 할지니라"(갈 6:10)라고 말했다. 그렇다고 이웃과 원수에 대한 우리의 관심이 감소되는 것은 물론 아니다. 이런 각별한 관심은 우리가 절친한 가족이기 때문에 생기는 자연스러운 결과일 뿐이다.

이 정도의 사랑과 연합은 전쟁 없이 이루어질 수 있는 것이 아니다. 주님을 경외하는 것을 대적하는 것들-세상, 육신, 그리고 마귀-은 형제자매를 사랑하고 그들과 연합하라는 권고도 역시 대적한다. 그러므로 교회의 가족 됨을 이야기하면서 이 대적들을 염두에 두는 것이 지혜로운 일이겠다.

우리가 기억할 것은 이렇다.

첫째, 우리의 육신이 자기이익을 추구하는 죄스러운 성향을 지니고 있다는 점이다. 육신은 항상 "그것이 나에게 뭘 주는데?"라고 묻는다.

둘째, 사탄은 거짓말쟁이이고 분열을 조장하는 존재다. 영적인 전쟁에 관해 성경이 가장 뚜렷하게 가르치는 본문은(엡 6장) 연합을 강조하는 서신에 있다는 점을 명시하라. 사탄의 가장 주된 전략은 금이 가게 하고 분열되게 하는 것이다.

셋째, 세상은 이런 성향들을 제도화시키려고 한다.

그렇다면 이 어두운 대적들이 어떤 작업을 하는지 살펴보자. "제도나 기관 같은 것은 신경쓰지 마세요"라고 전도자가 말했다고 하자.

"복음은 교회와는 아무 상관도 없어요. 복음은 오직 예수님 앞에서 당신이 내리는 결정에 관한 것이지 아무와도 상관없어요."

당신은 이런 관점에 대해 어떻게 생각하는가?

그가 하는 말은 개인이 "회개하여 각각 예수 그리스도의 이름으로 세례를 받[아]"(행 2:38)야 한다는 점에서는 옳다. 그리고 어떤 사람들은 교회를 비뚤어진 시각으로 본다는 점도 이해한다. 그래서 그 전도자는 그런 선입견들이 영적인 문제를 가로막지 않기를 바란 것이다.

그러나 믿고 따르라는 부르심은 '예수님과 나'만 생각하는 것보다는 더 광범위한 부르심이 아닐까?

성경은 하나님의 약속들이 "너희와 너희 자녀와 모든 먼 데 사람 곧 주 우리 하나님이 얼마든지 부르시는 자들에게 하신 것이라"(행 2:39)고 했다.

그리고 개인은 교회의 머리 되시는 그리스도에게 부름 받는 것이 아닌가?

사도행전에서 사람들이 하나님께 돌아올 때를 보면 그들이 지역교회에 속하게 되리라는 점은 전제되어 있었다. 다른 방법은 있을 수가 없었기 때문이다. 그들은 부활의 공동체, 성령의 공동체에 들어서게 된 것이었다.

근래에 흥미 있는 연구가 발표되었는데 그것은 일본인들이 개인적인 어려움에 반응하는 태도를 미국인들의 태도와 대조한 것이었다. 제시된 질문은 "어려움을 겪는 중에 무엇으로 자신을 위로하는가?"였다. 일본인들은 하나같이 "전 가족에 대해 생각해요. 가족이 저와 함께 있다고 상상하곤 합니다"라고 대답했다. 미국인들의 대답은 주로 "전 이걸 극복해 낼 수 있어요. 그냥 좀 더 열심히 하면 돼요"였다. 아니면 그들은 빈약한 자신을 부풀려보려는 설교를 스스로에게 하는 것이다.

"나는 대단해. 그 사람은 날 이기지 못해. 나는 걔보다 잘 났어."

다시 말해서 우리는 개인을 공동체보다 강조하는 사회에 살고 있는 것이다.

미국인들은 곧잘 '자기의존'(self-reliance)이라는 말을 여러 가지 다른 표현으로 쓴다.

그 말은 번역가들 사이에서 골치 아프기로 유명한 구절이다. 예를 들어, 라틴 아메리카에서는 그 말을 가장 가깝게 번역한 말이 우리의 '독립'(independence) 같은, 개인적이기보다는, 정치적이고 사회적인 단어. 몇몇 아시아의 나라에서는 자신에게 의지한다는 것은 말 자체가 안 되거나 정신적으로 불안정하다는 것을 드러내는 표지다. 아시아의 보편적인 전통에 따르면 사람은 절대로 자신에게 의지하면 안 된다. 사람은 상호간에 의존해야 한다.

나는 언젠가 프랭크 시나트라(Frank Sinatra)의 "나는 내 뜻대로 살아왔어"(I Did It My Way)를 기독교적으로 개사한 것을 들어본 적이 있다. 그 노래를 "나는 그분 뜻대로 살아왔어"로 바꾼 것이었다. 내가 꼬투리를 잡는다고 생각하지 말길 바란다. 나는 단지 우리가 공동체를 시야에 두지 않고 개인적으로만 사고하는 간사한 성향을 주시하려는 것이다.

내가 왜 이 개사한 노래를 염려하는지 알겠는가?

물론 '그분 뜻'이 '내 뜻'보다는 낫다. 그러나 '나'보다는 '우리'라고 하는 것이 더 정확하지 않을까? 이 노래는 고립된 느낌을 그대로 간직하고 있다. 단지 '예수님과 나'만의 일처럼 말하고 있는 것이다.

하나님이 그리스도인이 아닌 사람과 결혼하라고 말씀하셨다던 여성도가 생각나는가?

그 예는 좀 극단적이었을 수도 있다.

그러나 우리는 얼마나 자주 결혼이나 직업전환 같은 중대한 결정을 내릴 때 목사님이나 장로님들이나 믿음의 사람들과 상의를 하는가?

얼마나 자주 내가 글을 쓰거나 강연해야 할 때 교회에 기도를 부탁하는가?

하나님이 우리 개개인을 향해 어떤 뜻을 가지고 계신지에 대한 논의나 가르침은 우리 주변에 항상 풍부하다.

그러나 사람들이 교회를 향한, 아니면 그들의 가정을 향한 하나님의 뜻에 대해 이야기하는 것을 들어본 적이 있는가?

당신은 많은 사람들이 실제적으로 교회를 가족으로 여기고 있지 않음을 눈치 챘는가?

내가 빈번하게 듣는 것은 사람들이 교회가 마치 그들의 원수인 양 이야기하는 것이다. 그들은 교회에 다니는 사람들에게 상처받은 뒤에 다시는 상처받지 않으리라 다짐한다. 그들은 특정한 경우를 교회의 전체적인 문제로 일반화시킨다. '만약 한 명이 나를 다치게 하면 교회가 나를 다치게 한 것이다'라고 생각하는 것이다.

또 어떤 때는 우리 자신의 수치심 때문에 교회가 마치 원수인 것처럼 행동할 때도 있다. 다시 말하면, 우리가 자신의 삶에서 수치스러운 것들을 볼 수 있으므로 다른 사람들도 역시 그것들을 볼 수 있으리라고 생각하는 것이다.

그러나 보통 우리가 교회를 원수처럼 대하는 이유는 우리가 성경으로부터 배우지 못했기 때문이다. 우리는 하나님이 그분의 몸에 대해 뭐라고 말씀하시는지 모른다.

이것은 철저히 인간에 대한 두려움의 문제다. 우리가 스스로를 혼자 고립된 존재라고 생각하면 항상 다른 사람들을 두려워하기가 더 쉽다. 고립과 인간에 대한 두려움은 절친한 친구들이다. 그러나 하나님은 우리를 더 큰 가족(교회)에 참여하도록 부르셨음을 진정으로 이해하면 우리는 자유로워진다. 교회가 가족들과 거실에 함께 앉아있는 것 같은 기분이 들기 시작하는 것이다.

그보다 더 좋은 것은, 우리가 예수님의 발치에 그분의 보좌를 둘러싸고 함께 한 가족으로 앉아있는 것처럼 느껴지는 것이다. 가족끼리는 자아의식도, 망신스러움도, 두려움도 없는 것이다.

당신이 자란 가정은 불우했을지도 모르겠다. 집에서는 지적당하기만 하고, 가족들이 당신을 어떻게 생각할까에 대해 항상 염려하며 컸을 수도 있다. 그렇다면 당신의 그런 경험이 하나님이 가족에 대해 하시는 말씀을 당신이 이해하는 데 부패한 영향을 미치지 못하게 하라.

당신은 그리스도의 몸에 속한 이들이 당신의 가족이라는 것을 믿어야 한다. 우리가 개인인 것처럼, 우리는 역시 우리들이기도 하다는 것을 배우라. 이 교훈은 좋은 가정에서 자란 사람들이라고 해서 더 쉽게 배울 수 있는 것도 아니다. 그 이유는 바로 이 교훈이 믿음으로 배우는 것이지 단순히 이전의 경험에 의해 습득되는 것이 아니기 때문이다.

우리가 성경적인 공동체의 중요성을 간과해서 얻는 결과를 주시해 보라. 우리가 만약 성경을 개인에 대한 것으로 국한시켜서 '우리'를 '나'로 바꾸면 다음과 같은 궁지에 빠지게 된다.

- 나는 가서 모든 민족을 제자로 삼아야 한다(마 28:18).
- 나는 쉬지 말고 기도해야 한다(살전 5:17).
- 나는 빈곤하며 참과부인 과부를 존대해야 한다(딤전 5:3).
- 나는 늙은 남자들, 젊은 남자들 그리고 젊은 여자들을 가르쳐야 한다(딛 2:1-8).

그리고 어떻게든 내 일과에 남는 시간에 나는 일도 해서 가족을 먹여 살릴 만큼 돈도 벌어야 한다. 다행히도 이 명령들은 교회에게 주어진 것들이다. 공동체로서만 우리는 온 세상을 복음화시킬 수 있는 것이다.

금전적인 후원자들, 선교회, 신실하게 기도하는 친구들과 교회들, 그 밖에도 그리스도의 몸 안에 있는 많은 사람들이 있어야만 선교사가 가서 제자를 삼을 수 있는 것이다. 그리고 쉬지 말고 기도하라는 명령을 수행하려면 나에게 교회가 있어야 된다. 왜냐하면 나는 가끔 잠도 자야 하고 일도 하러 가야 하기 때문이다. 24시간 기도하는 것은 오직 전 세계의 교회가 동원되어야만 가능한 일이다.

1. 하나님의 공동체적인 형상

연합, 사랑, 가족에 관한 하나님의 가르침은 사람이 하나님의 형상을 입었다는 점을 토대로 한 것이다. 하나님의 형상을 입는다는 것은 하나님의 영광을 위해 그분을 본받고 대표하는 것이다. 우리는 피조물이 창조주를 닮을 수 있는 한 모든 면에서 하나님을 닮아야 한다. 한없이 광대한 그분의 영광을 조금이라도 모방하려면 당연히 수많은 사람들이 요구된다. 피조물은 유한한 존재들이나 하나님의 영광은 무한하기 때문이다.

우리는 제9장에서 그 영광을 일부 요약해 보았고 우리가 하나님을 본받을 수 있는 방법들을 그려 보았다. 그러나 우리가 다루지 않은 방법이 하나 더 있다.

> 이스라엘아 들으라 우리 하나님 여호와는 오직 유일한 여호와이시니(신 6:4).

이 세상에 신들이 허다하게 많다면 신자들 가운데 분열과 당쟁도 당연히 많을 것이다. 각자 "나는 제우스를 믿어" 혹은 "나는 머큐리를 믿어"라고 하면서 다툴 것이다. 그러나 우리의 하나님은 유일하시다. 그러므로 하나님의 백성은 하나로 연합할 때 그분을 본받고 그분께 영광을 돌리는 것이다.

이스라엘 백성에게 가장 주된 정체성은 무엇이었을까?

'나는 이스라엘 백성이다. 하나님께 속한 이스라엘 백성이다'라는 것이었을 것이다. 모세오경에서 '하나님과 나'에 대해 찾아보라. 그런 것은 찾을래야 찾을 수가 없다. 하나님의 언약은 한 민족 전체를 향하신 것이었다. "이스라엘아 들으라"고 주님은 말씀하셨다.

> 너희는 시온을 돌면서 그곳을 둘러보고
> 그 망대들을 세어 보라
> 그의 성벽을 자세히 보고
> 그의 궁전을 살펴서
> 후대에 전하라
> 이 하나님은 영원히 우리 하나님이시니
> 그가 우리를 죽을 때까지 인도하시리로다(시 48:12-14).

구약시대의 이스라엘 백성은 공동체적인 잔치들이 있었다. 유월절은 가족들끼리 기념했고, 국가적으로 전민족의 죄를 속죄하는 날을 해마다 지켰다(레 16장). 하나님은 이스라엘 백성에게 하나님과 그분의 법을 자녀들에게 이야기하도록 명하셨다(신 6장). 하나님이 하신 약속은 개인에 대한 약속인 것 만큼이나 민족 전체에 대한 것이기도 했다. 그와 마찬가지로, 개인이 순종하지 않는 데 따르는 저주도 민족 전체에 대한 저주인 경우가 잦았다.

아간이 여리고에서 온전히 바친 물건을 훔쳐서 죄를 범한 것을 성경은 "이스라엘이 범죄하였으니"(수 7:1)라고 한다.

여호와께서는 이스라엘이 죄지은 것이라고 말씀하셨다. 불순종에 대한 처벌은 이스라엘 군대가 아이족속에게 패배 당하는 것으로 민족 전체에게 내려졌다. 죄를 해결하기 위해 온 이스라엘은 여호와 앞에서 성결하게 해야 했다.

물론 성경은 개인이 각자의 죄에 책임을 져야 한다고 말한다. 그러나 한 지체가 죄를 지으면 몸 전체가 오염되는 것이다. 다니엘은 망명생활 중에도 그가 하나님의 백성과 뗄 수 없이 얽힌 사이라는 것을 분명히 의식하고 있었다. 이스라엘 백성에 대한 것은 곧 그에 대한 것이라고 할 수 있었다. 그는 망명으로 수치를 당했고 자기 민족의 죄에 대한 부담을 느꼈다.

> 크시고 두려워할 주 하나님, 주를 사랑하고 주의 계명을 지키는 자를 위하여 언약을 지키시고 그에게 인자를 베푸시는 이시여 우리는 이미 범죄하여 패역하며 행악하며 반역하여 주의 법도와 규례를 떠났사오며 우리가 또 주의 종 선지자들…을 듣지 아니하였나이다…주여 수치가 우리에게 돌아오고 우리의 왕들과 우리의 고관과 조상들에게 돌아온 것은 우리가 주께 범죄하였음이니이다 (단 9:4-8).

내가 4학년이었을 때 숙제가 하나 있었는데 '나'라는 말을 쓰지 않고 편지를 써야 하는 것이었다. 그 숙제의 목적이 무엇이었는지는 아직도 잘 모르겠다. 어떨 땐 우리가 너무 못된 반이라서 선생님이 우리의 이기심을 지적하려고 그랬던 것 같은 생각이 들 때도 있다. 어쨌거나 우리 반 애들 모두 그 숙제가 불가능하다고 생각했던 것이 기억난다.

　이와 같은 숙제를 그리스도인에게 준다면 기도를 하되 자신과 전혀 상관없는 기도를 하는 것이다. 나에게는 그런 식의 기도가 '나'라는 말을 안 하면서 편지를 쓰는 것 만큼이나 힘든 것이다. 나는 기도할 때 보통 동심원들을 마음에 그린다. 가장 안에 있는 원은 내 가족이다. 그 바깥에 있는 원은 친척들, 그 다음은 교회, 다음은 선교 뭐 그런 식으로 말이다. 나는 너무 자주 두 번째 원도 다 못 끝내고 피곤해지기 일쑤다.

　당신은 '더 크게' 기도하기 위해 어떤 노력을 해 보았는가?
　이것은 인간에 대한 두려움에 대한 최고 처방전이라고 할 수 있다. 가장 바깥의 큰 원부터 시작해서 거꾸로 속으로 차츰 차츰 들어가며 기도해 보라. 가족에 앞서서 세상을 위해 기도하고, 전 교회를 위해 기도하라. 성경에 나오는 기도를 해 보라. 시편을 기도해 보라. 시편은 개인의 묵상 그리고 집회를 위한 것이다. 그러나 그것은 집회에서 사용하는 것이 가장 자연스럽다.

　시편 133편은 분명히 공동체가 사용할 목적으로 쓰인 시편의 대표적인 예이다. 그것은 다 헤아릴 수 없는 축복을 묘사한다. 내려오고, 내려오고, 내려오는 축복을 말이다. 그런 묘사는 하나님이 그분의 백성에게 주실 수 있는 가장 귀한 축복을 묘사하는 데 쓰였다. 그것은 연합의 축복이다.

보라 형제가 연합하여 동거함이
어찌 그리 선하고 아름다운고
머리에 있는 보배로운 기름이
수염 곧 아론의 수염에 흘러서
그의 옷깃까지 내림 같고
헐몬의 이슬이 시온의 산들에 내림 같도다
거기서 여호와께서 복을 명령하셨나니
곧 영생이로다(시 133편).

첫 번째 모습은 아론이 제사장으로 안수 받는 모습이다. 장엄한 날이었고 대단히 축하할 날이었다. 하나님의 백성을 향하신 언약을 확증하는 자리였다. 하나님은 이 안수를 통해 그분이 백성과 함께 거하실 것이라고, 또 백성은 제사장을 통해 하나님께 다가올 수 있다고 말씀하시는 것이었다. 그리고 우리가 안수의 현장을 보면 머리에만 바르면 되었던 기름은 아론을 모두 덮을 때까지 흐른 것을 볼 수 있다. 성결하게 만드는 기름은 멈출 수가 없었다. 자꾸만 흘러 내려오고 내려오는 것이었다.

이와 비슷하게 헐몬은 그 지역에서 가장 큰 산이었다. 그리고 시온은 동산 정도밖에 되지 않았다. 헐몬의 이슬이 시온에 떨어졌다면 그것은 메마른 지역에 비옥한 축복이 흘러 넘치는 것이다.

이 시편은 하나님의 백성에게 중요한 기도이다. 우리가 다른 사람들을 두려워하고 자신을 그들로부터 고립시키거나 자기 방어적일 때 우리는 다름아닌 하나님의 치료법인 사랑과 그의 백성과의 연합의 상당한 부분으로부터 자신을 고립시키고 방어한다. 시편 133편 같은 시편은 우리가 하나님의 치료법을 위해 기도하도록 일깨워 준다. 그것은 우리에게 세상에서 가장 큰 축복은 하나님의 백성들을 두려워하거나 그들로부터 고립되는 것이 아니라 그들과 연합하는 것임을 상기시켜 준다.

2. 연합과 사랑-성경적으로 최우선인 것들

사도 바울이 교회들에게 서신을 썼을 때 그는 아마도 이 같은 구약의 이미지들을 염두에 두고 있었을 것이다. 예를 들어, 그가 에베소 사람들에게 쓴 편지를 보면 사도 바울이 "보라 형제가 연합하여 동거함이 어찌 그리 선하고 아름다운고"라고 말하는 것같이 느껴질 정도다.

그러나 바울은 히브리 태생 사람들 사이의 연합만을 생각하지 않았다. 그는 선지자들도 좀처럼 상상하기 힘들었던 수준의 연합에 대해 말했다. 그는 유대인과 이방인, 원수인 대적들, 정결한 사람들과 부정한 사람들이 하나 되는 교회를 마음에 그린 것이었다.

바울은 이렇게 연합된 "교회로 말미암아 하늘에 있는 통치자들과 권세들에게 하나님의 각종 지혜를 알게 하려 하심이니"(엡 3:10)라고 했다. 다시 말해서, 바울이 가진 교회의 비전은 세상 그리고 하늘에 있는 권세들에게 하나님이 하시는 가장 장엄한 성명이 곧 교회라는 것이다. 하늘에 있는 권세들은 교회를 관찰하고 탐구하고 있다. 그리고 하나님의 이루 말할 수 없이 풍요로우신 지혜는 교회를 통해 공표되는 것이다.

이 지혜의 절정은 무엇일까?

그것은 하나님이 가지각색인 사람들을 그분에게 나아오게 하시고 그들을 그리스도 안에서 연합케 하심으로 하나님의 영광을 나타내신 것이다.

우리를 연합하게 하시기 위해 하나님은 그리스도의 몸에게 선물들을 주셨다. 그 선물들은 다른 사람들이다. 사람들-사도들, 선지자들, 복음전하는 자들, 목사들, 교사들, 그리고 수많은 다른 사람들-을 통해 "우리가 다 하나님의 아들을 믿는 것과 아는 일에 하나가 [될]"(엡 4:13) 때까지 하나님은 교회를 세우신다. 다시 말해서, 하나님께 영광을 돌리려면 우리는 사람들이 필요하다.

우리는 가르침과 보살핌을 받아야 하고, 또 가르치고 보살펴야 한다. 우리는 형제자매들로부터 매일같이 조언을 받아야 하며 그들도 우리에게 조언을 받아야 한다. 우리는 가끔 아무리 우리가 혼자 있고 싶어도 어려운 질문을 해 주는 사람들이 필요하다. 사도 바울조차도 이런 것들이 필요했다.

> 내가 너희 보기를 간절히 원하는 것은…너희와 나의 믿음으로 말미암아 피차 안위함을 얻으려 함이라(롬 1:11-12).

척 스윈돌(Chuck Swindoll)은 다른 그리스도인들과 떨어져서는 은혜 안에 성장할 수 없다는 것을 아는 많은 그리스도인들의 대표적인 예라고 할 수 있다. 그는 자신을 안전하게 보호하려면 자기를 방어하고 드러내지 않는 것이 필수라는 생각이 사실은 하나님이 우리를 그로부터 해방시켜주시고자 하는 저주라는 것을 깨달았다. 그는 다른 친구 목회자들과 모여서 서로에게 다음의 7가지 질문들로 도전을 주었다.

1. 당신은 지난주에 여자와 함께 있었던 적이 있습니까? 남들이 보았을 때 오해의 여지가 있을 수 있는 상황이었습니까?
2. 당신의 재정관리는 모두 청렴했습니까?
3. 당신은 의도적으로 성적으로 자극적인 것들을 접한 적이 있습니까?
4. 성경공부와 기도에 마땅한 시간을 할애했습니까?
5. 가족에게 우선적으로 시간을 할애했습니까?
6. 당신이 부르심 받은 곳들에서 순종했습니까?
7. 당신이 지금까지 거짓말한 것은 없습니까?

나라면 이 질문들에 하나 더 보태겠다.

"이제 이 모든 질문들을 마쳤는데 얼마나 당신으로 인해 제가 축복 받았는지 말씀드리고 싶습니다. 얼마나 당신이 저에게 예수님을 보도록 인도해 주었는지 알려드리고 싶습니다."

상담사로서 나는 자신의 은사가 무엇인지 알고 싶어 하는 많은 이들과 이야기를 나누어 왔다. 그들은 정확히 자기들의 은사를 진단해 줄 시험 같은 것이 있기를 기대하고 나에게 찾아온다. 나는 그런 현상이 교회가 무너진 현실을 나타내는 것만같이 보인다. 교회가 하나님께 영광 돌리기 위해 연합하는 공동체가 아니라 개개인이 자기실현을 위해 뿔뿔이 흩어져 뛰어다니 것만 같다.

예를 들자면, 자신의 은사를 찾는 사람들은 그들이 그리스도의 몸을 떠나서도 자기의 은사를 '찾아 낼' 수 있을 것이라고 생각한다. 그들은 하나님의 백성이 내면 지향적인 사람들이 아니라 외부 지향적인 사람들이라는 것을 망각하고 있는 것이다. 그들이 해야 할 질문은 이것이다.

"어떻게 하면 그리스도의 몸을 섬기고 사랑하는 데 성장할 수 있을까?"

은사란 우리가 자연스럽게 사랑하고 섬기는 방법이다. 어거스틴(Augustine)이 남긴 말은 이렇게 의역할 수 있다.

"당신의 은사가 무엇인지 알고 싶다면 첫째로, 은사의 목적은 교회가 연합하도록 만드는 것이라는 것을 알아야 한다. 그 다음에는 하나님을 사랑하고, 하고 싶은 대로 해라."

그러나 그리스도의 몸의 은사가 쓰이는 것은 여기에서 끝나지 않는다. '나' 중심의 교회가 맺는 나쁜 열매들 중 하나는 다른 사람들로 인해 우리가 축복을 받더라도 우리가 그들에게 그런 사실을 말해 주지 않는다는 것이다. 만약 누가 성경학교에서 우리를 가르쳐서 성경 본문을 이해할 수 있게 도와주었다면 우리는 그 사람에게 그 사실을 말해 주고 그 은

사가 쓰이기를 격려해야 한다.

만약 예배를 인도하는 사람들로 인해 우리가 하나님의 전에 그분의 백성과 함께 선 사실이 기쁘고 감사했다면 우리는 그 인도자들이 당신과 교회를 축복해준 것은 그들과 상세하게 나누고 감사해야 한다. 그 누구도 자기의 은사가 무엇인지 물어볼 필요가 없어야 된다. 다른 사람들이 우리를 보살핌에 따라 우리는 그들의 은사가 무엇인지 그들에게 말해 주어야 한다.

당신은 인간에 대한 두려움에 대한 하나님의 치료법이 자연스럽게 외부 지향적이라는 것이 감이 잡히는가? 그 치료법이 성경적인 자기성찰을 포함하기는 해도 그런 자기성찰의 목적은 사랑이다. 하나님의 말씀은 한결같이 우리를 하나님과 다른 사람들에 대한 사랑으로 향하게 한다. 그 길을 따를 때 우리는 더 이상 인간에 대한 두려움이라고 하는 우상숭배에 지배당하지 않게 된다.

그러나 그 길이 항상 수월하지는 않다. 사실상 수월한 때가 거의 없다. 우리는 예수님이 돌아오시기 전에는, 심각한 장애물들을 만날 것을 예상해야 한다. 그것은 사도 바울이 고린도 교회에서 발견했던 것 같은 장애물이다.

> 형제들아 내가 우리 주 예수 그리스도의 이름으로 너희를 권하노니 모두가 같은 말을 하고 너희 가운데 분쟁이 없이 같은 마음과 같은 뜻으로 온전히 합하라(고전 1:10).

너희는 아직도 육신에 속한 자로다 너희 가운데 시기와 분쟁이 있으니 어찌 육신에 속하여 사람을 따라 행함이 아니리요 어떤 이는 말하되 나는 바울에게라 하고 다른 이는 나는 아볼로에게라 하니(고전 3:3-4).

너희가 피차 고발함으로 너희 가운데 이미 뚜렷한 허물이 있나니(고전 6:7).

이런 분쟁들은 심지어는 성만찬이 거행되는 도중에도 일어났던 것으로 보인다. 성찬식 중에 주먹다짐이 일어났다는 말은 아니다(적어도 바울은 주먹다짐이 일어났다는 기록은 하고 있지 않다). 바울이 염려된다고 말한 것은 사람들이 한 몸으로 행동하는 것이 아니라 고립된 이기적 개인들로 행동함으로써 빚어진 혼란이었다. 사사기에서 되풀이되는 주제처럼 "사람마다 자기 소견에 옳은 대로 행하였다"(삿 17:6)고 했던 상황이다.

청소년들을 무시하려는 것은 아니지만, 그것은 꼭 굶주려 죽을 지경의 이기적인 남학생들 한 떼와 헐레벌떡 저녁식사를 하는 것 같은 상황이었다. 이런 분쟁들 때문에 사도 바울은 성찬에 대해 상세하게 지시를 준 것이다. 바울은 우리에게 성찬식에 참여하기 전에 자신을 살펴서 점검해 보아야 한다고 말한다(고전 11:28).

성찬에 참여하기 전에 살피라는 말을 들으면 당신은 무슨 생각을 하는가?

십중팔구 당신은 최근 비밀리에 지은 죄의 목록을 생각할 것이다. 그렇다면 너무 잘된 일이다! 어떤 사람들에게는 잠잠한 순간이라고는 그때가 전부일 수도 있고, 그런 순간은 죄를 고백하고 회개하기에는 탁월한 시간이다. 그러나 그것이 좋은 일인 것은 사실이지만, 이 본문은 그 이상을 의미한다.

바울이 우리에게 살피라고 권고하는 것은 우리가 과연 '그리스도의 몸을 알아보고 있는지'를 점검하라는 것이다.

우리는 교회가 하나라는 것을 깨닫고 있는가?

우리와 성찬을 나누는 사람들이 그리스도의 몸이라는 것을 알고 있는가, 우리의 가족이라는 것을?

바로 이것이 본문의 틀림없는 배경인 것이다.

이것은 우리가 하나님과 화목하고 또 서로 간에 화목할 수 있는 것이 그리스도의 죽음을 통해서 가능한 일이라는 점을 기억해야 한다는 뜻이다. 그분은 우리를 하나로 만드셨고 우리는 사랑 안에서 하나 되는 것에 마음을 다해야 한다. 주의 만찬은 형제자매들과 하나가 되기 위해 기도하고 준비하는 데 참으로 좋은 자리이다. 어떻게 하면 친절하고, 남을 긍휼히 여기며, 용서할 수 있는지 새로운 방법들을 모색해 보는 시간인 것이다.

사도의 권고는 또한 우리가 하나님의 백성을 분열시킨 죄들을 회개해야 함을 의미한다. 누구에 대해 험담하거나 헐뜯은 적이 있는가? 사람들을 멀리했는가? 누구에게 화가 나서 죄지은 적이 있는가?

예수님은 손수 우리에게 하나가 되기 위해 마음을 다하는 것이 어떤 것인지 가르쳐 주셨다.

> 그러므로 예물을 제단에 드리려다가 거기서 네 형제에게 원망들을 만한 일이 있는 것이 생각나거든 예물을 제단 앞에 두고 먼저 가서 형제와 화목하고 그 후에 와서 예물을 드리라(마 5:23-24).

> 서서 기도할 때에 아무에게나 혐의가 있거든 용서하라 그리하여야 하늘에 계신 너희 아버지께서도 너희 허물을 사하여 주시리라 하시니라(막 11:25).

사도 바울도 에베소 사람들에게 쓴 서신에서 같은 말을 했다.

> 이는 우리가 서로 지체가 됨이라 분을 내어도 죄를 짓지 말며 해가 지도록 분을 품지 말고(엡 4:25-26).

당신은 이러한 지시에서 다급함이 느껴지는가?

오로지 사랑으로 연합된 교회만이 영적인 권세들과 세상에게 하나님의 영광을 참으로 보여줄 수 있다. 그리고 오로지 연합된 교회만이 분열을 일으키려는 사탄의 책략에 맞설 수 있다. 성경은 단도직입적이다. 당신이 교회가 연합되지 못하도록 일조했다면 지금 태도를 바꾸라. 주의 만찬은 부흥의 출발점이 되어야 한다.

연합이 함축하는 것 중의 하나는 바로 그것이 그리스도인의 삶이 더 큰 기쁨으로 가득찰 것을 보장한다는 점이다. 그러나 더 큰 슬픔 또한 보장한다. 그리스도께서 부활하셨기 때문에 그리고 우리에게 공동체가 주어졌기 때문에 삶은 큰 기쁨으로 가득 찰 것이다. 그리고 성령께서 우리를 연합하시는 대로 다른 형제자매들이 기뻐할 때 우리도 기뻐하는 것이다.

그러나 다른 지체가 고통 받을 때면 우리도 고통 받을 것이기 때문에 그리스도인의 삶은 또한 더 큰 슬픔으로 가득 차게 될 것이다. 우리의 가족이 고통 받을 때 우리가 영향을 받을 수밖에 없는 것처럼 우리의 대가족의 지체들이 고통 받을 때 우리는 고통 받아야 한다.

또한 우리가 그리스도의 몸에 속한 사람들에게서 상처를 받으면 그들이 우리 가족이기 때문에 우리는 더 아플 것이다. 하지만 그런 상처는 우리를 마비시키지는 않는다. 그 대신에 하나님의 은혜로 우리의 믿음은 더 자라나고, 우리는 "이 형제나 자매에 대한 나의 의무는 무엇일까?"라는 질문에 대답할 준비가 될 것이다.

우리의 의무는 물론 사랑이다. 고린도 교회의 분열에서 우리가 유익을 얻을 수 있는 이유는, 바울이 "하나님을 사랑하고, 하고 싶은 대로 하라" 또는 "서로 사랑하라" 같은 정도로 하나 되라는 권고를 마무리할 수 없었기 때문이다.

그 대신, 그는 사랑이 어떤 모습을 하고 있는지 자세히 보여주어야만 했다. 그는 사랑이 무엇인지 정의해 주어야 했다. 결과적으로, 우리는 고린도전서 13장을 얻는 축복을 받았다.

3. 우리의 연합을 위한 예수님의 기도

만약 고린도전서 13장에서 말하는 사랑과 연합이 불가능해 보인다면 힘내기 바란다. 비록 세상, 육신, 마귀가 강력한 적수들이긴 하지만 예수님은 우리를 위해 기도하셨다. 그렇게 하심으로 그분은 우리에게 무엇이 필요한지 상기시켜 주시며, 기도의 모범을 보여주시고, 확신까지 주신다. 우리는 사랑과 연합이 하나님의 뜻이기 때문에, 하나님이 이루실 것이라고 확신할 수 있다.

요한복음 17장에 나오는 예수님의 기도는 이미 우리에게 필요한 것은 무엇인지에 대해 가르쳐주었다. 우리는 하나님께 영광을 돌려야 하고, 성화되고 하늘 아버지께 순종하는 데 성장하는 것이 필요하다. 예수님의 기도에 핵심적인 또 하나의 주제는 하나 됨이다.

> 거룩하신 아버지여 내게 주신 아버지의 이름으로 그들을 보전하사 우리와 같이 그들도 하나가 되게 하옵소서(요 17:11).

> 내가 비옵는 것은 이 사람들만 위함이 아니요 또 그들의 말로 말미암아 나를 믿는 사람들도 위함이니 아버지여, 아버지께서 내 안에, 내가 아버지 안에 있는 것같이 그들도 다 하나가 되어 우리 안에 있게 하사(요 17:20-21).

> 그들로 온전함을 이루어 하나가 되게 하려 함은 아버지께서 나를 보낸 것…을 세상으로 알게 하려 함이로소이다(요 17:23).

> 내가 아버지의 이름을 그들에게 알게 하였고 또 알게 하리니 이는 나를 사랑하신 사랑이 그들 안에 있고 나도 그들 안에 있게 하려 함이니이다(요 17:26).

이는 실로 하나님께 영광을 돌리는 의미심장한 방법이다. 예수님과 성부가 하나이신 것처럼 우리는 서로와 하나가 되어야 한다는 것이다. 참 경이롭고도 두려운 일이 아닐 수 없다. 한편으로 보면 참된 성경적 공동체의 목표는 대단한 축복이다. 우리는 인간에 대한 두려움을 치료하는 방법의 일부를 갖게 되는 것이고 우리에게는 세상이 갈급해하는 것도 마음껏 얻을 수 있는 길이 열려 있다. 그러나 이것은 곧 우리가 다른 사람들을 향해 사랑으로 다가가야 한다는 뜻이기도 하다.

바로 그 점이 두려울 수 있는 부분이다. 어쩔 수 없이 사람들은 우리의 삶을 복잡하게 만든다. 우리가 자기만의 안전하고 소심한 세계를 유지하고, 착하게 살며, 기껏해야 자선단체에 기부나 할 때에는 만사가 훨씬 더 깔끔한 법이다. 그러나 성경의 가르침을 알고 나면 그런 식의 무관심이나 자기중심적인 삶은 불가능해진다.

연합과 사랑이 뜻하는 것은 이렇다.

- 죄를 서로에게 고백하는 것이다(약 5:16).
- 도움이 필요한 형제자매들과 나누는 것이다(롬 12:13, 요일 3:17).
- 서로에게 마음을 열기 때문에 상처 받기 쉬워지는 것이다(호세아).
- 낮은 곳에 처한 사람들과 어울리는 것이다(롬 12:16).
- 다른 사람들을 존중할 수 있는 창의적인 방법들을 모색하는 것이다(롬 12:10).
- 죄를 지은 사람을 상대하여 권고할 때와 허물을 덮어줄 때를 분별하는 것이다(마 18:15, 잠 17:9, 19:11).
- 모든 사람들에 대하여 오래 참는 것이다(고전 13:4).
- 희생하고 목숨을 내려놓을 준비가 되어 있다(요 15:12-13).
- 교회에서 적절한 징계(치리)를 하는 것을 말한다(마 18:15-19, 고전 5:1-5).

성경적인 사랑은 반드시 성장해야만 한다(벧전 1:22). 사랑은 전략을 세우고, 더 자라기 위해 남들에게 중보 기도를 요청하고, 꿈을 크게 가진다. 화려한 망상을 한다는 것이 아니라, 인간적인 기대를 넘어선다는 의미에서 크다는 것이다.

성경적인 사랑은 스스로에게 주목을 끄는 요란스러운 것은 아니지만 원대한 의도를 품고 있어야만 한다. 우리는 모든 살아 숨쉬는 피조물들이 사랑을 목격하기를 바란다. 우리는 모든 민족들과 모든 영적인 권세들과 권력으로 하여금 우리가 살아계시는 하나님의 제자라는 것을 우리의 사랑으로 보여주고 싶은 것이다(요 13:35).

4. 여러분은 하나님의 장막이다

이 모든 것이 의미하는 것은 당신에게 정체성이 하나 더 있다는 뜻이다. 당신은 하나님의 장막이자 성전이다. 구약시대에는 성막이 곧 하나님이 세상에서 거하시는 집이었다. 성막은 그분이 백성과 함께 거하시는 곳이었다. 그것은 적군들을 경외심에 차서 두려워하게 만들었던 바로 그 동일한 장막이다.

예컨대 블레셋 사람들은 언약궤를 빼앗아간 뒤 머지않아 궤를 그들의 땅에서 옮겼다. 그들의 우상인 다곤이 자꾸 궤 앞에서 엎드러지는 것이었다. 이 장막은 너무도 거룩해서 벧세메스 사람들이 그 안을 들여다 보았을 때 여호와께서 그들을 치사 죽이셨던 그것이다. 그래서 나머지 벧세메스 사람들은 "이 거룩하신 여호와 앞에 누가 능히 서리요?"(삼상 6:20)라고 물었다. 마찬가지로, 웃사는 하나님의 언약궤가 흔들리자 떠받치려고 하다가 치심을 받아 죽었다(삼하 6:6-7).

이제 신약으로 넘어가 보자. 바울은 "너희는 너희가 하나님의 성전인 것과 하나님의 성령이 너희 안에 계시는 것을 알지 못하느냐"(고전 3:16)고 말한다. 사도 바울은 우리가 하나님의 장막이라고 말하는 것이다. 교회가 장막이다.

이것이 바로 구약에 있던 비밀들이 신약에서 밝혀진 경우들 중의 하나다. 살아계신 하나님이 우리가 함께하는 그 안에 계신다. 이것은 영광스럽고 풍성한 비밀이고 바로 "너희 안에 계신 그리스도시니 곧 영광의 소망"(골 1:27)이다. 이것은 우리를 떨게 만들고도 남는다.

5. 원수, 이웃 그리고 그리스도의 몸: 그들에게 진 빚

다른 사람들은 누구일까?

그들은 세 부류로 나눌 수 있다. 원수, 이웃 그리고 가족이다.

그러면 그들에 대한 우리의 의무는 무엇일까?

사랑이다. 사랑은 그들이 속한 부류에 따라 다른 모습으로 표현될 수는 있으나, 우리의 의무는 사랑이라고 요약할 수 있다. 우리가 원수를 사랑하는 방법은 그들을 섬김으로써 놀라게 만드는 것이다. 우리가 이웃을 사랑하는 방법은 그들을 가족처럼 대하는 것이다. 그리고 우리가 그리스도의 몸 된 우리의 진정한 형제 자매들을 사랑하는 방법은 하나 되는 것이다. 세상과 영적인 권세들은 우리의 하나 됨을 보고 깜짝 놀랄 것이다.

우리의 의무를 더 강경히 표현하자면, 우리는 우리의 원수들과 이웃들과 친구들에게 빚을 졌다고 할 수 있다. 그들이 과거에 무슨 일을 저질렀건, 그리고 우리가 그들에게 베푸는 것이 그들이 우리에게 베푸는 것에 비하면 얼마나 일방적인지를 떠나서, 우리는 그들에게 진 빚이 있다.

> 피차 사랑의 빚 외에는 아무에게든지 아무 빚도 지지 말라 남을 사랑하는 자는 율법을 다 이루었느니라⋯네 이웃을 네 자신과 같이 사랑하라 하신 그 말씀 가운데 다 들었느니라 (롬 13:8-9).

이렇게 사랑하는 것이 우리를 상처받게 만들까?

두말하면 잔소리다. C. S. 루이스(C. S. Lewis)는 그가 간단하고 고통 없는 것을 원했다면 예수님이 아니라 와인 한 병을 골랐을 거라고 언급한 적이 있다. 성경적인 사랑은 틀림없이 우리를 상처받기 쉽도록 취약하게 만든다. 그러나 그런 취약함은 심리적으로 사람들을 필요로 하는 것에서 생겨나는 파괴적인 취약함이 아니다. 그리스도인들은 덜 필요로 하고 더 사랑하는 법이다.

이런 사랑의 빚이 우리로 하여금 사람들이 자기의 악한 목적을 위해 우리를 이용하려고 하는 나쁜 수작에 말려들게 만드는 것은 아닐까? 그렇지는 않을 것이다. 설사 그런 일이 생긴다고 해도 오래 갈 수는 없다.

어떤 중년의 목사님이 의사로부터 너무 과로한다고 살짝 꾸지람을 듣게 된 일이 있었다. 의사는 그가 휴가를 내지 않으면 병원신세를 지게 될 상황이라고 말했다. 목사님은 물론 그 당시 휴가를 낼만 한 여유가 없었다. 그는 교회와, 특별한 필요가 생긴 아내와, 두 딸들을 돌보느라 너무도 바빴다.

그의 아내는 지난 5년간 알 수 없는 이상한 병에 걸려서, 이제는 운전도 하지 않고 혼자 밖에 나가는 일도 없어져 버렸다. 즉 목사님이 아내를 모든 곳에 다 데려다 주어야 했다. 쇼핑과 병원 가는 일만 해도 매일 한 시간 이상씩 걸렸다.

목사님은 또한 생활비를 벌려고 동네 신학교에서 두 과목을 가르치는 중이었다. 그의 딸 하나는 최근에 차를 사게 되어서 그는 보험료를 내 주고 있었다. 다른 딸은 대학생이었고 모든 학비는 그가 감당하고 있었다. 그러나 그의 두 딸 모두 일은 하지 않았다.

이 모든 일들을 제쳐 두고 어떻게 목사님이 휴가를 내겠는가?

그는 교회와 그의 가족에게 필요한 존재였다.

그게 아니면, 그는 남들이 그를 필요로 하기를 원했던 것일까?

목사님은 주님을 경외하는 것은 이해했지만 자기 자신은 이해하지 못하고 있었다. 그는 한 번도 자신이 희생하는 것이 가족보다는 자기 자신을 더 섬기는 것이라고 생각해 본 적이 없었다. 결과적으로, 그는 사랑하는 데 있어 다른 그리고 보다 나은 길들을 보지 못하고 있었다.

그는 '착한 것'이 사랑과 동의어가 아니라는 점을 점차 알게 되었다. '착한 것'은 남들에게 그가 신경을 써주는 희생적인 남편과 아버지로 인식되는 것이다. '착한 것'은 무관심하고 냉담했던 자신의 아버지와는 반대로 행동하는 것이었다. 그러나 '착한 것'은 그의 가족을 죽이고 있었다. 그는 무슨 일이든지 하도록 조종당할 수 있었기 때문이다.

점차 목사님은 자기의 행동에 감추어진 이기심을 발견하기 시작했다.

그는 사랑이 "알았어요"라고 대답하는 것보다 훨씬 이상의 것이라는 점을 깨달았다. 그는 아내와 딸들에게 용서를 구하고 그들에게 기도를 요청했다. 그들을 깊이 사랑하는 데 성장하고 싶었기 때문이다. 당신이 예상하다시피 가족들은 무슨 일이 일어나는지 좀 어리둥절해했다. 그러나 목사님이 그들에게 용서를 구한 적은 과거에도 많았다. 이번이라고 뭐가 그렇게 특별한 것은 아니었다.

하지만 이번에는 달랐다. 지혜로운 친한 친구들에게 자문을 구하고 목사님은 가족을 사랑할 수 있는 방법에 대해 더 구체적으로 생각하기 시작했다. 몇 주 뒤, 그는 가족과 함께 모여서 그의 계획을 내놓았다.

그는 한 딸에게 세 달 후부터는 그가 보험료를 내주지 않을 거라고 말했다. 대학생인 딸에게는 그가 다음 해 학비를 일부밖에 내줄 수 없다고 했다. 이로써 그의 가족이 일자리나 대출금 등 자금마련을 위한 대안을 위해 함께 계획할 수 있는 기간은 9달이 남게 되었다. 그는 아내의 의사와 상담해 본 후에 아내에게 더 이상 병원에 그녀를 데려가 주지 않을 거라고 말했다. 의사는 그의 결정에 대찬성이었다. 목사님은 또한 가족에게 신학교에서 가르치는 일도 한 해 동안 휴직을 신청하겠다고 말했다. 휴직은 다음 학기가 종료되면 시작할 것이다.

그러자, 제대로 된 시험이 찾아 왔다. 목사님의 가족은 그가 착하지 않게 군다고 생각한 것이다! 그들은 화를 냈다. 그들은 그가 자기들이 어떻게 되건 상관하지 않는다고 말했다. 알고 그런 것은 아니지만, 그들의 그런 말들은 목사님이 제일 좋아하는 우상을 미끼로 들이대는 것이었다. 그는 가족이 하는 말을 귀 기울여 들은 뒤 기도하며 다시 고려해 보고 또 자문을 구했다. 그러나 그는 그가 내린 결정들이 지혜로운 것이라는 결론을 내리고 그대로 나아가기로 마음먹었다.

처음 몇 달은 껄끄럽긴 했지만 그 후 가족은 성장하기 시작했다. 그의 딸들은 일자리를 얻기로 결정했고 일하는 것을 즐기게까지 되었다. 그의 아내는 소심함이 덜해지고 그녀의 많은 증상들도 눈에 띄게 나아졌다. 목사님은 교회에게 자신이 과다하게 교회 업무들을 다 떠맡았던 것이 다른 사람들의 은사가 쓰이는 일을 가로막았기 때문에 잘못한 일이었다고 이야기했다.

그가 교회에게 그렇게 고백하자, 성도들은 자기들의 은사로 서로를 흔쾌히 섬김으로써 응답했다.

타인집착쟁이들은 '착한 것'을 사랑이라고 착각할 수 있다. 그렇게 착각하면 그들은 남들에게 더 쉽게 이용당하게 되고, 그러다 지쳐서 나가떨어지는 것은 보장된 일이다. 타인집착쟁이들은 또한 '알았어요'라고 대답하는 것을 사랑이라고 착각할 수 있다. 그러나 '알았어요'는 매우 지혜롭지 못한 반응일 수가 있다. 그 방법이 사랑의 빚을 갚는 최선의 길이 아닐 수가 있기 때문이다.

어떤 일에 '알았어요'라고 대답하는 것은 우리가 더 중요한 다른 일을 못 하도록 막을 수 있다. 또 다른 사람이 더 잘했을 일을 우리가 한다는 뜻일 수도 있다. 다른 사람들이 가진 죄짓는 성향을 굳어지게 만드는 일일 수도 있다. 우리가 '내가 안 하면 할 사람이 없어'라고 생각하며 교회를 그리스도의 몸으로 보는 대신 자기중심적으로 해석한다는 말일 수도 있다.

그러므로 '알았어요'나 '착한 것'이나 '자기희생'이 꼭 사랑과 같은 것은 아니다. 우리가 그것들로 남들을 창의적으로 사랑하는 것이기보다는 단지 그것들을 통해 우리 인생의 의미와 정체성을 찾으려는 것일 수가 있다.

이렇게 사랑을 모방하는 것들에 대한 경고를 염두에 두고, 이젠 자기희생과 피곤에 지치는 것에 대해 충고 한마디를 하고 싶다. 나는 이제껏 접한 우리가 진 사랑의 빚에 대한 도서나 글에 비해 자기보존을 주제로 한 글들이 열 배는 더 되는 것을 보았다. 지쳐서 나가떨어지는 것은 우리가 제일 두려워하는 것들 중의 하나로 보인다.

내 자신을 돌아보더라도, 가끔 나의 목적은 '스트레스' 받지 않으려고 자기 방어하는 것이지 남들을 사랑하는 것이 아니라는 것을 깨닫는다. 우리는 모두 당연히 어느 정도는 신체적인 단련으로 몸을 돌보고, 지혜롭고 성경적으로 다듬어진 우선순위가 삶에 있어야 한다.

그러나 우리가 자기보존의 벼랑에서 떨어지는 것은 우리가 착한 타인집착의 벼랑에서 떨어지는 것만큼 쉽다. 주님을 경외하는 삶에는 강렬함이 있다. 우리는 순종하기에 열성적이고, 더 이상 남들에게 무관심하지 않으며, 교회가 부각되고 뛰어나길 원하는 욕망을 갖게 된다. 그런 욕망은 밤늦게 일하는 것이나, 별로 하고 싶지 않은 일을 하는 것을 의미할 수도 있다. 사랑은 절대 쉬운 탈출구가 아니다.

6. 연합 안의 독특함

당신이 자신에 대하여 덜 생각하기 시작하고 그리스도의 몸이 하나 되길 추구하면 신기한 변화가 일어나게 된다. 교회의 지체들은 다 똑같아지는 것이 아니라 그 반대로 더 독특해진다. 하나 됨은 똑같음이 아니다.

당신이 나에게 앤디(Andy)에 대해서 묘사해 달라고 했다면 나는 "따분한 사람이죠"라고 말했을 것이다. 그는 나의 친구였고 같은 교회에 다니고 있었지만, 그에 대해서 뭐라고 딱히 할 말은 없는 그런 사람이었다.

그가 나에게 상담을 받고자 했을 때도, 나는 사실 별로 기대가 되지 않았다. 거절할까도 고민했지만, 불과 몇 년 전에 마침 우리교회의 사람들에게 더 헌신하기로 마음먹었던 터라 마지못해 알았다고 했다.

그의 문제는 흔한 것이었다.

"나는 내 자신이 별로 마음에 들지 않아요. 내 자신을 좀 더 좋아했으면 좋겠어요."

나는 '아이고, 제발'이라고 혼자 생각했다.

'하다못해 고치고 싶어 하는 문제까지 어쩌면 그렇게 따분할까.'

우리가 처음 만났을 때, 앤디는 통상적인 상담이 그렇듯 그의 부모님들과 그의 아픔에 대해 내가 질문할 것을 기대하고 있었다. 그리고 아마 그런 것을 다 물어봤어야 했을 수도 있다. 그렇지만 나는 별로 그렇게 하고 싶지 않았다. 그 대신에, 나는 성경에서 한 책을 골라서 같이 공부해 보기를 권했다.

어디를 공부했는지 잘 기억은 안 나지만 재미있었던 것은 생각난다. 우리 둘 다 참 좋아했다. 교회 안의 여러 사람들에 대해 기도했던 것이 생각나고, 또 우리가 성경공부하며 배우는 것들을 삶에 적용하게 해달라고 함께 기도했던 것도 생각난다. 우리는 함께 많은 기도를 했다. 나는 매주 앤디에게서 무엇인가를 배웠고, 앤디도 마찬가지로 나에게서 무엇인가를 배웠다. 어떤 한 주는 그가 자기 친형제들을 사랑하지 않는 것을 깨닫고 나에게 기도를 요청했던 것이 생각난다. 그는 형제들에게 용서를 구할 계획이었다. 그래서 나는 우리가 만나는 시간을 기다리게 되었다. 그러던 어느 날, 나는 불현듯 깨달았다. '이 사람은 정말 흥미롭구나'라는 생각을 한 것이다. '그는 따분한 사람이 아니었어!' 나에게도 변화가 일어난 것은 사실이지만 나는 그것이 전부가 아니라는 것을 안다.

앤디도 변했고 그가 하는 질문들도 변한 것이었다. 처음에 앤디가 했던 질문은, "어떻게 하면 나 자신을 좋아할 수 있을까?"였다. 그런데 지금은, "어떻게 하면 교회 사람들과 세상을 사랑할 수 있을까?"라고 묻는 것이었다. 성경이 가르치는 사랑과 하나 됨을 그가 더 적용하면 할수록, 그의 독특함은 더 두드러져 나타나는 것이었다. 갑자기 전에는 내가 보지 못했던 은사들이 그에게서 보이기 시작했다.

우리가 매주 정기적으로 만나는 것을 마무리하게 되면서, 나는 그에게 내가 생각해도 충격적인 말을 했다. 나는 그에게, "앤디, 당신 정말 아름답게 보여요"라고 말한 것이다. 내 입에서 그 말이 나온 것에 더 놀란 사람은 앤디가 아닌 나였다. 그 말은 설명이 필요한 것이었다.

"기분 나쁘지 않았으면 좋겠는데, 사실 우리 사이를 뒤돌아보면 나는 당신이 따분하다고 생각했었어요. 물론 나쁜 뜻으로 하는 말은 아니예요."

앤디는 웃었다.

"그런데 당신에게 어떤 변화가 일어나기 시작했어요. 나는 지난 넉 달 동안 당신 안에 계신 그리스도를 볼 수 있었어요. 그 어느 때보다도 더 분명하게 말이죠. 당신이 나를 위해서

하는 기도들을 통해, 그리고 당신이 다른 사람들을 사랑하기 위해 세운 전략들에서 말입니다. 전에 당신의 질문은, '어떻게 하면 나 자신을 더 좋아할 수 있을까?'였는데 이제 당신의 질문은, '어떻게 하면 예수님과 나의 이웃을 사랑할 수 있을까?'로 변했습니다."

그는 고개를 끄덕였다. 그 또한 하나님이 그의 삶에서 하신 일을 본 것이었다.

더 생각해 보기

본 장에서는 인간에 대한 두려움을 치료하는 데 필수적인 부분을 다시 짚어 보았다. 우리는 사람들을 더 사랑하고, 덜 필요로(우리의 심리적 갈망을 충족시키기 위해)해야 한다. 하나님을 사랑하면 하나님에 대한 공포가 밀려나듯이, 사람들을 사랑하면 그들이 우리를 수치스럽게 만들거나 신체적으로 해하거나 거부할 것이라는 두려움이 밀려난다.

가족, 공동체, 연합은 중요한 말들이다. 그러나 주의하기 바란다. 그 말들을 사용하는 사람들은 그리스도인만이 아니다. 당신은 많은 사람들이 개인주의와 자기집착에 흥미를 잃어가고 있는 것을 눈치 챘는가?

이기심, 자기 가치, 자존감, 내가 무엇을 얻을 수 있는가, '나'세대, 한도 끝도 없는 자아 성찰과 개인적인 내면분석. 우리는 드디어 변화를 받아들일 준비가 되었다. 개인주의는 한물갔다. 극히 실용적인 관점에서 보더라도, 우리는 개인주의가 실용적이지 않다는 점을 깨달은 것이다. 그에 대한 해결책으로 요즘 사람들이 열광하는 새 아이디어는 공동체이다.

그러나 문제는 바로 우리의 하나님, 우리 자신, 다른 사람들을 보는 시각이 근본적으로 바뀌지 않는 이상은, 공동체 역시 우리가 자신의 마음에 들기 위해 세우는 하나의 전략에 지나지 않을 것이라는 점이다. 우리의 외로움은 좀 덜 해지고 우리가 좀 더 남들과 연결된 것같이 느껴지기는 할 것이다. 그러나 우리가 하나님의 영광이 아닌 자아실현을 위해 공동체를 추구한다면 공동체 운동은 한 때의 유행에 지나지 않을 것이다. 우리의 교회 공동체를 하나님의 사랑으로 세우도록 서로 격려 하자.

1. 당신의 교회는 어떻게 공동체를 권장할 수 있을까? 당신은 어떻게 공동체를 권장할 수 있을까?

2. 다니엘의 '우리' 기도를 다시 찾아서 읽어보라. 그리고 느헤미야의 공동 기도를 공부해 보라(느 1:4-11). 이 기도들을 다 같이 기도하는 시간에 사용해 보라.

3. 당신은 어떻게 그리스도의 몸의 지체인 다른 사람들을 존중할 수 있을까(롬 12:10)?

4. 근래에 당신으로 하여금 그리스도를 바라보게 해 준 사람들을 생각해 보라. 그중 한 명에게 편지를 쓰고, 잊지 말고 그에 대해 다른 사람들과 나누라.

제12장

결론: "하나님을 경외하고 그의 계명을 지키라"

18세기의 한 목회자는 그의 교회에 인간에 대한 두려움이 판을 치는 것을 탄식하고 있었다. 그는 모두가 하나님의 의견보다 사람의 의견에 대해 더 염려하고 있다고 말했다. 그 교회의 사람들이 무엇이든 행동에 옮기기 전에 먼저 하는 질문은, "그 사람들이 뭐라고 생각할까?"였다. 그래서 목회자는 그 문제에 대한 설교 시리즈를 하기로 마음먹고, 다음의 대답을 내놓았다. "하나님을 경외하고 당신의 의무가 무엇인지 알라."

그의 대답은 사실 두 가지가 서로 연결된 대답들이었다. 하나님을 경외하는 것은 필수적인 토대이다. 그것이 없으면 인간에 대한 두려움이 판을 치게 되어 있다. 그러나 그 목회자는 교회의 어떤 사람들은 하나님을 경외했지만 인간에 대한 두려움에 걸려 넘어지는 것을 보았다. 그 이유는 그들이 자신의 의무를 몰랐기 때문이었다. 즉, 그들은 하나님을 향한 그들의 순종이 어떤 모습으로 나타나야 하는지 분별할 수 없었던 것이다. 그들은 주님을 경외하는 것을 어떻게 적용해야 할지 몰랐다.

따서 그 목회자는 지혜롭게도 여러 가지 계명에 대한 설교를 헌신적으로 전했다. 특히, 서로를 사랑하라는 계명에 집중했다.

그 목회자는 지극히 성경적인 공식에 이르게 되었다.

> 일의 결국을 다 들었으니 하나님을 경외하고 그의 명령들을 지킬지어다 이것이 모든 사람의 본분이니라(전 12:13).

나는 머지않아 이 청교도 목회자의 교회에 내가 만났던 몇 명의 사람들과 닮은 이들이 생겨났으리라고 믿는다.

1. 한 소년

팀(Tim)은 인기있는 고등학교 미식축구 선수였고 팀의 공동 주장이었다. 때는 고등학교 마지막 해로 마지막 몇 경기들을 남겨두고 있었다. 그는 또한 주님을 경외함에 있어 자라가고 있었다.

팀은 그의 감독이 발표한 주말 특별 연습이 가족 여행 계획과 중복되는데 어떻게 대처해야 할지 잘 몰랐다. 하지만 그는 옳은 질문들을 했다.

"하나님이 나에게 원하시는 것은 무엇일까? 내 의무는 무엇일까?"

감독의 발표 이후, 그는 감독을 찾아가서 중복되는 계획에 대해 알렸다.

감독에게는 무슨 결정이 옳은지 명백했다. 그는 "문제가 뭐야? 우리 팀은 네가 있어야 하니까 연습에 꼭 나와야 해. 어린애도 아닌데 엄마 아빠를 따라간다고 그래! 너 연습에 빠지면 다음 경기에서 제외될 줄 알아"라고 했다.

고등학생에게는 이런 상황이 당연히 인간에 대한 두려움을 불러일으킬 만하지만 팀은 굳건했다. 그는 부모님과 상의했고, 부모님과 함께 교회 장로님들 중 한분에게 자문을 구했다. 성경적 관점에서 여러 의견을 들은 후 이 청소년은 가족과 함께 계획된 여행에 가기로 결정했다.

그는 감독이 어떤 반응을 할지 정확히 알고 있었고 아닌 게 아니라 그 반응은 모두 현실이 되었다. 감독은 팀이 한 결정을 용납할 수가 없었다. 그는 팀의 마음을 돌려보려고 고함을 지르고 폭언을 해댔지만 그는 꿈쩍도 하지 않았다. 감독은 같은 팀에 있는 선수들이 그에게 앙심을 품게 조종해서 또래 압력이 그의 마음을 뒤집도록 만들려고 했다. 그러나 팀은 그가 내린 결정을 선수들에게 부드럽게 설명했고, 그들도 전반적으로 이해하는 편이었다.

그는 성경적인 최고의 방법을 굳게 확신했다.

그 밖에 더 생각할 것이 무엇이겠는가?

이 소년에게는 결정을 하고 말고 할 것도 없었다.

"하나님을 두려워할 것인가, 인간을 두려워할 것인가?"

답은 분명했다.

"하나님을 경외하고 나의 의무를 분별하라."

만약 그 감독이 팀을 경기에서 제외한 일을 회개하고, 선수들은 모두 그리스도인이 되고, 팀은 미식축구 장학생으로 대학에 가고, 그의 이야기가 영화로 제작되었다면 이것은 흥미로운 이야깃거리일 것이다. 그러나 내가 알기로 그런 일들은 일어나지 않았다. 그는 경기에서 제외되었고 그것으로 끝이었다.

하지만 나에게는 이것이 영적 세력과 권세들의 주의를 끈 매력적이고 용감한 이야기이다. 팀은 누구를 두려워할 것인가를 결단해야 하는 갈림길에 서게 되었고, 전혀 주저하지 않았다. 그가 영적 세력, 친구, 그의 교회에 미친 영향은 그의 미식축구 기록에 몇 점이 추가되는 것보다 훨씬 더 대단한 것이었다.

2. 한 수도사: 마틴 루터(Martin Luther)

마틴 루터는, 주저할 때도 간혹 있었지만, 한결같이 인간이 아닌 하나님 경외하기를 택했다. 마틴 루터는 1483년에 독일에서 태어난 교회 개혁자였으며 흥미진진하고 영향력 있는 인물이었다. 그러나 그가 성취한 모든 업적들이 대단함에도 불구하고 그의 인생에 가장 뚜렷하게 돋보이는 것은 바로 그가 주님을 두려워한 사실이다. 그가 주님을 두려워하는 데 성장한 것은 세 가지 다른 사건들에서 볼 수 있다.

첫 번째 사건이 일어난 때는 1505년 7월 2일이었고 루터는 에르푸르트대학(the University of Erfurt)에 다니는 21살의 대학생이었다. 그때까지만 해도 그의 계획은 대학을 졸업하고 나서 아버지가 원하는 대로 법을 공부하는 것이었다.

그러나 그는 부모님을 뵈러 집으로 돌아오는 길에 맹렬한 강풍뇌우를 맞게 되었다. 루터는 거의 벼락에 맞다시피 하고 난 직후, 목숨에 위협을 느끼고 소리 지르기를, "성 안나시여, 살려 주십시오! 수도사가 되겠습니다"라고 맹세했다.

루터가 고심 끝에 그런 맹세를 한 것 같지는 않지만, 그래도 그는 그것을 심각하게 생각했다. 그는 자기가 한 맹세가 분명 거역할 수 없는 하늘의 부르심의 일부라고 생각했다. 그래서 아버지의 바람을 거스르고(루터는 항상 그의 아버지를 기쁘게 해드리고 싶어했다) 7월 17일자로 에르푸르트의 어거스틴파 검은 은둔 수도원(the Black Cloister of the Augustinian Hermits)에 들어갔다.

그가 주님을 두려워하는 믿음은 그 당시에는 성숙하지 못했다. 그저 '지극히 공포스러운' 하나님을 무서워하는 것이 전부였고, 신화에 나오는, 숲속에 사는 조그만 마귀 같은 존재들에 대한 두려움이 뒤섞인 경외였다. 하지만 마틴 루터가 거룩하신 분을 알았고, 아버지가 언짢아 하는 것이나 미래에 수도원에서 겪을 불편보다 거룩하신 분을 더 두려워했다는 것은 확실하다.

두 번째 사건은 그가 신부로 발탁되고 난 뒤인 1507년에 일어났다. 그가 신부로서 처음으로 집례한 미사에서 벌어진 일이다. 미사의 날짜는 정해져 있었는데, 루터의 아버지도 참석할 수 있도록 맞추느라 다시 연기가 되었다. 그래서 그 미사는 루터에게 더욱 의미심장한 것이었다.

그 당시(그리고 지금도)의 미사는 갈보리가 재현되며, 신부가 빵과 포도주를 그리스도의 실제 몸과 피로 변화시키는 곳이라고 여겨졌었다. 다시 말해서, 신부는 거룩하신 분의 면전에 최대로 가까이 있는 사람인 것이었다. 신부들에게는 안전상의 주의를 위해서 방대한 지침서가 있었고, 미사라는 것은 수천 번 집행된 것이었지만, 그래도 루터는 그런 보장만으로는 안심이 되지 않았다.

하나님은 아직도 '지극히 공포스러운' 하나님이셨다. 그분은 어떤 면으로는 매력적이셨지만, 그래도 껴안기보다는 회피해야 할 존재였다. 그러므로 루터가 예식을 거행하기 시작했을 때, 그는 겁에 질려서 거의 말도 못할 지경이었다.

나는 완전히 충격 받아서 공포에 질린 채 어쩔 줄을 몰랐다. 나는 혼자 이렇게 생각했다. '한낱 세상의 군주 앞에서도 온 인류는 떨어야 마땅한 현실에 비추어 봤을 때 내가 그렇게 장엄하신 분께 도대체 무슨 말을 할 수 있을까? 내가 감히 누구라고 눈을 높여 신성하신 전하께 내 손을 올릴 수 있단 말인가? 천사들은 그분을 둘러싸고 있다. 그분이 고개만 끄덕하셔도 온 세계는 전율한다. 그런데 나같이 빈약하고 보잘것없는 존재가 "이거 주세요, 저거 주세요"할 수 있겠는가? 티끌이나 재와 같고 죄 투성이의 존재인 내가 살아 계시고 영원하시며 진실하신 하나님께 그럴 수 있겠는가?'*

루터는 그래도 어떻게 가까스로 예식을 끝마칠 수 있었다. 여기서 우리는 어느 정도 발전이 있었던 것을 볼 수 있다. 루터는 하나님의 면전에서 경외심을 체험한 이사야와 또 다른 이들의 위대한 전통을 잇는 인물이라고 할 수 있다. 하나님의 사랑을 분명하게 알고 있었던 다윗 왕도 하나님의 위대하심으로 말미암아 생겨나는 경외심으로 인해 기도하는 데 조차 용기가 필요했음을 말씀을 통해 엿볼 수 있을 것이다 (삼하 7:27). 그러나 루터는 그때만 해도 아직 하나님의 공의와 하나님의 사랑이 어떻게 연결된 것인지 알지 못하는 상황이었다.

공의와 사랑 사이의 간극을 메우기 위해, 루터는 더 선하게 살려고 애썼다. 다른 사람들처럼 그 역시 자기가 선행으로 하나님의 사랑을 얻을 수 있을 것이라고 생각했다. 따라서 그는 그 누구보다 더 부지런히 개인적 거룩함을 추구했다. 할 수 있는 일은 죄다 해봤다.

3일에 걸쳐 하는 금식들, 6시간 동안 하는 고백들, 추운 밤에 이불 없이 자는 것, 그리고 끊임없이 하는 기도, 이 모든 것들을 살아남아 있는 것이 신기할 정도로 되풀이했다. 그러

---

* Roland Bainton, *Here I Stand: A Life of Martin Luther* (New York: New American Library, 1950), 30.

나 그에게 평온함이 찾아올 조짐은 보이지 않았다.

하지만 하나님은 분명히 이 수도사의 삶에 살아 역사하고 계셨다. 루터는 성경과 성경이 기록된 원어들을 모두 공부한 훌륭한 학자였다. 1509년에 그는 대학에서 성서학 학위를 수여받았고 1512년에는 신학 박사학위를 수여받았다. 이 학업은 그가 성서학 교수로 비텐베르크(Wittenberg)에서 채용되는 데 있어 밑거름이었다. 비텐베르크에서 그가 맡게 된 업무는 성경을 해석하는 강의를 하는 것이었다.

루터는 이 직무를 맡고서 말 그대로 물 만난 물고기 같았다. 1513-1515년에 그는 시편을 강해했고, 1515-1516년은 로마서, 1516-1517년은 갈라디아서, 1517-1518년은 히브리서를 강해했다. 이로써, 그에게 복음은 더 명확해지기 시작했다. 그는 시편에서 그리스도를 지극히 자비로우신 분으로 보게 되었다. 그리고 로마서를 공부하게 되면서 모든 조각들이 하나로 연결되었던 것이다.

'믿음으로만 의롭게 됨'이라는 구절은, 루터가 하나님의 구속사역을 요약하는 표현이 되었다. 루터는 그리스도 안에서 드디어 하나님이 '지극히 정의로우신 분' 그리고 '지극히 자비로우신 분'이시라는 것을 알게 되었다.

> 나는 바울이 로마인들에게 보낸 서신을 이해하기를 간절히 바랬으나, 한 구절이 그것을 방해했다. '하나님의 공의'가 바로 그것이었다. 왜냐하면 나는 그 공의가 뜻하는 것이 바로 하나님은 정의로우시고 따라서 부정한 자들을 정의롭게

처벌하시는 것이라고 이해했기 때문이다. 나는 흠잡을 데 없는 수도사였지만, 하나님 전에서는 양심의 가책에 시달리는 죄인이었다. 그리고 나의 공로가 하나님의 노여움을 진정시킬 수 있으리라는 자신이 없었다. 그래서 나는 정의롭고 노하시는 하나님을 사랑하지 않았고, 그 반대로 그를 혐오하고 그를 향해 투덜거렸다. 그럼에도 나는 바울에 집착하며 친히 매달려 그가 한 말이 무슨 뜻이었는지 이해하기를 간절히 소원했다.

나는 하나님의 공의와 '의인은 그의 믿음으로 말미암아 살리라'는 말의 연관성을 알아차리기까지 밤낮으로 숙고했다. 그리고 나는 하나님의 공의가 바로 은혜와 순전한 자비로, 하나님이 오직 믿음을 통해 우리를 의롭다 칭하시는 그런 의로움이라는 것을 깨닫게 되었다. 그러자 나는 내 자신이 거듭나는 것을 느꼈고 마치 열린 문들을 통과해서 낙원에 이른 듯한 기분이 들었다…이것은 곧 하나님을 믿음으로 바라보는 것이다. 하나님의 아버지와도 같으시고, 친구같이 다정하신 마음을, 노여움도, 퉁명스러움도 없는 마음을 보는 것이다. 누가 하나님을 노하시는 분으로 본다면, 그는 하나님을 바르게 보는 것이 아니라 마치 어두운 구름이 그의 얼굴을 덮은 것처럼 장막만을 보는 것이다.*

이렇게 루터의 주님을 향한 경외는 성경을 공부하고 묵상

---

* Ibid., 50.

함으로 강건하게 길러졌다. 이제 그는 곧 시험을 맞이하게 될 것이었다.

루터는 면죄부에 관한 대응으로 가장 잘 알려진 사람이다. 그 시대에는 종종 교회가 신성한 은총이라고 여긴 것들을 팔아서 돈을 벌었다. 면죄부를 위해 돈을 내면, 당신은 친척들과 당신 자신을 연옥에서 풀어줄 수 있었다. 그 제도는 '믿음으로만 의롭게 됨'이라는 원리에 완전히 정면으로 위배되기 때문에 루터는 대응할 수밖에 없었다. 그는 '95개조 반박문'을 비텐베르크 성 교회(the Castle Church in Wittenberg) 정문에 게시함으로 대응했다.

이 반박문과 뒤이은 수십 개의 문서들은 로마 가톨릭 교회와 루터가 정면으로 대립하게 만들었고 루터는 끊임없이 위험에 처하는 신세가 되었다. 루터의 원수들이 그를 암살하려고 하든지 아니면 교회가 그를 이단교도로 불태우던지 둘 중의 하나였다.

자세한 경로야 어찌되었건 루터의 죽음은 필연적인 듯 했다. 그의 저서들은 이미 로마에서 공공연하게 불태워지고 있었다. 그러나 그런 위협들은 루터가 하나님이 하시는 말씀이라고 생각한 것들을 입증하기 위해 책자들을 계속해서 써내는 것을 막지 못했다.

교회의 재판들은 루터에게 논쟁할 기회를 주지 않았다. 그 재판들은 루터에게 그가 쓴 글들을 철회하고, 교회에 겸손하게 순복하라고 공격하는 자리였다. 루터는 잠시 '철회'를 하긴 했다.

나는 면죄부가 "신실한 이들을 독실한 방법으로 횡령하는 것"이라고 말했던 것이 잘못이었음을 인정한다. 나는 그 말을 철회하고 그 대신 이렇게 말하고 싶다. "면죄부는 가장 불경한 횡령이고 가장 파렴치한 교황의 사기꾼이며, 그것들을 통해 영혼들은 기만당하고 신실한 이들의 재산은 패망한다."

이 같은 빈정거림은 친구와 원수를 동시에 배로 증가시켰다.

루터의 최종 항소는 보름스(Worms) 의회로 이어졌다. 루터에게 대답할 기회를 줄 것인가에 대한 수많은 논쟁이 있은 후, 1521년 4월 16일에 루터는 드디어 보름스에 도착했다.

논쟁을 기대했던 그 자리는 단순한 공공재판의 자리였다. 루터에게 자신의 결론에 대해 강의할 기회를 주지 않으려는 계산이었다. 루터의 저서들을 내보인 뒤, 심문관은 간단한 질문을 했다.

"당신은 이 모든 책들을 옹호하겠는가, 아니면 일부라도 부인하겠는가?"

루터의 대답은 묘했다. 특히 그가 대담하게 집필했던 글들에 비추어 보면 더 그랬다. 혹시 그 지역에서 최강의 권세를 가진 이들이 모인 자리라서 주눅이 들었던 것일까? "너무 조금만 설명하거나 너무 과다하게 설명하는 것은 위험할 것이다"라고 거의 들리지도 않는 소리로 그는 대답했다.

"부디 내가 다시 생각해 볼 시간을 주기를 바랍니다."

그는 인간에 대한 두려움과 주님을 경외함 사이에서 망설이는 것 같아 보였다. 그러나 다음날 저녁 6시가 되기 전에 무슨 일이 일어났던 것이 분명하다. 루터는 그가 쓴 글들의 특징인 대담함을 몸소 증명했다. 그런 대담함은 스스로에 대한 자신감은 아니었다. 그는 겸손하게 하나님과 함께 행하는 사람이었다. 그는 하나님의 말씀을 확신했다.

그가 집필한 글들을 변호하며 그를 처형할 권세가 있는 사람들에게 루터는, "나는 주님을 경외하는 길을 걸어야 한다"라고 말했다. 그는 다음과 같은 말로 끝맺었다.

> 내 양심은 하나님의 말씀에 사로잡혀 있다. 양심을 거스르는 일은 옳지도 않고 안전하지도 않기에, 나는 어떤 것도 철회 할 수 없고, 하지도 않을 것이다. 하나님이시여, 저를 도와주시옵소서. 이것이 나의 입장이고 나에게 대안이란 없다. 아멘.

루터는 두려운 중에도 주님을 동시에 경외할 수 있음을 입증한 사람이다. 결국, 그는 대단한 영적, 정치적 권세를 가진 존엄한 법정 앞에 선 것이었다. 당연히 그는 두려웠다! 그러나 두려운 중에도 그는 하나님을 신뢰하고 순종하기를 택했다. 그것이야말로 주님을 경외하는 가장 고상한 모습이다.

3. 히브리인 선지자와 그의 친구들

루터가 본받으려 했던 위인들은 분명 다니엘에 나오는 사람들이었을 것이다. 다니엘, 사드락, 메삭 그리고 아벳느고.

예수님을 제외하면, 주님을 경외하는 데 있어 그들보다 더 훌륭한 위인들은 없었다. 그들의 명망이 부각되었던 때는 이스라엘의 남은 자들에게 최고로 열악했던 시기였다. 북왕국은 사라졌고, 바벨론은 유다를 점령하고 꼭두각시 왕들을 세워놓은 때였다. 바벨론이 점령하기 시작하던 초기에 바벨론 사람들은 느부갓네살의 왕실에서 섬길 인력으로 유다에서 가장 명철하고 뛰어난 왕가 출신 인재들을 데려갔었다. 그 인재들 중에는 다니엘과 친구들이 속해 있었다.

어떻게 다니엘이 주님을 경외하게 되었는지 확실히 알 길은 없다. 바벨론이 점령했던 동안 유다의 왕이었던 사람은 사악한 여호야김이었다. 그리고 여호야김 전에는 또 다른 사악한 왕이 단기간 통치했었다. 그러나 바벨론이 점령하기 14년 전에는 요시야가 왕이었고, 그는 왕국에 부흥을 불러왔었던 사람이다. 아마도 다니엘과 그의 세 친구들은 그 요시야왕의 정신을 물려받고 자란 사람들이었을 가능성이 높다.

다니엘서를 보며 주의해야 할 점은 우리가 거기에 나오는 이야기들을 익숙하게 알고 있다는 점과, 또 주요 인물들이 주님을 경외하기로 손쉽게 결정한 것 같아 보이는 점이 다니엘서를 극히 진부한 책처럼 보이게 만든다는 점이다. 예를 들면, 다니엘서는 다니엘이 왕의 정한 음식을 거부하는 것으로 시작한다. 모세의 율법에 따르면 그런 음식을 먹는 것은 부정함을 초래했을 것이고 그래서 다니엘은 율법을 따르기로 결정했다. 다니엘에게 그가 지켜야 할 의무는 확연한 것이었다.

그러나 다니엘은 왕의 음식을 거부함으로써 한순간에 사형을 선고 받을 수도 있었던 상황이었다. 그는 히브리인 전쟁 포로였고, 느부갓네살은 그런 식으로 골치아픈 사람을 허용하지 않았을 것이다. 당시의 상황에 비춰보았을 때 나는 많은 사람들이 특정한 율법이 다른 율법보다 더 중요한 것이라고 합리화해가면서 율법을 제대로 지키지 않았을 거라고 생각한다.

바리새인들이라면 양심에 거슬리지 않게 율법을 끼워 맞추어 재해석하는 수단을 순식간에 찾아냈을 것이다. '왜 부정한 음식이나 우상에게 바쳐졌던 음식과 포도주가 문젯거리가 되어야 하는가?' 그러나 다니엘에게는 철저히 명백한 문제였다. 성경은 다음과 같이 말한다.

> 다니엘은 자기를 더럽히지 아니하도록 환관장에게 구하니 (단 1:8).

그리고 다니엘이 환관장에게 말한 것은 단지 예의를 차린 것에 불과했다. 환관장이 뭐라고 하던지 상관없이 다니엘은 율법을 따를 작정이었다.

주님을 경외하면 인생이 간단해진다.

다니엘 본문은 마치 주님을 경외하는 사람들의 명예의 전당과도 같다. 다니엘의 다음 타자는 세 명의 히브리인들이었다. 사드락, 메삭, 그리고 아벳느고. 그들이 받은 명령은 느부갓네살의 대형 신상에게 경배하라는 것이었다. 지시사항은 분명했다. 음악이 들리면 엎드려 절하며 신상에 경배하라는 것이었다. 그리고 그렇게 하지 않으면 즉시 풀무불에 던져지게 될 것이다.

어떻게 느부갓네살의 졸개들이 세 히브리인들이 법령을 무시하는 것을 보게 되었는지는 성경에서 언급하지 않는다. 그러나 세 히브리인들은 꽤 명망이 있는 인물들이었기 때문에 그들이 법령을 무시하는 것은 공개적인 문제거리가 되었을 것이다. 그들은 격노한 왕 앞에 즉각 호출 당했다. 그리고 느부갓네살은 전례 없는 자비의 일환으로 그들에게 마음을 돌려 왕의 뜻에 순종할 기회를 주었다. 그러나 그들에게는 하룻밤을 지내며 다시 한 번 생각해볼 필요조차 없었다.

그들이 왕의 제안을 듣고 한 대답은 실로 기가 막힌 것이었다.

> 느부갓네살이여 우리가 이 일에 대하여 왕에게 대답할 필요가 없나이다 왕이여 우리가 섬기는 하나님이 계시다면 우리를 맹렬히 타는 풀무불 가운데에서 능히 건져내시겠고 왕의 손에서도 건져내시리이다 그렇게 하지 아니하실지라도 왕이여 우리가 왕의 신들을 섬기지도 아니하고 왕이 세우신 금 신상에게 절하지도 아니할 줄을 아옵소서(단 3:16-18).

사람이 커 보일 때 하나님이 작아 보일 때

그들이 용광로에서 살아남았던 점은 사실 나에게는 좀 김 빠지는 일이다. 하나님이 그런 사람들을 세우실 수 있었다는 사실만으로도 충분하다. 그들은 하나님의 대단한 권능의 증거인 것이다.

인간에 대한 두려움에 대한 세 번째로 눈에 띄는 이야기는 다시 다니엘과 연관된 것이었다. 세 히브리인을 사형에 처했던 느부갓네살의 법령이 교만에 의한 것이었다면, 이번에 다니엘에게 영향을 끼쳤던 왕의 법령의 저의는 질투심이었다.

다니엘은 하나님이 주신 대단한 재능, 흠잡을 데 없는 명성, 그리고 끊임없이 주님을 경외하는 태도를 모두 갖춘 놀라운 인물들 중의 한 사람이었다. 그런 자질을 한 번에 갖추는 것은 드문 일이고 따라서 많은 이들이 시샘할 것은 뻔했다. 그래서 다니엘의 행정 관리 동료들이 질투에 불타게 된 것은 놀랄 일이 아니었다.

그렇지만 어떻게 그들이 다니엘을 '궁지에 몰' 수 있을까?

누구든지 자기만의 아킬레스건이 있긴 하다. 누군가를 충분히 오랜 기간을 두고 염탐하면, 그 사람이 권력을 갖지 못하도록 평판을 망칠 무엇인가를 찾을 수 있는 법이다. 그러나 그 동료들은 '하나님의 율법에서 근거를 찾지 못하면' 다니엘을 흠잡을 일은 아무것도 없을 것이라는 사실을 알았다.

느부갓네살의 통치 기록에서 영감을 받았던지 그 고관들은 다리오 왕에게 금령을 내릴 것을 제안했다. 한 달간은 사람에게도 신에게도 기도하지 못하도록 금지하고, 왕에게만 기도할 수 있도록 명하라는 것이었다. 다리오 왕은 그 제안에 흡족했으나 그것이 암시하는 바가 무엇인지는 전혀 깨닫지 못했다.

예전에 그랬듯이 다니엘은 또 그가 한 결정이 쉬운 일인 것처럼 보이게 만들었다. 그는 하루 시간을 내서 생각해 봐야 할 필요도 없었다. 그는 그저 하루에 세 번씩 예루살렘을 향해 열린 창문 앞에서 무릎을 꿇고 기도하기를 계속했다.

그는 공공연하게 기도함으로써 남들의 눈에 띄려는 것이 아니었다. 그가 예루살렘을 향해 기도했던 이유는, 그의 민족과 예루살렘을 향한 하나님의 약속을 깊이 사랑했기 때문이었다. 그는 감사의 기도를 드렸고, 또 그의 민족을 용서하시고 구원하실 구세주가 속히 오시기만을 간절히 기도했다.

다니엘이 사자 굴에 던져지기 전에 한 말에 대해서는 기록된 바가 없다. 너무 아까운 일이 아닐 수 없다. 그가 한 말들은 끝내주는 드라마 감이었을 것이다. 그러나 다니엘서의 저자였던 다니엘은 물론 자신에게 주의가 집중되게 만들 인물이 아니었다. 다니엘 역시 당연히 사자 굴에서 닥칠 일을 생각하며 고뇌의 과정을 거쳤을 거라고 생각한다. 그의 히브리인 친구들처럼 그 또한 하나님이 그를 구조하실 수 있다는 사실을 알았다. 그러나 한편으로 그는 그런 구조를 체험할 가망은 별로 없다는 것도 알았다.

다니엘은 자신에게 주의를 끌 생각은 없었다. 그는 하나님이 왕들보다 더 대단하시고, 불보다 더 대단하시고, 굶주린 사자들보다도 더 대단하신 분이시라는 것을 우리가 알기를 원했다. 그는 하나님의 이름이 온 세상에서 거룩히 여김

사람이 커 보일 때 하나님이 작아 보일 때

을 받으시기를 바랬던 것이고, 실제로 하나님의 이름은 그렇게 되었다. 하나님이 다니엘을 구해 주신 후, 다리오 왕은 시샘하는 행정 관료들을 그들의 가족들과 함께 처벌하고 또 하나의 법령을 선포했다.

> 내 나라 관할 아래에 있는 사람들은
> 다 다니엘의 하나님 앞에서 떨며 두려워할지니
> 그는 살아계시는 하나님이시오
> 영원히 변하지 않으실 이시며
> 그의 나라는 멸망하지 아니할 것이요
> 그의 권세는 무궁할 것이며
> 그는 구원도 하시며
> 건져내기도 하시며
> 하늘에서든지 땅에서든지
> 이적과 기사를 행하시는 이로서
> 다니엘을 구원하여
> 사자의 입에서 벗어나게 하셨음이라 (단 6:26-27).

4. 한 가정주부: 낸시(Nancy)

낸시는 성경에 나오는 인물이 아니다. 그녀는 27살이고 한 남자의 아내이자 두 아이의 엄마이다. 그녀는 자기가 절박한 신세라고 말했다.

낸시는 술고래 아버지와, 그 아버지가 잔혹하게 굴 때마다 낸시의 호소를 무시했던 어머니 아래에서 자랐다. 낸시는 자신이 가치 없는 존재처럼 느껴졌고 허무감을 느꼈다. 그녀가 목사님을 찾아 온 이유는 남편이 자기의 필요를 채워주지 못한다고 느꼈고, 그로 인해 노여움과 우울증에 시달리고 있었기 때문이었다.

가족사에 잔혹과 방치가 있다는 것은 두말할 필요 없이 비극적이다. 하나님이 다른 사람들로 부터 상처 입은 사람들에게 뭐라고 말씀하시는지 낸시는 이해해야 할 필요가 있었다. 그러나 그 점은 필수적인 성경적 토대의 일부에 불과하다. 만약 낸시가 느끼는 무가치하고 허무한 기분이 그녀가 자신을 깨진 사랑의 잔이라고 보는 관점을 드러냈다면, 그녀는 다른 종류의 그릇으로 다시 변화되어야 했다.

그리스도인들이 욕구의 심리학에 긍정적인 반응을 보이는 이유들 중 하나는 바로 그것이 사람들의 고통을 진지하게 다루기 때문이다. 그러나 욕구의 심리학 같은 관점은 사실 고통을 더 악화시킬 수 있다. 그것은 다른 사람들의 죄가 당신에게 깊이 상처를 주었을 뿐만 아니라, 또한 그들이 당신에게서 삶에 필수적인 어떤 것, 즉 당신에게 마땅히 있어야 할 권리를 앗아갔다고 설득함으로써 고통을 악화시키는 것이다.

남들에게 상처 받는 것도 힘든데, 남들의 죄가 우리 존재 자체에 치명적인 손상을 입혔다고 믿으면 그 고통은 더 격심해진다. 예를 들어, 누가 우리의 패물을 훔쳐갔다면 그것은 염려되는 일이지만 만약 그 패물이 우리가 다가오는 은퇴를 위해 준비해 둔 유일한 보장이었다면 그 상실감은 훨씬 더 클 것이다. 그러므로 상담이 해야 할 일 중 하나는 진정한 고통으로부터 우리의 욕구나 갈망이 악화시킨 고통을 분리해 내는 것이다. 그러면 결과적으로 순전하고 경건한 비탄만이 남게 된다.

목사님은 남들에게 희생을 당한 이들을 향한 하나님의 측은히 여기시는 마음을 낸시에게 가르치는 것으로 시작했다. 그의 목표는 낸시가 그녀를 향한 하나님의 거룩하신 사랑에 놀라게 만드는 것이었다. 희생자들을 보시는 하나님의 시각을 이야기하며 목사님은 낸시에게 세 가지 질문들을 고려해 보기를 권했다.

첫 번째 질문은 "당신은 무엇이 필요합니까?"였다. 잠시 생각한 낸시는, "남편이 제 말을 곰곰이 듣고 저의 감정적인 필요를 채워주는 거예요"라고 대답했다.

목사님은 대대로 내려오는 관찰 결과에 대해 이야기했다. "낸시, 우리는 스스로에게 필요하다고 여기는 것들에게 조종당하게 된다는 사실을 생각해 본 적이 있나요? 그런 일이 당신과 남편의 사이에서 일어나고 있는 것이 보이세요? 당신이 남편으로부터 감정적인 충족을 받아야 하는 한, 당신은 그에게 조종당하는 것처럼 느껴질 거예요."

두 번째 질문은 이 생각을 토대로 한 것이었다. 목사님은 낸시에게 다음의 질문을 고려해 보라고 권했다.

"무엇이, 아니면 누가 당신을 조종하나요?"

목사님은 그녀에게 어떤 사건이나 사람들이 그녀를 우울

하게 하거나 화나게 했는지를 특히 더 주의해서 생각해 보라고 말했다. 그녀는 꽤 긴 목록을 작성해 왔다. 거기에는 남편, 아이들, 어머니, 아버지 그리고 교회 친구들이 포함되어 있었다. 그녀는 다른 사람들이 그녀를 조종한다는 것을 입증하는 일들을 매일 기록해왔다.

그리고 그녀에게 주어진 세 번째 질문은 "당신은 무엇을 신뢰하나요?"였다.

낸시는 즉시 이 세 질문들이 모두 동일한 질문이라는 것을 알아차렸다. 그녀가 필요하다고 생각한 것이 그녀를 조종했던 것이다. 그녀를 조종한 것들은 그녀가 신뢰하거나 두려워하는 것들이었다. 그녀의 과거는 물론 근심스럽고, 고통스러웠으며, 마땅히 정리가 되어야 할 필요가 있었다. 그러나 현재 그녀의 삶을 이렇게 힘들게 하는 것은 그녀의 과거라기보다는 그녀가 지금 숭배하는 것이었다. 문제는 그녀의 바깥이 아닌 내면에 있었다.

낸시는 자신의 문제가 인간에 대한 두려움이고, 주님을 경외하지 않는 것이라고 정확히 지적해내기 시작했다. 수많은 그리스도인들의 경우가 그렇듯 낸시의 삶을 조종하는 중심 역시 사람들이었다. 그녀는 다른 사람들을 두려움으로 우러러 보았던 것이다. 그녀는 자신의 희망을 그들에게 두었다. 뿐만 아니라 모든 인간에 대한 두려움의 문제가 그러하듯 진정한 문제는 바로 자신에 대한 염려였다.

그녀가 남들에게 의지한 이유는 그녀가 원하는 것을 줄 능력이 그들에게 있다고 믿었기 때문이다. 그녀가 사람들이 필요했던 것은 자신이 원했던 것들을 위해서였다. 다시 말해서, 그녀에게 다른 사람들이 컸던 이유는 그녀의 욕망이 컸기 때문이었다.

낸시는 다른 사람들이 그녀에게 죄지음으로 말미암아 생겨난 수치심과 그녀 자신의 죄로 말미암은 수치심을 구분해 내기 시작했다. 그녀는 그 두 종류의 수치심 중에 자신의 죄로 인한 수치심이 더 심각한 것임을 깨닫기 시작했다. 그녀가 당한 고통이 깊은 것은 사실이었지만, 그녀 자신의 죄 문제가 한층 더 뿌리 깊은 것이라는 점을 깨달았다.

그녀는 물론 자신의 삶에 있는 몇 가지 노골적인 죄에 대해서도 알았다. 그렇지만 그녀를 제일 심란하게 한 것은 그녀의 마음에서 비롯되는 인간에 대한 두려움이라는 더 뿌리 깊은 주제였다. 그녀는 자신의 목적을 위해 남들을 숭배하고 있었던 것이다. 그녀는 아마도 그것이 자신의 삶에서 가장 지배적으로 반복되는 죄일 것이라고 생각했다.

그러자 그녀는 자신이 필요로 하는 것들을 얻기 위해 예수님께 다가가는 것은 해답이 아님을 알았다. 그런 태도는 예수님을 마치 그녀의 개인적인 부적이나 우상처럼 취급하는 꼴이다. 그녀의 해답은 자기 자신의 이기적인 욕망을 죽이고 오로지 하나님만 경외하기를 배우는 것이었다.

결과적으로, 그녀는 다른 질문들을 하기 시작했다. 그녀는 더 이상, "어디에서 나의 가치를 찾을 수 있을까?"라고 묻지 않고, "왜 나는 내 자신에 대한 걱정이 그렇게 많을까?"라고 묻기 시작했다. 그녀는 이제, "어떻게 하나님이 나의 필요를 채워주실까?"라고 묻는 것이 아니라, "어떻게 하면 그리스도의 영화로우심을 인식하며 내가 필요하다고 여기는 것들에 대해 잊어버리게 될까?"라고 묻기 시작했다.

그녀에게 예레미야 17장 5-10절은 특히 도움이 되는 본문이었다. 그 본문은 그녀가 허전함을 느끼는 진정한 원인이 인간에 대한 두려움이라는 것을 보여주었다. 인간에 대한 두려움은 희생양들을 빈곤하고 허전하게 만드는 저주였다. 그리고 그에 대한 대안은, 즉 하나님을 신뢰하는 것은, 삶과 충만함에 이르는 축복이었다.

그녀는 주기도문을 따라 기도하기 시작했다. 그리고 "나의 죄를 사하여 주옵시고"라는 부분을 기도할 때면 그녀는 남편이 하나님의 자리를 차지했던 때를 기억하곤 했다. 그녀는 이제까지 결혼생활을 자신이 필요하다고 여기는 것들을 채우는 수단으로 보았다고 고백했다. 그리고 남편을 자기의 필요를 채우기 위해 존재하는 사람으로 여겼던 것을 고백했다. 예전 같았으면 그렇게 고백하는 것이 마치 자해하는 것처럼 느껴졌을 것이다. 그러나 하나님의 거룩하신 사랑을 더 깊이 이해하게 된 지금은 그렇게 고백하는 것이 너무 해방되는 느낌이었다.

그녀는 또한 주님을 경외하기 위해 기도하기 시작했다. 고백하는 것 자체만으로는 그녀의 인생에서 하나님이 사람들보다 커지지 않을 것이라는 것을 그녀는 알았다. 하나님은 그녀가 주님을 더욱 경외하게 만드실 것을 믿으며, 그녀는 성경에서 두려우신 하나님의 모습들을 찾아보았다. 그녀는 이사야 6장, 에스겔 1장 그리고 요한계시록을 읽었다. 그녀는 일상에서 주변을 살피며 하나님의 영화로우심을 찾아보기 시작했다. 그녀는 전능하신 하나님에 대해 사색하기 위한 방법으로 C. S. 루이스(C. S. Lewis)의 『나니아 연대기』(*The Chronicles of Narnia*)까지 읽어보았다.

하나님의 모습들을 담은 그녀의 '스크랩 북'이 더 찬란해져 갈수록 낸시는 점차 자신의 참된 모습을 이해할 수 있게 되었다. 깨진 사랑의 잔은 퇴장 길에 오르게 된 것이다. 앞으로도 많이 등장하긴 할 것이지만 말이다.

그녀에게 깨진 잔이라는 형상은 하나님이 주신 형상들인 친구, 지혜로운 사람, 선지자, 제사장, 왕 그리고 배우자로 대치되었다. 그녀는 하나님이 주신 형상인 예수님의 종 또는 노예라는 모습까지도 식별해냈다. 그러나 그녀는 다른 어떤 것들보다 먼저 자신을 그리스도인으로 인식하게 되었다.

낸시는 주님을 경외하는 법을 배워가고 있었고 자기 마음의 진정한 본성에 대해 알아가고 있는 것이었다. 이제 남은 것은 오직 하나였다. "다른 사람들에 대한 나의 의무는 무엇일까?"였다. 목사님이 구체적으로 그 부분을 다루지 않은 것은 그녀가 이미 다른 사람들을 사랑하는 데 질주하기 시작했기 때문이었다.

그녀는 더 이상 다른 사람들이 그녀에게 빚진 것처럼 이야기하지 않았다. 그 대신에 그녀는 창의적으로 사랑하는 방법에 대해 생각하기 시작했다. 그녀의 질문은 상당히 간단해져 버렸다. "나를 사랑하신 하나님 앞에서 나의 의무는 무엇일까?"가 된 것이었다.

낸시에게 그녀의 의무가 의미하는 바는 몇 가지였다. 사랑이라는 전제 아래, 그녀는 남편에게 그의 티끌에 대해 이야기하기 전에 자기 눈에 있는 들보를 먼저 찾아보기 시작했다. 그런 다음 그녀는 남편에게 그가 한 어떠한 행동들이 그녀에게 상처를 주었는지에 대해 말했다. 그녀의 온유함과 그들 사이의 관계에 대해 생각하는 태도가 명백했기 때문에 남편은 그녀의 말에 귀 기울이기가 쉬웠다. 그들은 함께 어떻게 부모님을 사랑할지에 대해 기도하기 시작했고 교회 친구들의 조언을 구했다.

그녀는 믿지 않는 부모에게 이렇게 다가가기로 결심했다.

- 자신에 대해 그리고 주님을 경외하는 법에 대해 배워온 것들을 나눌 것이다(부모님이 관심을 보이는 정도까지만).
- 자신이 그들에게 죄지은 부분들에 대해 구체적으로 용서를 구할 것이다. 그리고 그녀가 간과한 부분들이 있다면 그들도 나누도록 청할 것이다.
- 부모님께 어떻게 그들 역시 그녀에게 죄를 지었는지 조심스럽게 말하고, 또한 그들을 용서했다고 말할 것이다.

또한 그녀는 지나간 일들에 대해 부모님이 좀 더 상세하게 이야기를 나누고 싶은지 여쭤 보기로 마음먹었다. 만약 그렇다면 그녀는 기꺼이 이야기를 나눌 것이다.

그러자 목사님은 하나님의 말씀으로 그녀를 축복해 주었다.

> 우리에게 주신 성령으로 말미암아 하나님의 사랑이 우리 마음에 부은 바 됨이니(롬 5:5).

우리는 지금껏 사람을 결여되어 있는 사랑의 잔으로 여기는 관점을 배제해 왔기 때문에 이 말씀이 이상하게 들릴 수도 있다.

성경은 결국 우리가 사랑의 잔이라고 말씀하신다는 것일까?

그것은 아니다. 잔이라는 은유법이 분명 사용되긴 했지만, 여기서 말하는 잔은 심리적으로 빈곤한 것이 아니라 영적으로 빈곤한 잔이다. 그 배경을 보면 이 사랑의 정확한 본질이 무엇인지 드러난다.

> 우리가 아직 죄인 되었을 때에 그리스도께서 경건하지 않은 자를 위하여 죽으셨도다(롬 5:8).

사람들은 극히 빈곤하여 은혜가 필요한 죄인의 모습으로 하나님께 나아온다는 것을 기억한다면, 모든 상담사들은 상담 받는 이들을 그리스도의 사랑으로 차고 넘치게 하도록 노력해야 하는 것이다. 당신이 상담사라면 그런 기회는 말할 수 없는 기쁨이어야 한다. 영적으로 바짝 말라 타 들어가는 이들에게 하나님의 사랑을 들이붓고 또 부을 수 있는 기회인 것이다. 그런 기회는 결국 그리스도의 이름에 큰 영광을 돌리게 될 것이다.

5. 한 상담가: 교수

하나님의 말씀으로부터 직접 배웠을 뿐만 아니라 팀, 마틴 루터, 낸시와 같은 감동적인 실례들에 둘러싸인 나 역시도 점차 인간이 아닌 하나님을 경외하는 법을 조금씩 배워가고 있다.

아내가 정당한 이유로 나를 나무란다면, 나는 기꺼이 신중하게 듣고 배울 것이다. 나 자신이 형편없는 패배자처럼 여겨질 때면, 며칠이고 우울증에 빠져 맥없이 돌아다니는 것이 아니라 신속하게, "내 의무가 뭘까?"라는 질문을 상기할 것이다. 여기서는 내가 변하기 전과 후의 모습을 대조해서 당신을 격려해 주고 싶다.

내가 일하는 곳인 기독교상담교육재단(the Christian Counseling and Educational Foundation)에서 수업을 하는 중에 일어난 일이었다. 그 수업은 잘 풀릴 때도 있었고 잘 안 풀리는 때도 있었지만, 그날 만큼은 정말 지독히 수업이 안 풀리는 날이었다. 심지어는 나조차도 그 수업시간이 따분했다.

당신은 마지막 수업시간이 끝나는 종이 울릴 때 초등학교 안에 있어본 적이 있는가?

그 광경은 무슨 스페인의 황소들이 우르르 돌진하는 것 같다. 꼭 어린이들이 감옥에서 탈출해서 말 그대로 빌딩에서 폭발해서 터져 나오는 것 같은 그런 모습이다. 물론 어린이들이 자라감에 따라 그런 행동은 사라져 가기 마련이다.

그런데 내 수업에 마감종이 울리자-평소에 적극적인 몇몇

학생들조차 그 종소리에 깨서 일어났다-학생들은 마치 초등학교 시절로 되돌아간 듯했다. 내 생전에 교실이 그렇게 빨리 비워지는 것은 본 적이 없다. 무슨 백드래프트(Backdraft)*가 생겨난 것 같았다. 대형 트럭이 지나갈 때 빨려나가는 것처럼 느껴지는 그런 것이었다. 질문하는 학생 하나 없었다. 인사하는 학생도 하나 없었다.

나는 운전해서 집에 갔다. 그리고 식탁에 앉는 즉시 구인광고를 뒤적이기 시작했다. 사람과 마주치거나 이야기하지 않아도 되는 직업을 찾으려고 했다.

'비통하고 비통하다'라고 나는 생각했다.

'얼마나 처절한 실패인지 모르겠어. 정말 대망신이지 뭐야. 나는 내 일생에 다시는 그 학생들을 보지 않았으면 좋겠어.'

나는 강아지를 잃어버린 어린애 같은 모양을 하고 신문을 뒤져보며, 아내가 무슨 일이냐고 묻기를 기다렸다. 드디어 아내는 왜 그렇게 슬픈 얼굴이냐고 물었다. 내 불쌍한 사정을 듣고 나서 그녀는 내게 제대로 훌륭한 조언을 해줬다.

"그만해요."

그녀는 말했다.

"당신에게는 당신의 학생들을 맡은 책임이 있어요."

그 조언은 딱히 내가 듣고 싶었던 종류의 말은 아니었다. 나는 공감과 무조건적인 사랑으로 채워지고 싶었다. "어머

---

* 역자주: 연소에 필요한 산소가 부족하여 훈소상태에 있는 실내에 산소가 갑자기 다량 공급될 때 연소가스가 순간적으로 발화하는 현상.

나 여보, 저는 분명히 그 수업시간이 멋졌을 거라고 생각해요. 설사 그렇지 않았다고 해도 나에게 당신은 항상 최고인 걸요…"라는 식의 말을 듣고 싶었다. 그녀가 물어보기만 했더라면 그녀가 해야 할 대답을 각본으로 써줄 수도 있을 정도였다. 그러나 그녀는 마음에 단도직입적으로 와 닿는 방법을 선택한 것이다. "그만해요"는 나에게 꼭 필요한 말이었다.

그것은 다음 같은 뜻을 함축한 줄임말이었다.

"당신은 왜 온통 자신에게 집착하는 거죠? 하나님을 경외하고 당신이 가진 의무를 기억해서, 자기에 대한 연민에서 해방되었으면 좋겠어요."

쉐리의 자명종은 내가 새로운 길을 걸을 수 있게 해 주었다. 나는 '비통하고 비통하다'는 가림 아래 숨어있는 이기심과 교만을 더 심각하게 살펴보기 시작했다. 그것들은 끔찍했다.

존 칼빈(John Calvin)이 말했듯, 나는 사랑의 잔이 아니었다. 나는 우상 제조공장이었다. 나는 나에게 영광을 가져다 줄 무엇인가를, 아니면 누군가를 숭배하고 싶었다. 큰 영광을 바란 것은 물론 아니었다. 단지 나 자신에 대해 좋은 기분이 들 만큼이면 충분했다. 내 학생 우상들이 수업시간 후에 질문만 좀 해주었어도, 그리고 그렇게 회오리같이 떠나지만 않았어도 나는 충분히 만족했을 것이다. 적어도 그 당시로서는 말이다.

내 잔은 나 자신으로 가득 채워져 있었다. 내 잔은 비어 있지 않았다.

부패한 마음을 꿰뚫어볼 수 있는 통찰력은 하나님의 용서를 더 심도 있게 이해할 때 가능한 것이었다. 사실 하나님이 내게 베푸신 용서가 거룩하신 용서라는 것을 내가 최초로 깨달은 것은 그 때일 것이다. 너무나도 거룩해서 그분을 두려워할 수밖에 없는 그런 거룩하신 용서하심이었다. 죄인인 나를 향하신 하나님의 사랑에 나는 실로 놀라움을 금치 못하고 축복을 받았다. 그분의 용서하시는 사랑을 확신함으로 무장되자 나는 하나님이 나를 살피시고 내 마음을 드러내시기를 더 담대하게 기도할 수 있었다.

그 후 6개월간은 괴로운 자기성찰의 시간이 아니었다. 오히려 그 시간은 성경의 인도를 받고, 가족과 친구들의 도움이 함께 한 자기점검의 시간이었다. 통찰력이 난데없이 넝쿨째 굴러오지는 않았다. 단지 서서히 마음의 문제점들이 부각되었을 뿐이었다.

나는 내 교만의 뿌리가 깊고도 깊다는 것을 깨닫게 되었다. 작은 실패에 좌절하는 모습의 배후에는 대단한 사람이 되고 싶어하는 욕망이 자리하고 있었다. 나는 위대한 교수가 되고 싶었던 것이다. 학생들의 존경으로 으쓱해지고 싶었던 것이다. 내 수업이 제일 인기 있기를 원했다. 나는 그런 것들을 원했다.

나에게는 사람들의 존재가 컸고, 나의 영광을 위한 욕망은 훨씬 더 컸으며, 하나님은 작았다는 것을 알아차리게 되었다. 나에게는 사람의 칭찬이 하나님의 칭찬보다 더 중요했다. 나는 사람들에게서 내가 바라는 축복을 얻기를 소망하면서 사람들을 숭배하는 사람이었다. 나는 학생들을 사랑하기보다는, 내 목적을 위해 그들을 더 필요로 했다는 것을 알게 되었다. 인간에 대한 두려움으로부터 멀어지는 길은, 죄를 고백하고 회개하는 길이었다. 그밖에 다른 길은 없었다.

시험은 거의 3년 후에 다시 찾아왔다. 때는 학기의 절반 정도가 지났을 무렵이었고 나는 수업을 가르치는 중이었다. 모두 괜찮게 풀려가고 있는 중이었지만 그중 한 수업시간은 정말 엉망이었다. 나는 마치 하나도 쓸 데 없는 정보를 나누어 주고 있는 것만 같은 기분이 들었다.

내가 학생의 입장이었어도 얼마든지 졸고도 남았을 것이다. 나는 그저 예의바르긴 하지만 졸음을 이길수는 없었던 우리 반을 몇 분 일찍 해산시켰다.

그날 집에 가는 길은 달랐다. 나는 '학생들이 나를 어떻게 생각할까?' 같은 생각은 하지 않았다. 나는 나의 의무에 대해 생각해 보기 시작했다. 나는 다음 수업 시간을 준비하는 데 시간을 더 투자할 필요가 있다는 것을 깨달았다. 나는 다음 주의 강의를 준비할 수 있도록 집에 빨리 도착하고 싶었다. 나는 하나님이 그 학기 동안 학생들을 가르치라고 부르신 것을 깨달았다.

또 그분이 나를 부르신 목적은 그저 나를 겸손하게 하려는 것에 그치지 않는다는 것을 명백히 알았다. 나는 하나님이 내가 학생들을 가르치고 제자로 양육하기를 원하신다고 믿었다. 그래서 나는 다음 수업시간에는 준비되어서 갈 것을 다짐했고, 가르치는 내용 자체도 너무 좋았으며, 또 그 내용 때문에 개인적으로 변화되었다.

그 한 주간은 너무 좋았다. 그 주는 인간에 대한 두려움의 덫으로부터 해방된 시간이었다. 자기 회의와 자기 연민에 빠져 허우적거리는 대신에, 나는 아내와 다른 친구들에게 강의를 위해 기도해 줄 것을 요청했다. 당연히, 나도 기도했다. 아마도 그 한주 동안 했던 기도는 몇 달 동안 했던 기도보다도 더 많았던 것 같다.

그렇지만 나는 예전처럼 '제발 잘 되게 해 주세요'라고 기도하지 않았다. 내가 한 기도는 "하나님, 하나님 아버지의 이름이 거룩히 여김을 받으시고, 제 학생들이 아버지를 알아가고 순종하는 데 자라갈 수 있게 해 주세요"였다.

분명히 그 후에도 나는 실족했지만, 이제 내가 고등학생 때처럼 은둔하던 나날로 되돌아갈 일은 없다. 이제 나에게는 하나님의 두려운(경외하게 만드는) 임재하심이 있는 것이다. 나는 그분의 시선 아래 살아가는 것이다. 당신은 벌거벗음과 부정함을 드러내는 시선을 생각하고 있는가? 내가 지금 말하는 하나님의 시선은 그 시선과는 다른 것이다.

그것은 맞아주시는 시선이다. 그 시선은 그들의 문지방에 피를 뿌렸던 이스라엘 백성이 경험했던 시선이었다. 죽음의 천사는 피를 보면 넘어서 지나갔다.

그것은 죄책감과 수치를 덮어주는 시선이다. 자신의 말씀을 항상 지키시는 하늘 아버지께서는 그분이 용서하시고 정결케 하신다고 말씀하신다. 하나님이 우리를 통해 그분의 이름을 영화롭게 하시겠다고 말씀하시면, 그분은 그렇게 이루실 것이다.

그것은 보호하심과 권능의 시선이다. 그 시선은 우리에게 그분의 나라를 주시기를 기뻐하시는 왕의 시선이다(눅 12:32).

그것은 가장 귀한 선물을 신부에게 주기를 기뻐하는 신랑의 시선이다. 그리고 가장 귀한 선물은 바로 성령을 통해서 그분 자신이 우리와 함께하신다는 사실이다(눅 11:13).

이 시선은 우리를 변화시키는 시선이다. 그 시선은 인간에 대한 두려움을 쫓아내고 모든 하나님의 사람들에게 축복이 될 것이다. 하나님의 제사장으로서 우리는 그런 축복이 우리의 배우자, 친구들, 자녀들 그리고 교회 전체에 있기를 기도해야 한다.

> 여호와는 네게 복을 주시고
> 너를 지키시기를 원하며
> 여호와는 그의 얼굴을 네게 비추사
> 은혜 베푸시기를 원하며
> 여호와는 그 얼굴을 네게로 향하여 드사
> 평강 주시기를 원하노라(민 6:24-26).